LYCORIS RECOIL

HEROINE ARCHIVE

CHISATO & TAKINA

イラストギャラリー

Act.1 **Illustration** Gallery

BS11アニメガイド7月版 | 原画＝山本由美子　仕上げ＝村越さおり　フィニッシュワーク＝青嶋俊明

月刊ニュータイプ 8月号 | 原画＝上ノ山芽衣子 作画監修＝山本由美子 銃器監修＝沢田犬二 仕上げ＝野口幸恵 色彩監修＝佐々木梓 背景＝浅井唯奈（草薙） フィニッシュワーク＝青嶋俊明

月刊ニュータイプ 9月号 | 原画＝CHOI SO JEONG（マカリア） 作画監修＝森田莉奈 仕上げ＝中原あゆみ 色彩監修＝佐々木梓 フィニッシュワーク＝青嶋俊明

メガミマガジン　8月号

原画＝竹田　茜　作画監修＝山本由美子　仕上げ＝小宮ひかり　色彩監修＝佐々木梓　フィニッシュワーク＝青嶋俊明

メガミマガジン 9月号
原画＝小野旭
作画監修＝いみぎむる
仕上げ＝中原あゆみ
色彩監修＝佐々木梓
フィニッシュワーク＝青嶋俊明

月刊ニュータイプ 10月号
原画＝山本由美子
仕上げ＝佐々木梓
フィニッシュワーク＝青嶋俊明

月刊ニュータイプ 10月号 表紙 & ピンナップ ｜ 原画＝いみぎむる　仕上げ、フィニッシュワーク＝佐々木梓

公式ティザービジュアル ｜ イラスト＝いみぎむる

MENU

公式キービジュアル第2弾 ｜ 原画＝いみぎむる　仕上げ、フィニッシュワーク＝佐々木梓　背景＝草薙

［右ページ］公式キービジュアル第1弾 ｜ イラスト＝いみぎむる

公式キービジュアル第3弾 | 原画＝いみぎむる　仕上げ、フィニッシュワーク＝佐々木梓　背景＝池田真依子（草薙）　2DWK＝TOM

キャラクター紹介

Act.2 **Character** Design

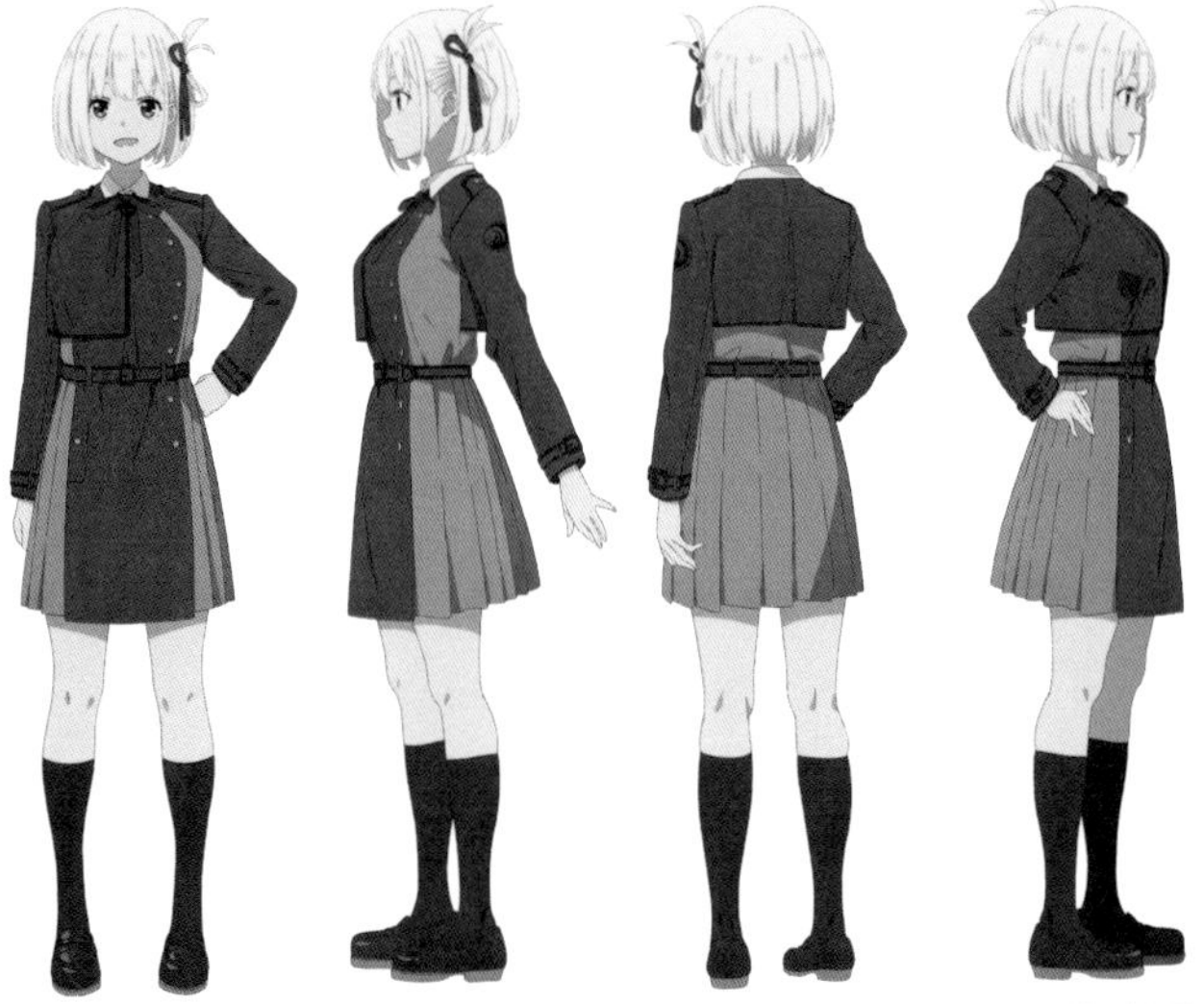

↑ リコリス制服（冬服）

錦木千束 ● ［cv］安済知佳

Nishikigi **Chisato**

年齢＝17歳 ｜ 誕生日＝9月23日 ｜ 血液型＝AB型 ｜ 身長＝162cm

伝説的なファーストリコリスとして知られた少女。黄色がかった白髪が特徴で、普段は喫茶リコリコの看板娘として働いている。リコリスや喫茶店の仕事以外にも幼稚園の手伝い、日本語学校の講師、マンガ家へのアドバイスなど、依頼があればさまざまな人助けもしている。

優れた洞察力と人並外れた視覚を持ち、相手の射撃タイミングから射線を予測して銃弾を回避するという特殊能力を持っている。このため至近距離でも彼女に銃弾を当てることは困難で、リコリスの中でも歴代最強とされる。その反面、誰の命であっても大事にすることを信条としていることから、戦闘時にも非殺傷弾を使用している。

幼少期からファーストリコリスとして高い戦闘力を発揮していたが、先天性心疾患を患っていたため、余命はわずかしか残されていなかった。しかし、その殺しの才能をアラン機関に認められ、吉松シンジによって最新の人工心臓を与えられる。千束自身はその事実を知らず、自分を助けてくれた「救世主」を探すため、DA本部を離れて単独行動を取っていた。

↓ 表情集

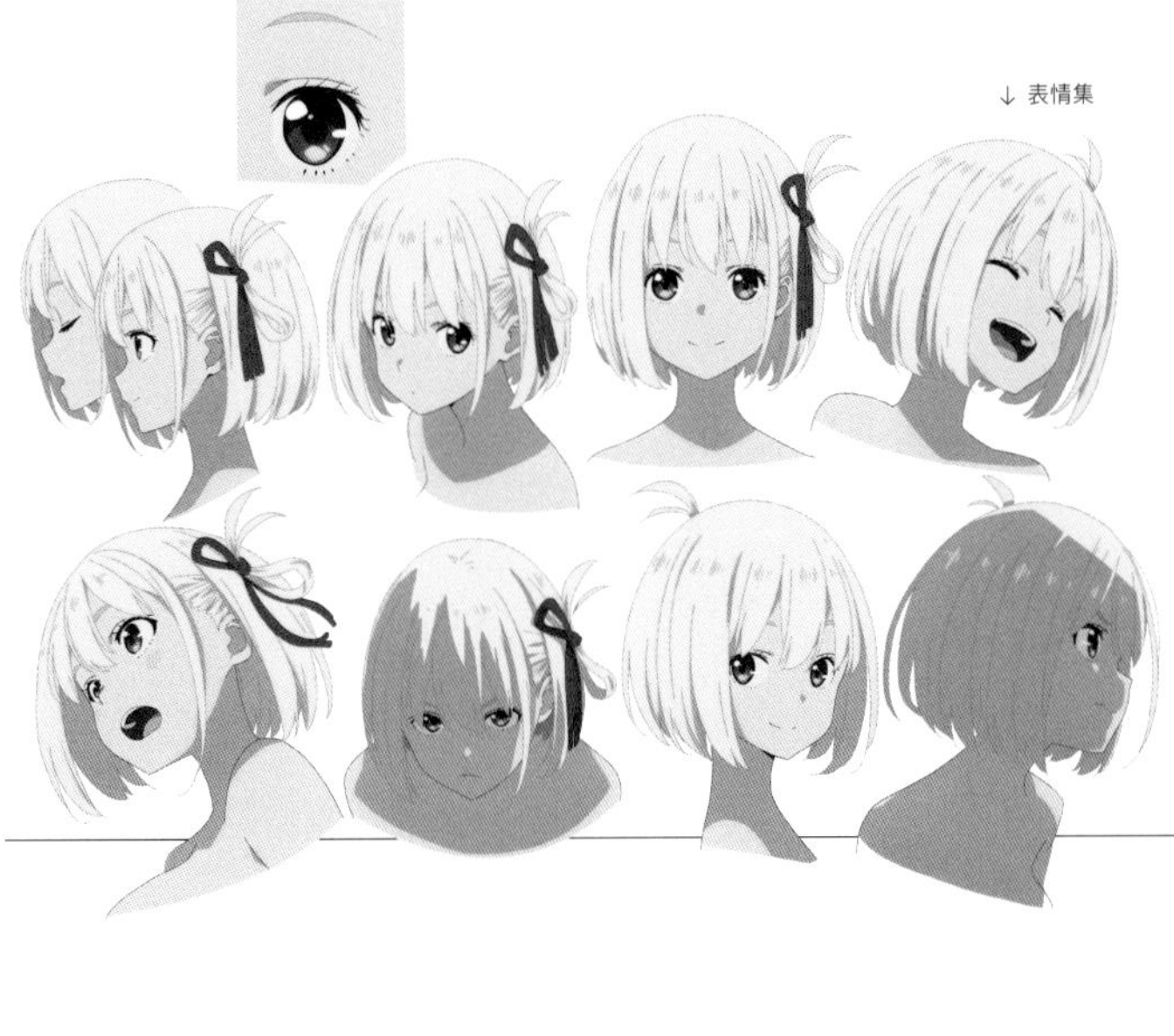

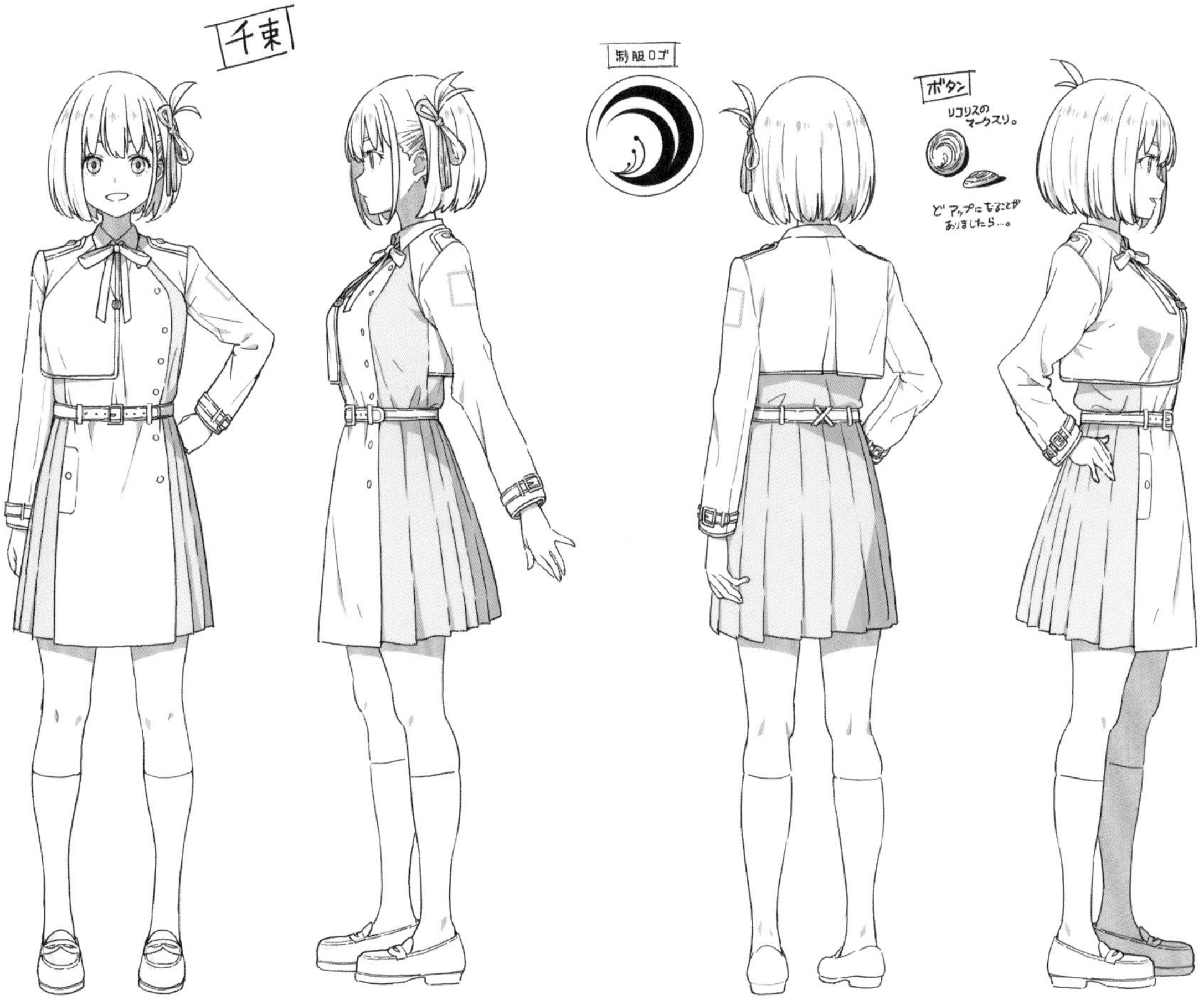

↑ リコリス制服(冬服)

↓ 表情集

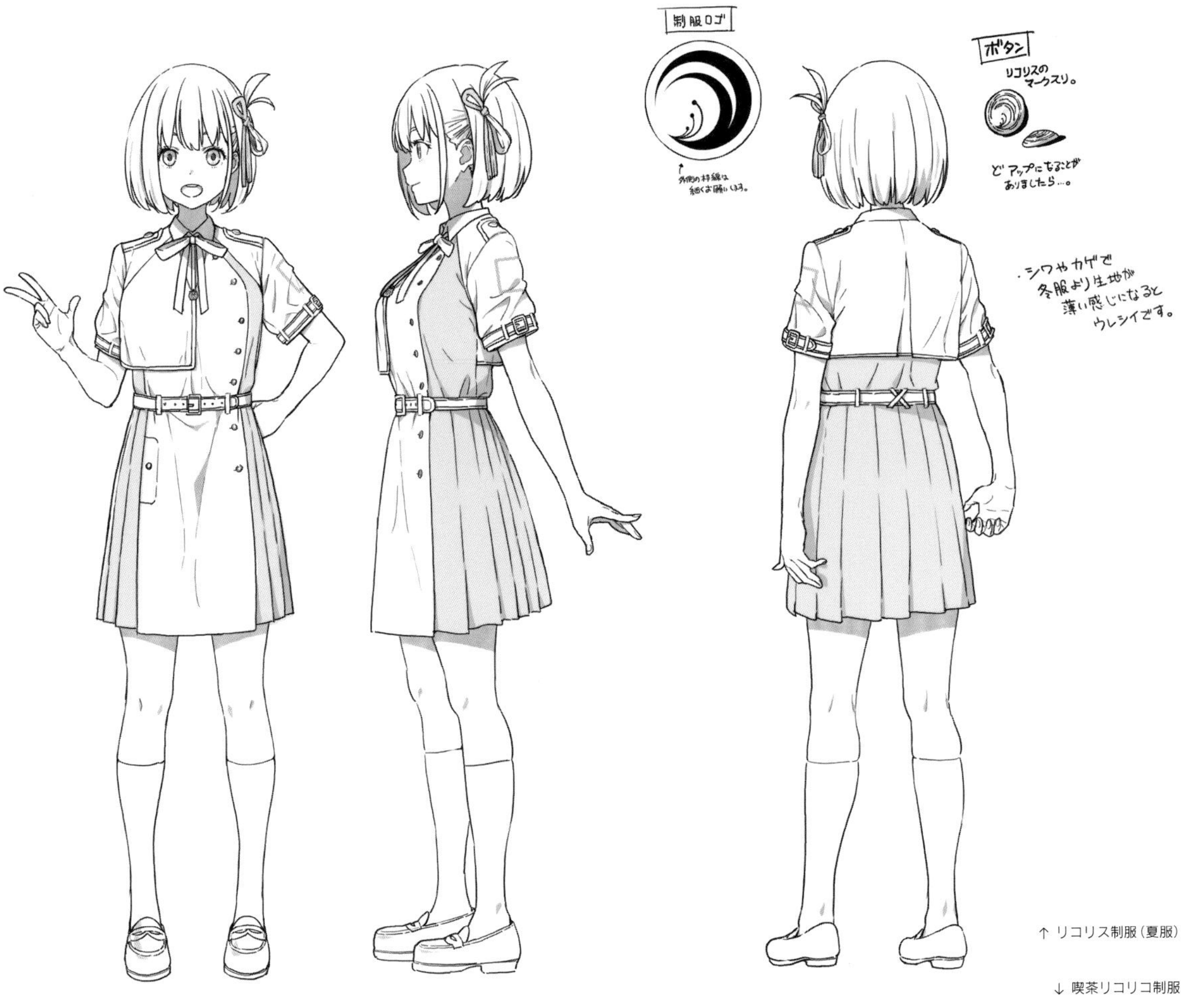

制服ロゴ
外側の枠線は細くお願いします。
ボタン
リコリスのマークスリ。
どアップになることがありましたら…。
・シワやカゲで冬服より生地が薄い感じになるとウレシイです。

↑ リコリス制服（夏服）

↓ 喫茶リコリコ制服

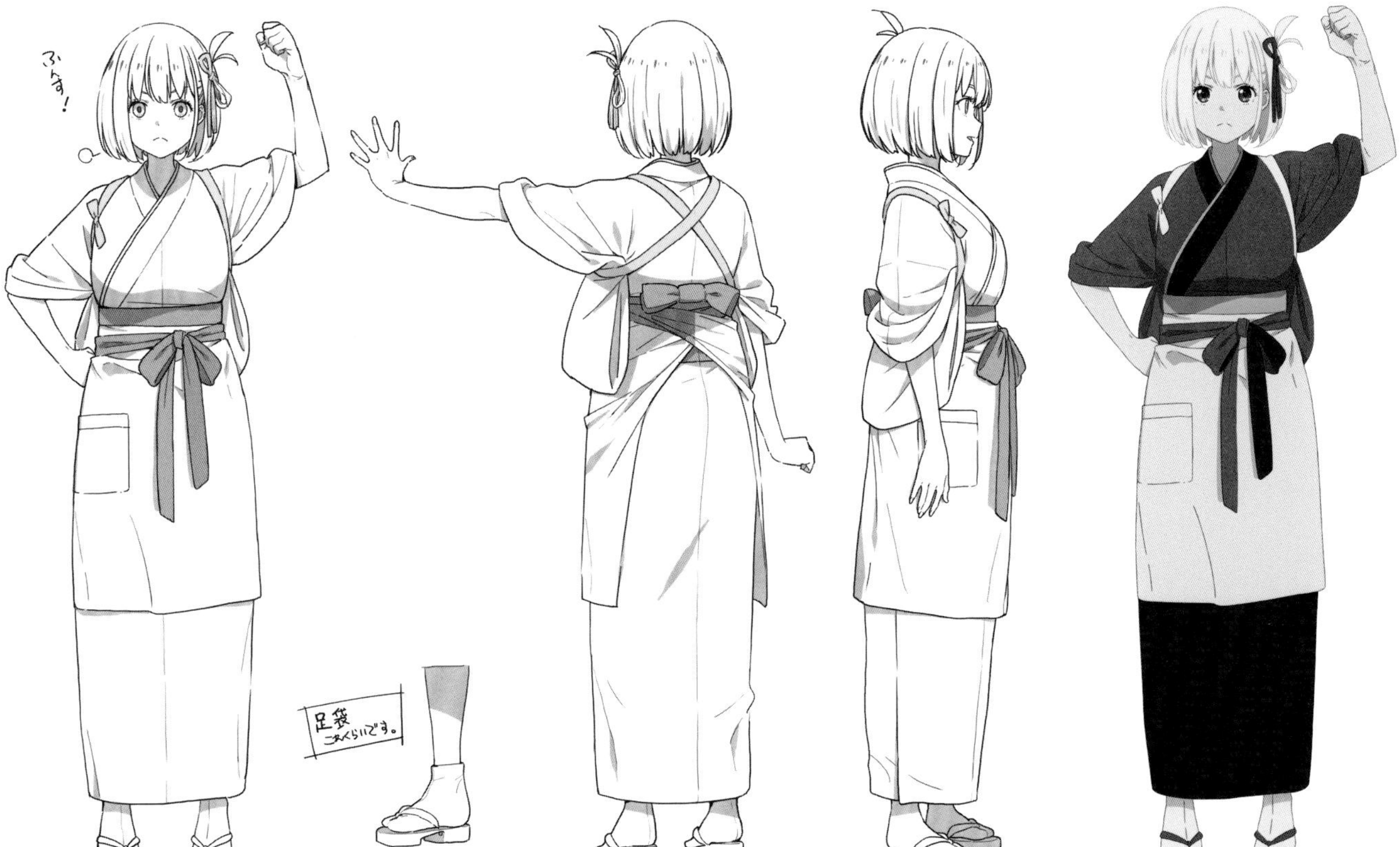

ふんす！
足袋
これくらいです。

HEROINE PROFILE

Nishikigi Chisato

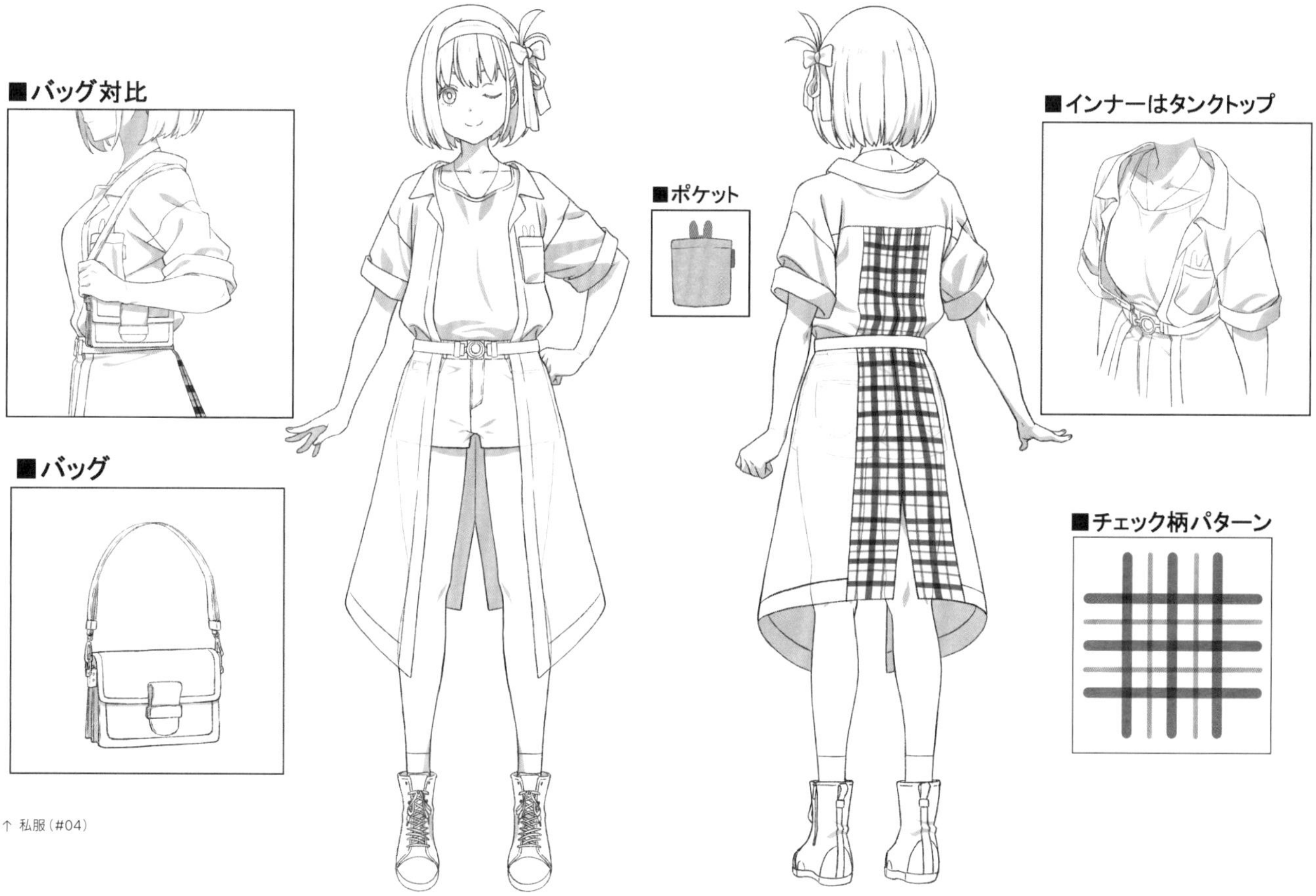

↑ 私服（#04）

リコリスは都市迷彩効果を狙って女子高校生に似た制服を着用する。夏服と冬服があるが、外見的には袖の長さくらいしか違いはない。喫茶リコリコは和風カフェというコンセプトのため、店員の制服にも着物が採用されている。千束の私服は第4話で、たきなの私服を買いに行くときに着ていたもの。

↓ 私服（#04）

↑ ポンチョ(#06)

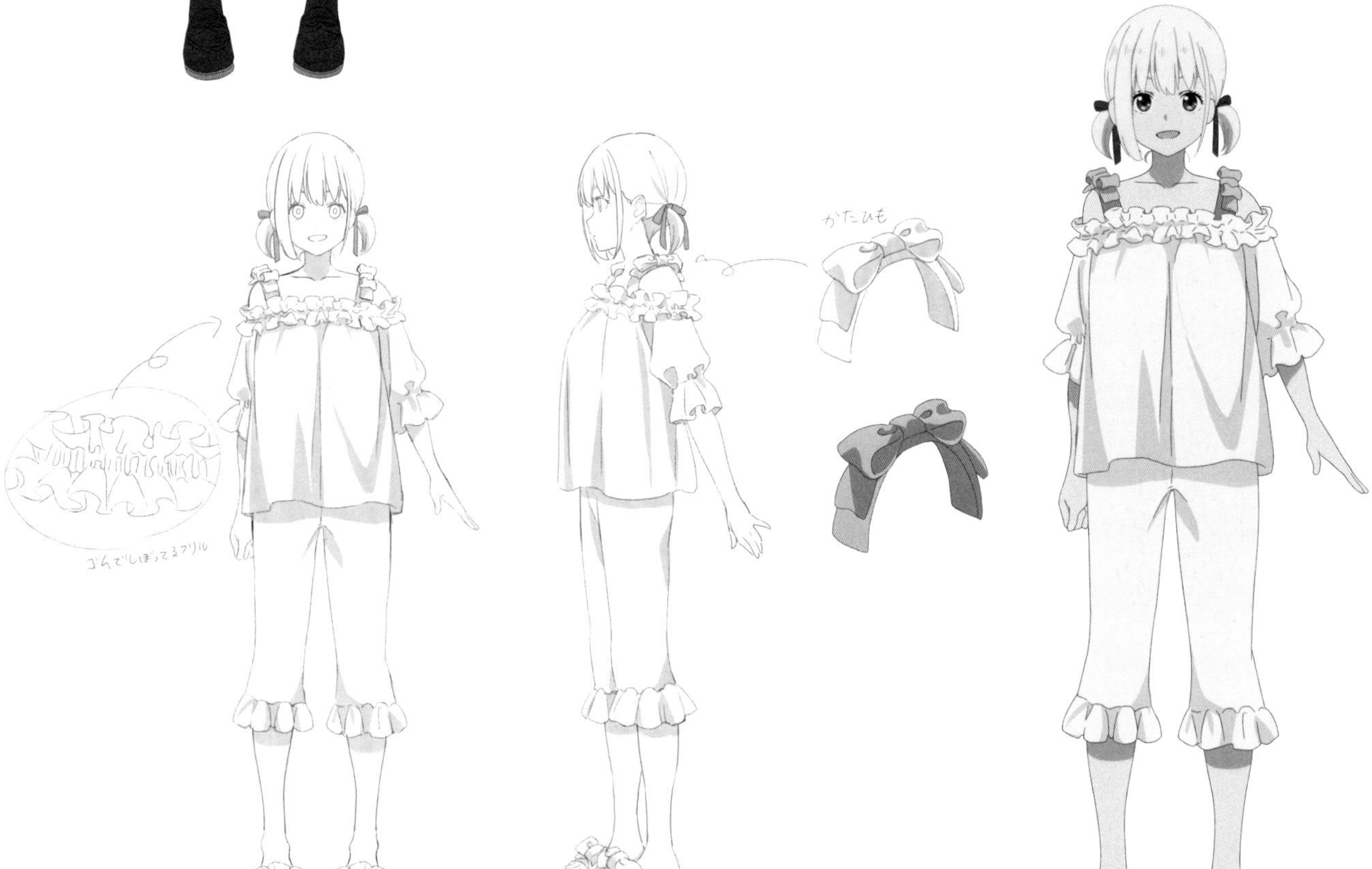

↑→ パジャマ(#06)

HEROINE PROFILE

Nishikigi Chisato

いみぎむる氏によるパジャマとドレスのラフ画。
決定稿との大きな違いはないが、パジャマ姿には
髪をヘアバンドでまとめた別案も描かれている。

↑ パジャマ(#06)

■髪型うしろ

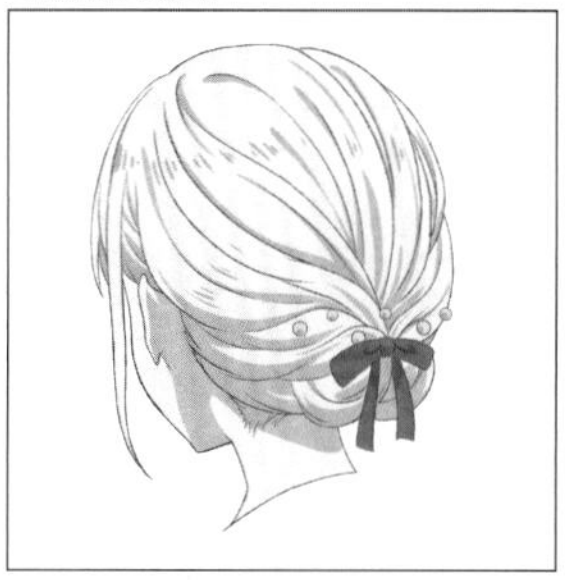

■クラッチバッグ

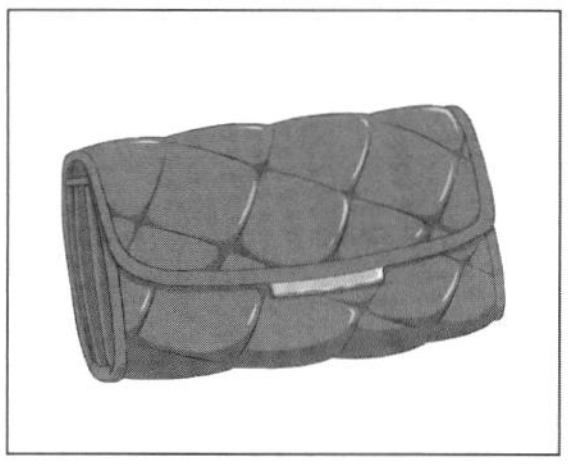

↑→ 千束 ドレス(#07)

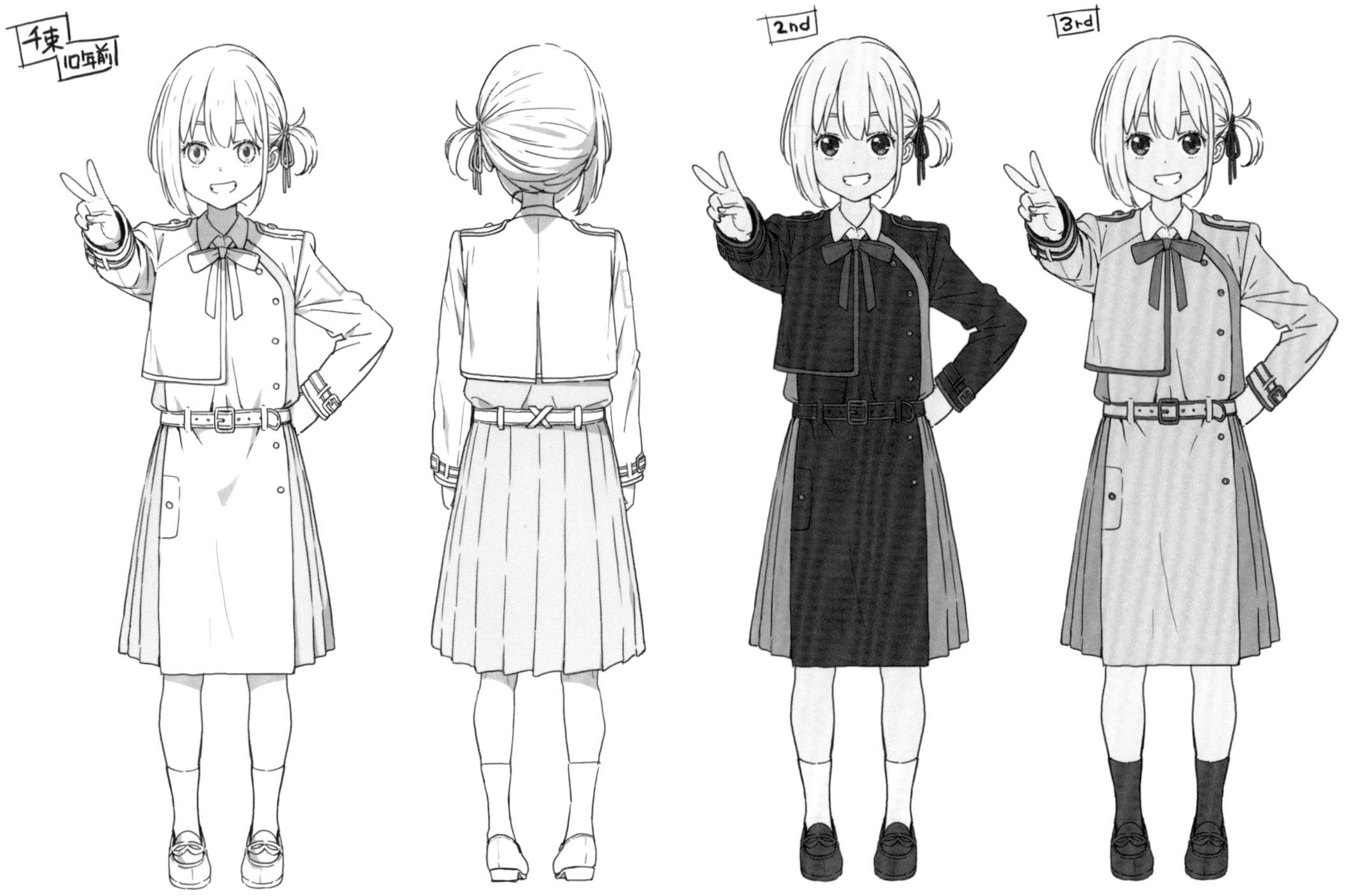

←↑ 幼少期の千束（#09）

先天性心疾患を治療する前の千束。ここではセカンドやサードの制服が描かれているが、本編ではファーストの赤い色を着用している。殺しの天才としての才能はこの時点ですでに開花しており、仲間たちは誰も敵わなかった。この頃に旧電波塔の倒壊を防いでおり、真島とも対峙している。

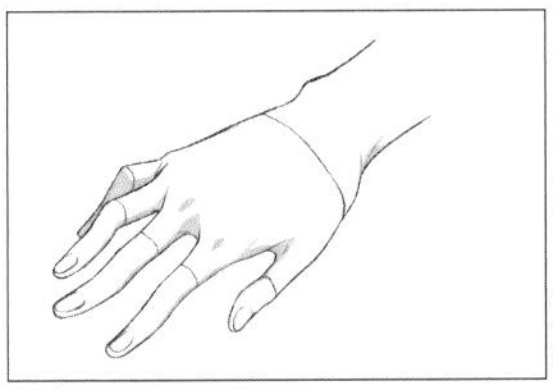

↑ ハロウィン衣装（#08）

↓ 振袖（#10）

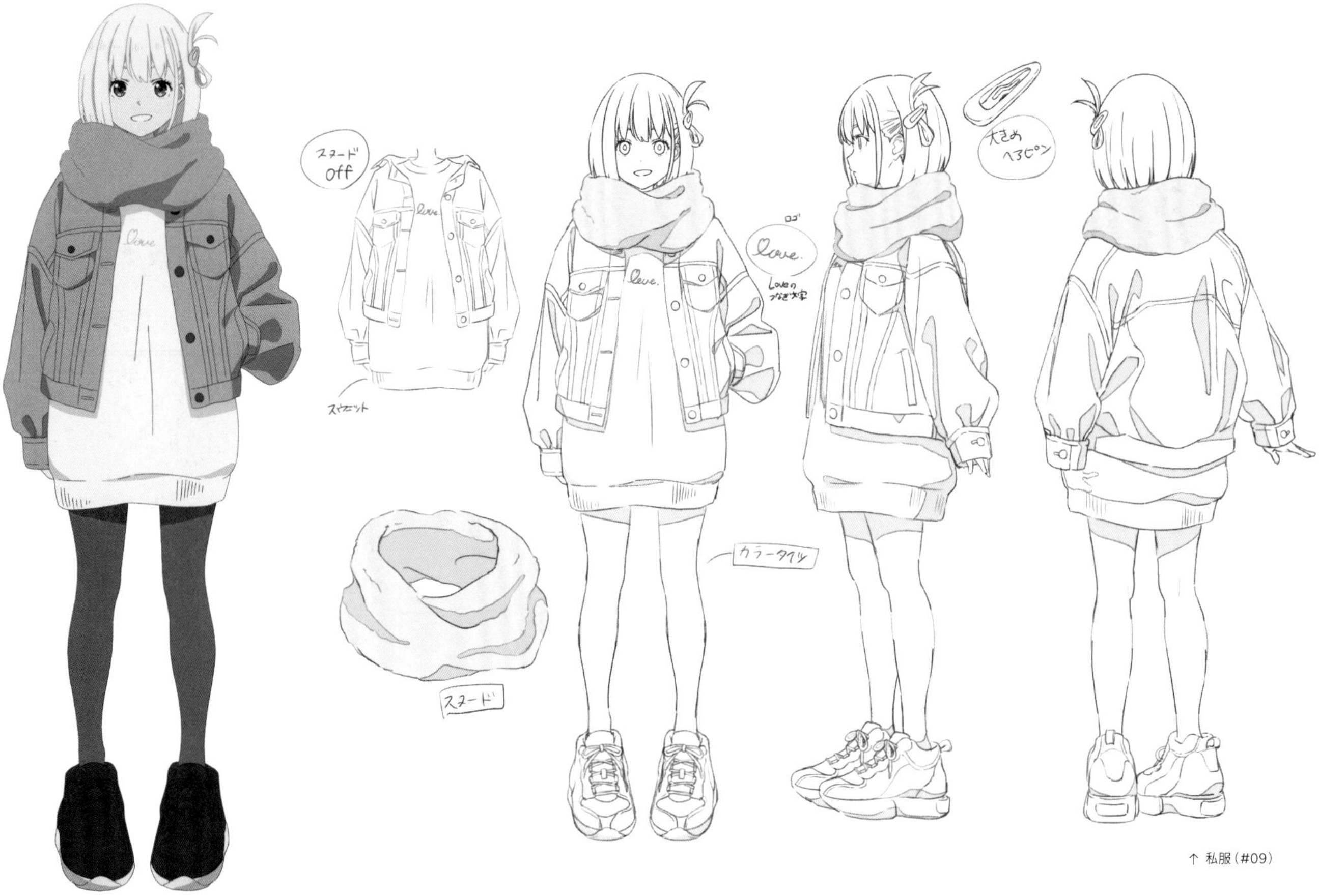

スヌード off
スウェット

カラータイツ

↑ 私服（#09）

・千束な肌の露出が多いので、いっそ下は水着とかどうでしょう？

← 私服・沖縄（#13）　私服・ハワイ（#13）→　私服・ハワイ（ラフ画）→

常夏の島、沖縄とハワイで着用していた私服。Tシャツには沖縄の守護神、シーサーの柄がプリントされている。

HARRY
・エンディングのダンシングフラワーでも面白いかもです。

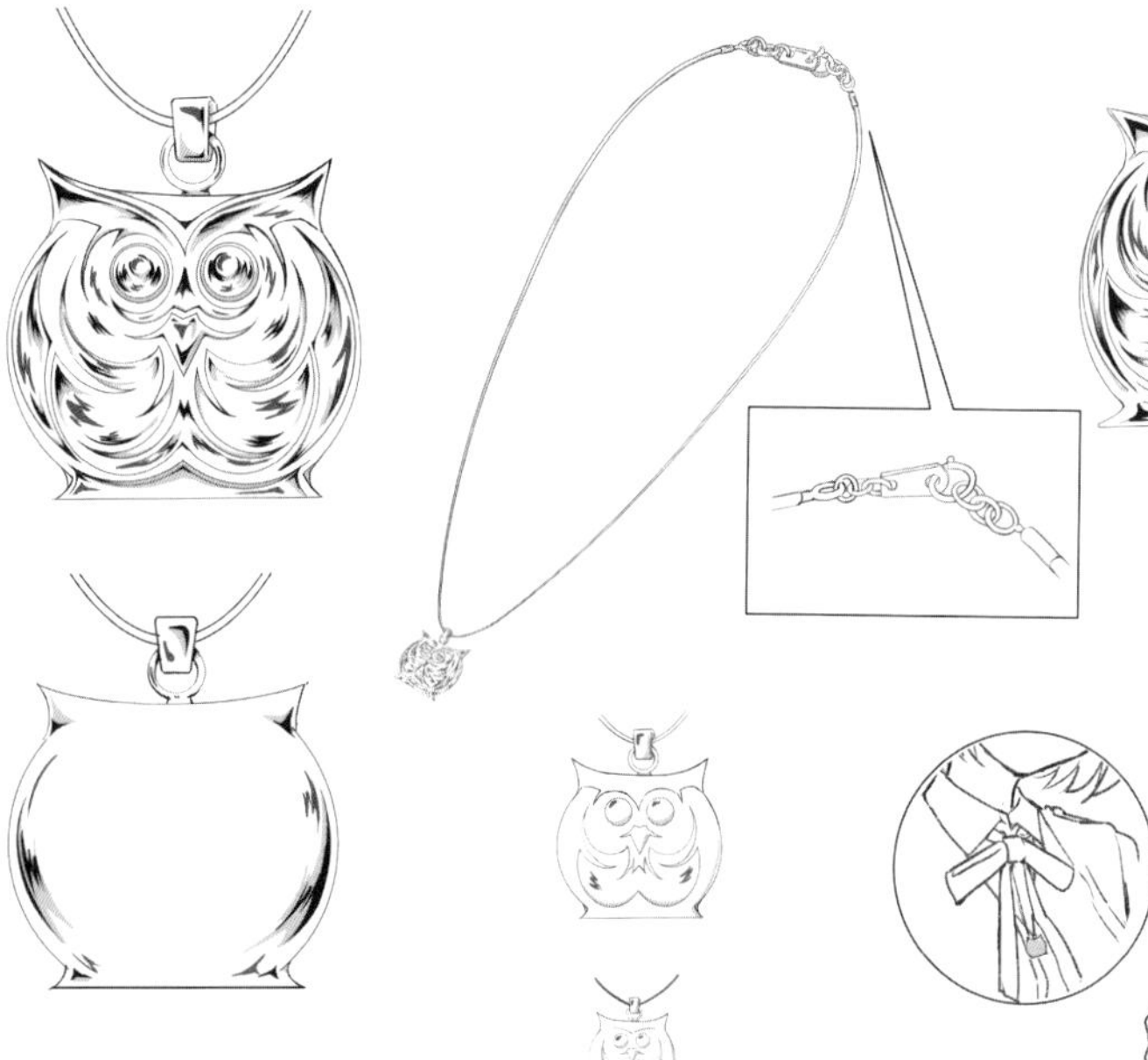

↑ アラン機関のペンダント

↓ 腕時計

↑ イッヌのキーホルダー

↓ スマホ

アラン機関のペンダントは長らく「救世主」からの贈り物として大切にしていたもの。イッヌのキーホルダーはたきなにもらったもので、千束はリコリスのカバンにつけていた。時計やスマホケースなどのチョイスにも千束ならではのセンスが光る。

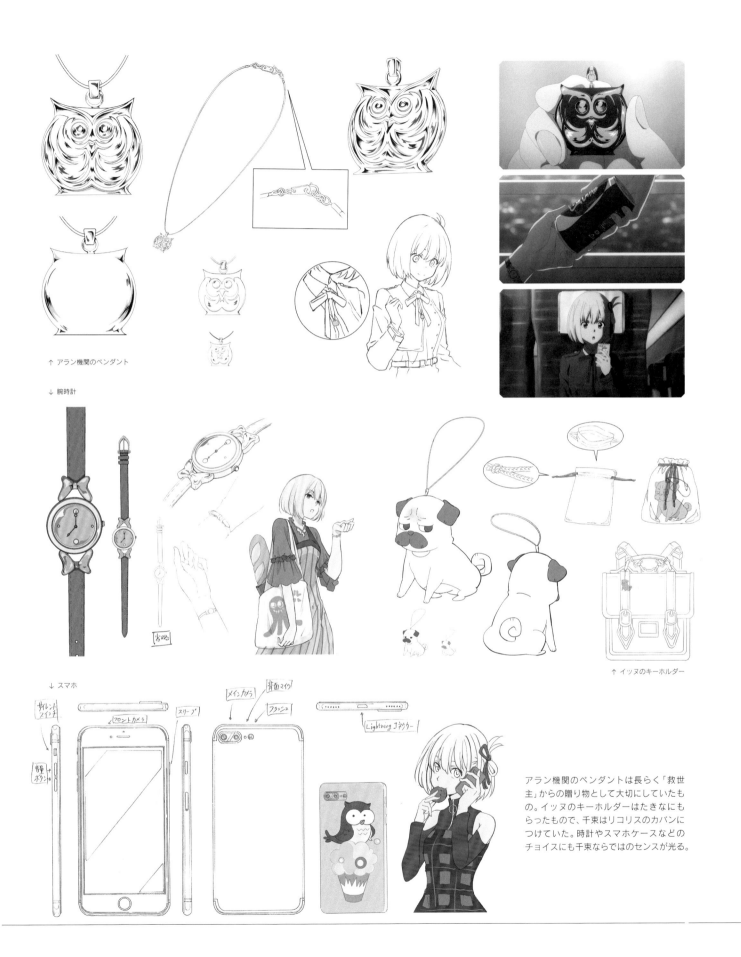

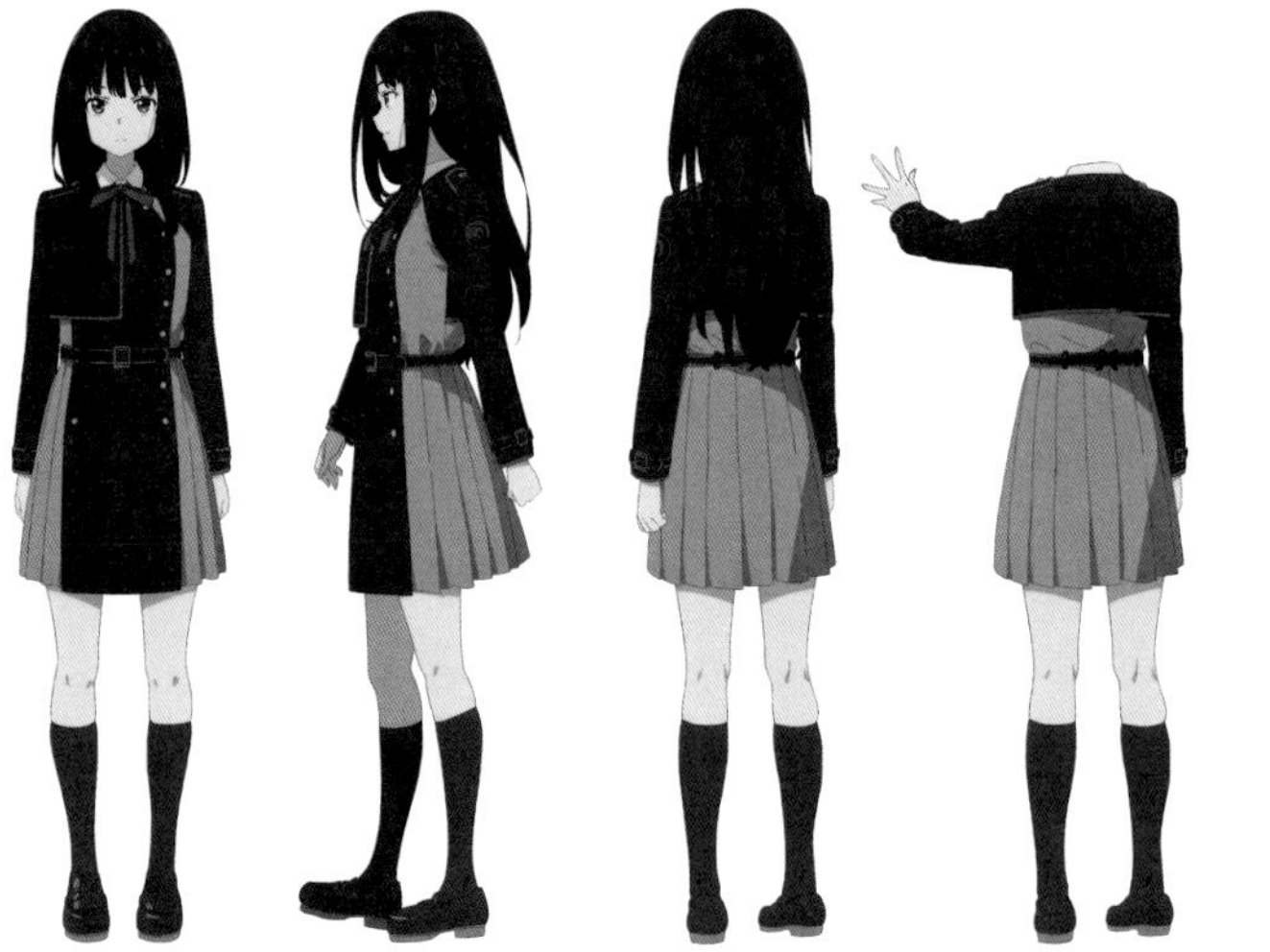

↑ リコリス制服(冬服)

井ノ上たきな

● [CV]若山詩音

Inoue **Takina**

年齢＝16歳 ｜ 誕生日＝8月2日 ｜ 血液型＝A型 ｜ 身長＝160cm

DA本部に所属するセカンドリコリス。狙撃銃や拳銃などを使った正確な射撃を得意とするが、任務遂行のために手段を選ばない傾向があり、チームワークよりも個人行動を優先してしまうことが多い。謎の武器商人による銃火器の闇取引現場で独断専行をしたことにより、DA本部から喫茶リコリコへと左遷されることになった。

冷静沈着で効率重視だが、感情表現に乏しく、装飾や外見よりも機能や実利を選ぶ。DA本部への復帰を望むあまり、自由奔放な千束と当初は打ち解けなかったが、自分の気持ちに素直に行動する千束に影響を受けて、次第に無二の親友となっていく。

千束の才能によって、ある意味で特別扱いされている喫茶リコリコの放漫経営を知ったたきなは、万年赤字状態を改善するべくコスト管理や任務受注の効率化を図る。さらに喫茶店としても独自の新しいスイーツを開発することで見事に経営状況を回復。現場での戦闘能力だけでなく、指揮官の才能も感じさせる多方面での活躍を見せた。

↓ 表情集

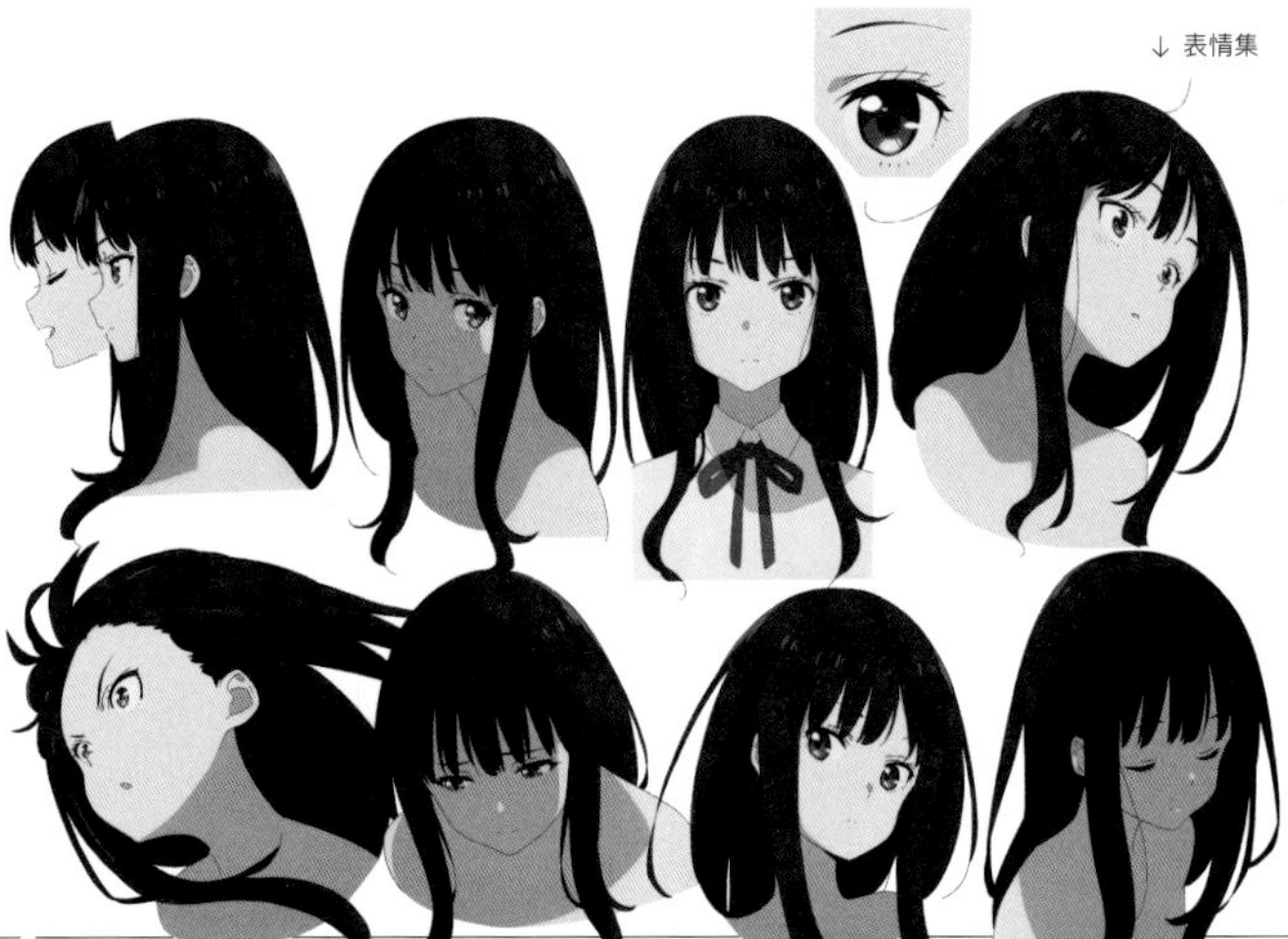

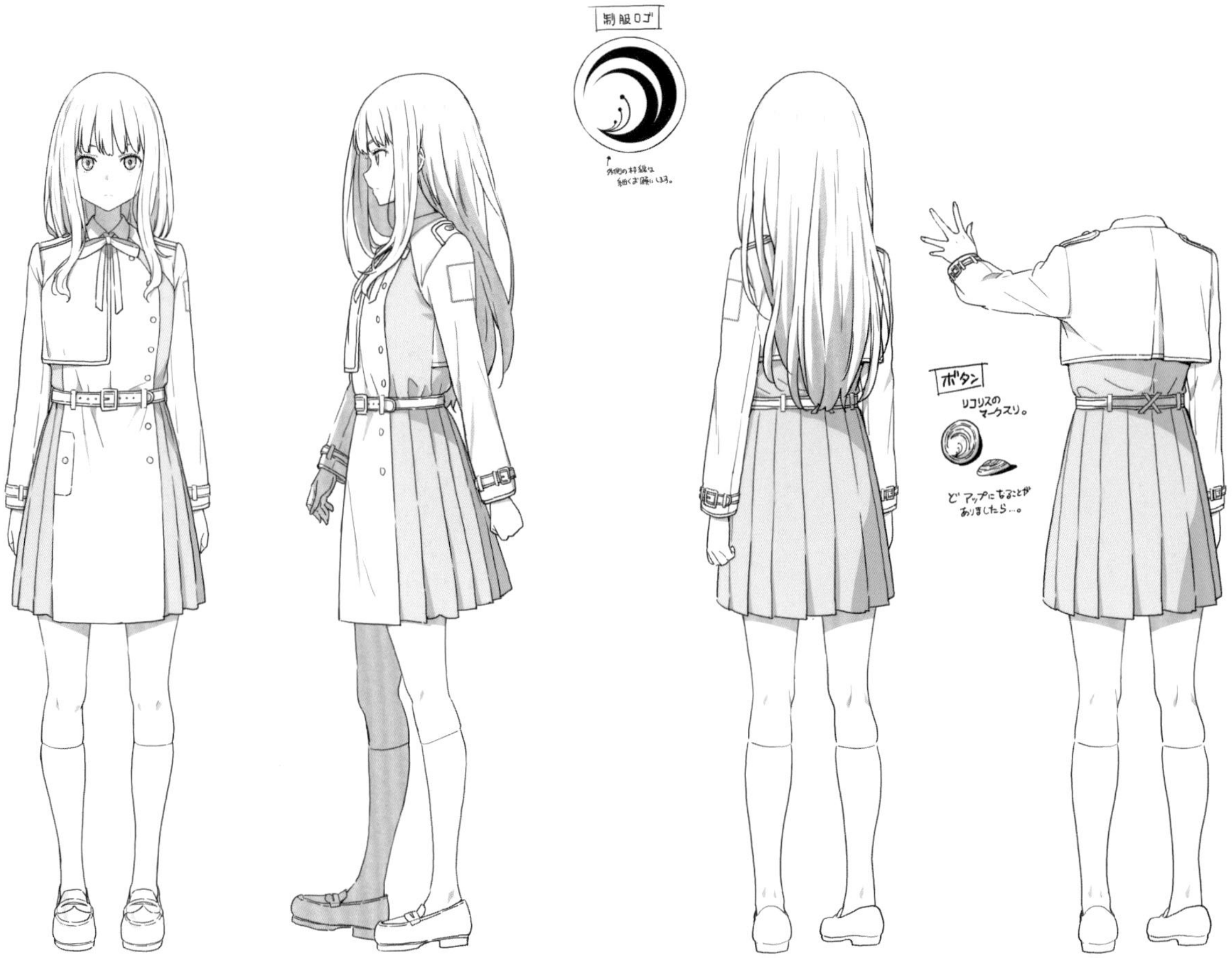

↑ リコリス制服（冬服）

↓ 表情集

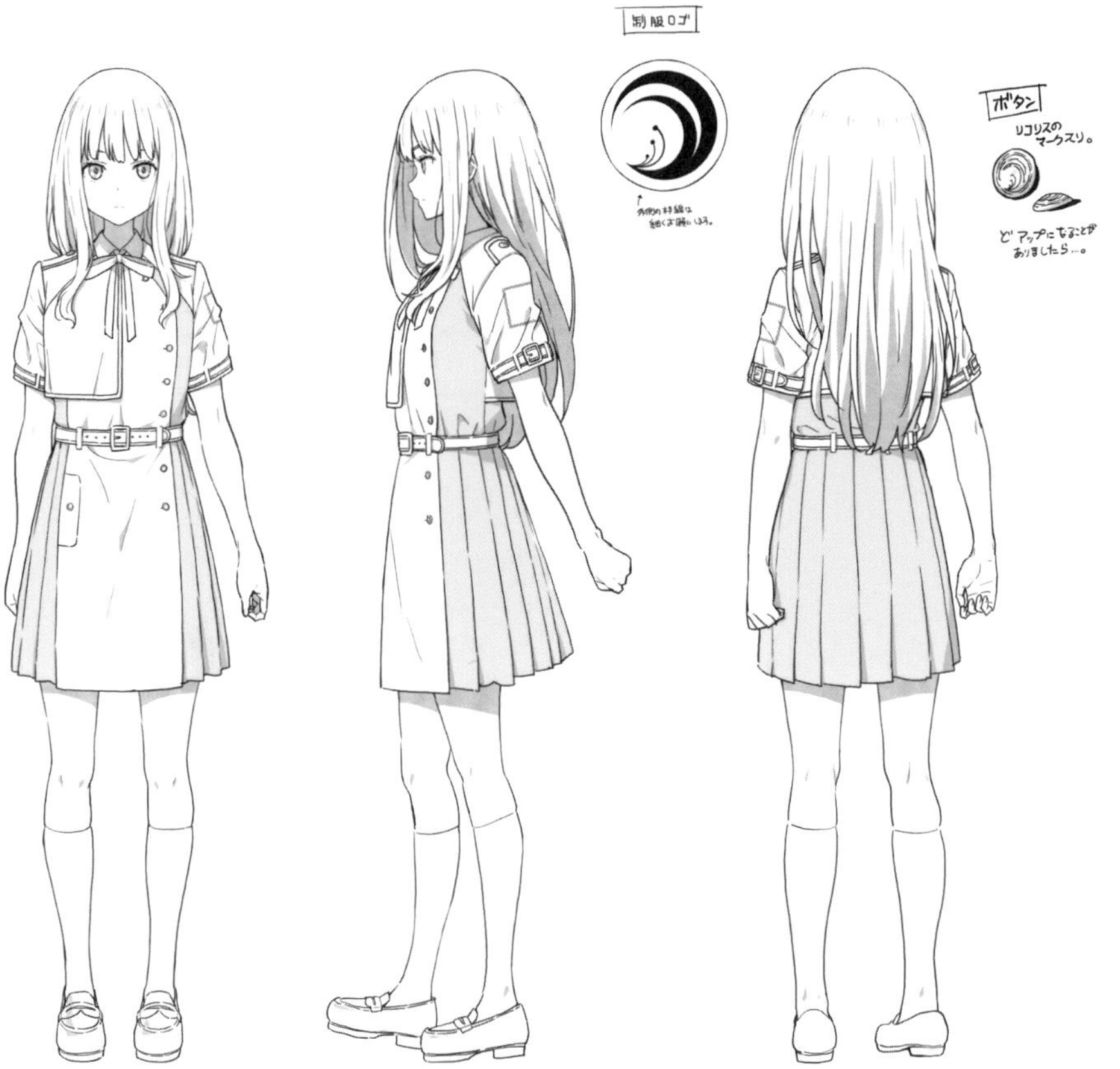

↑ リコリス制服（夏服）

たきなはセカンドリコリスのため、紺色を基調とした制服を着用する。喫茶リコリコでの和服は青い色を着用しており、それぞれ色が決められているようだ。

↓ 喫茶リコリコ制服

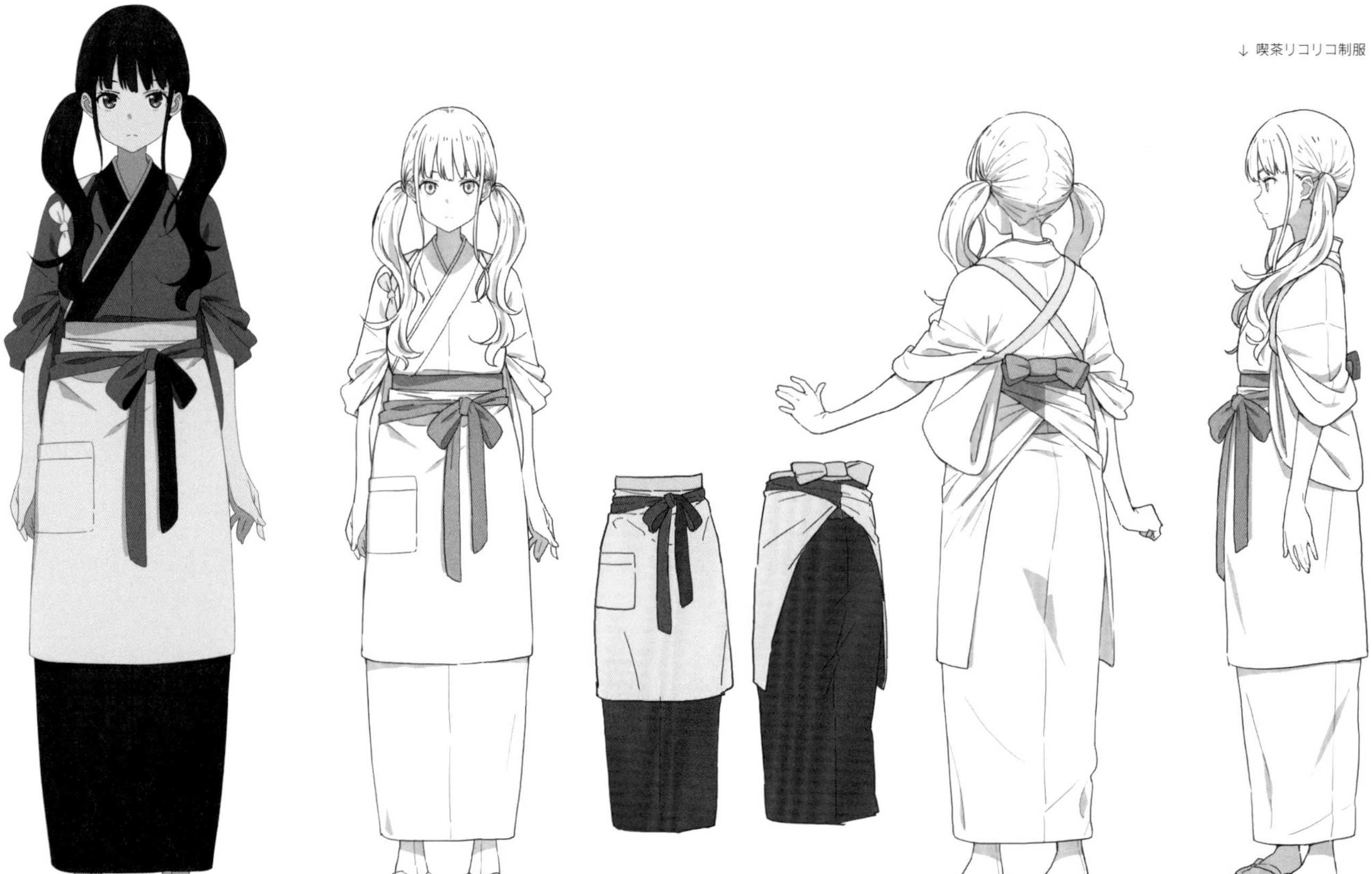

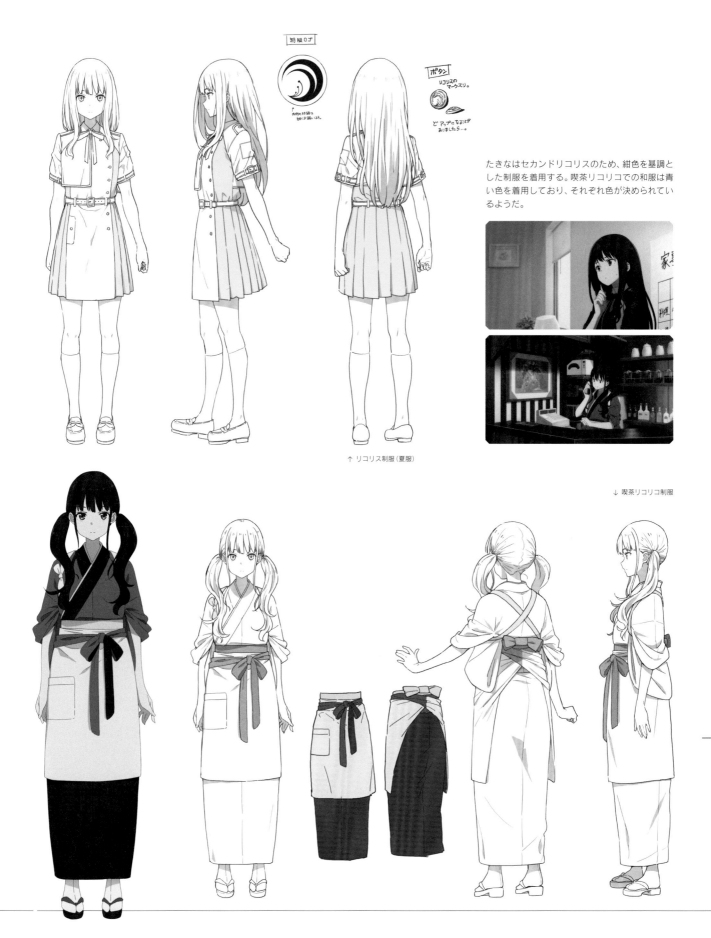

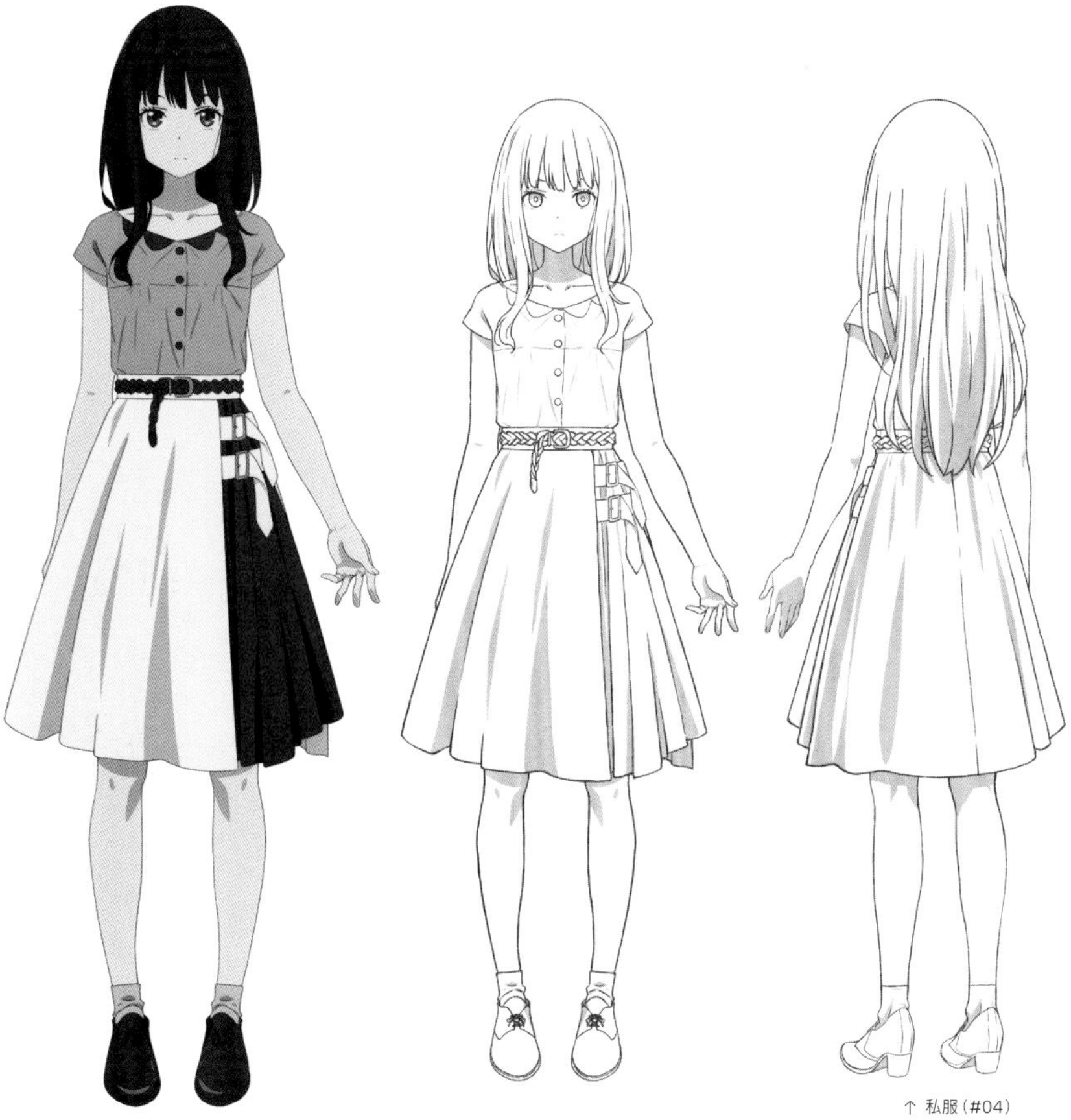

トレーニング用のTシャツとジャージしか私服を持っていなかったたきなのために、千束が選んだ夏用の私服。下はいみぎむる氏によるラフ画で、待ち合わせ時に着てきた私服姿に上着が追加されたもの（本編未登場）。

↑ 私服（#04）

↓ 私服（ラフ画）

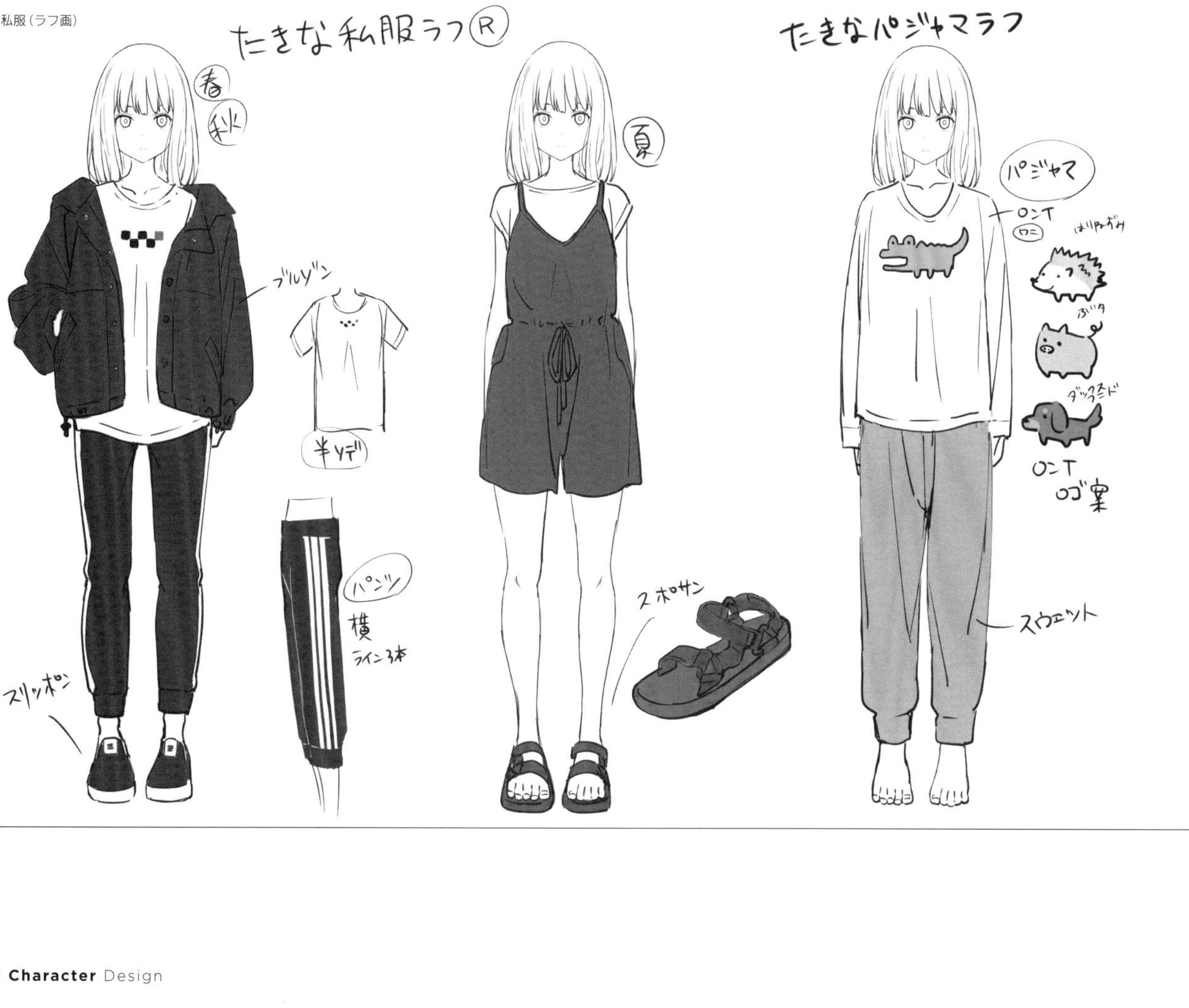

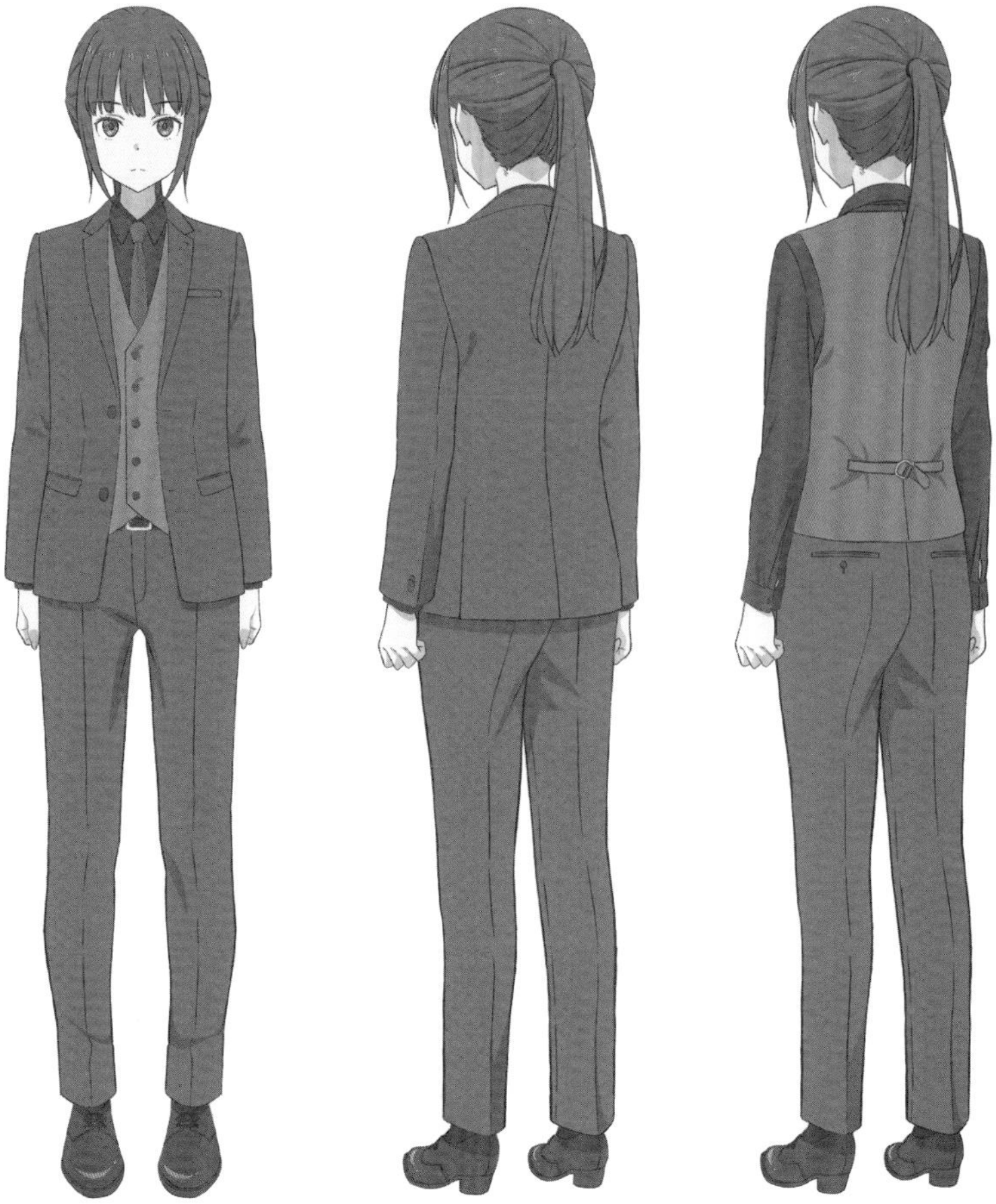

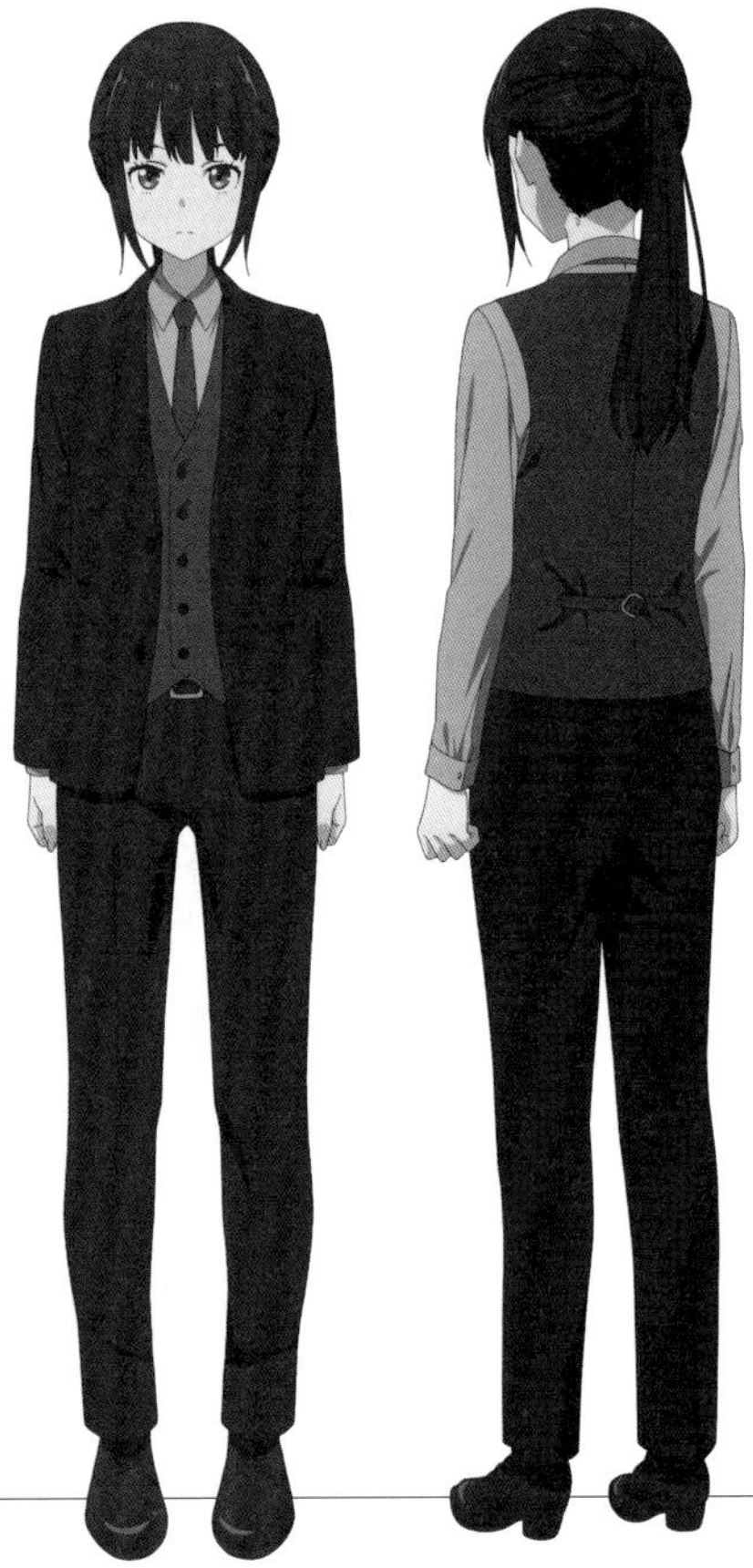

↑ スーツ姿（#07）

↓ ラフ画

誰かと密会するミカを追跡するため、男装したたきなのスーツ姿。ラフ画の段階で、ロングヘアは後ろでひとつにまとめ、胸はサポーターで押さえ込んでいることが描かれている。

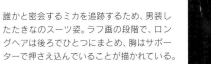

↑↓ ハロウィン衣装（#08）

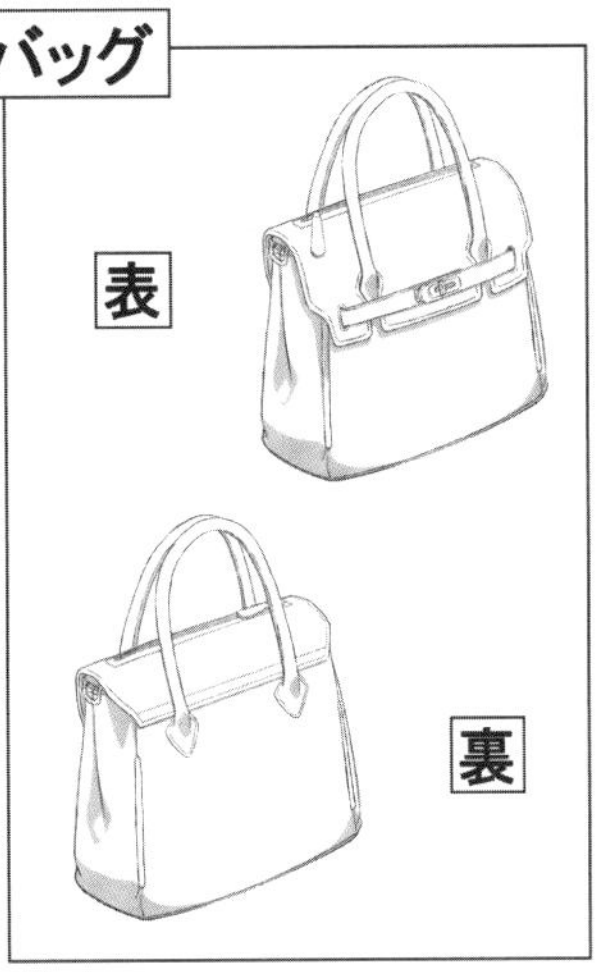

↑↓ 私服(#09)

夏に千束に選んでもらった私服しか持っていなかったため、冬用として新たに千束がコーディネイトした私服姿。

HEROINE PROFILE

Inoue Takina

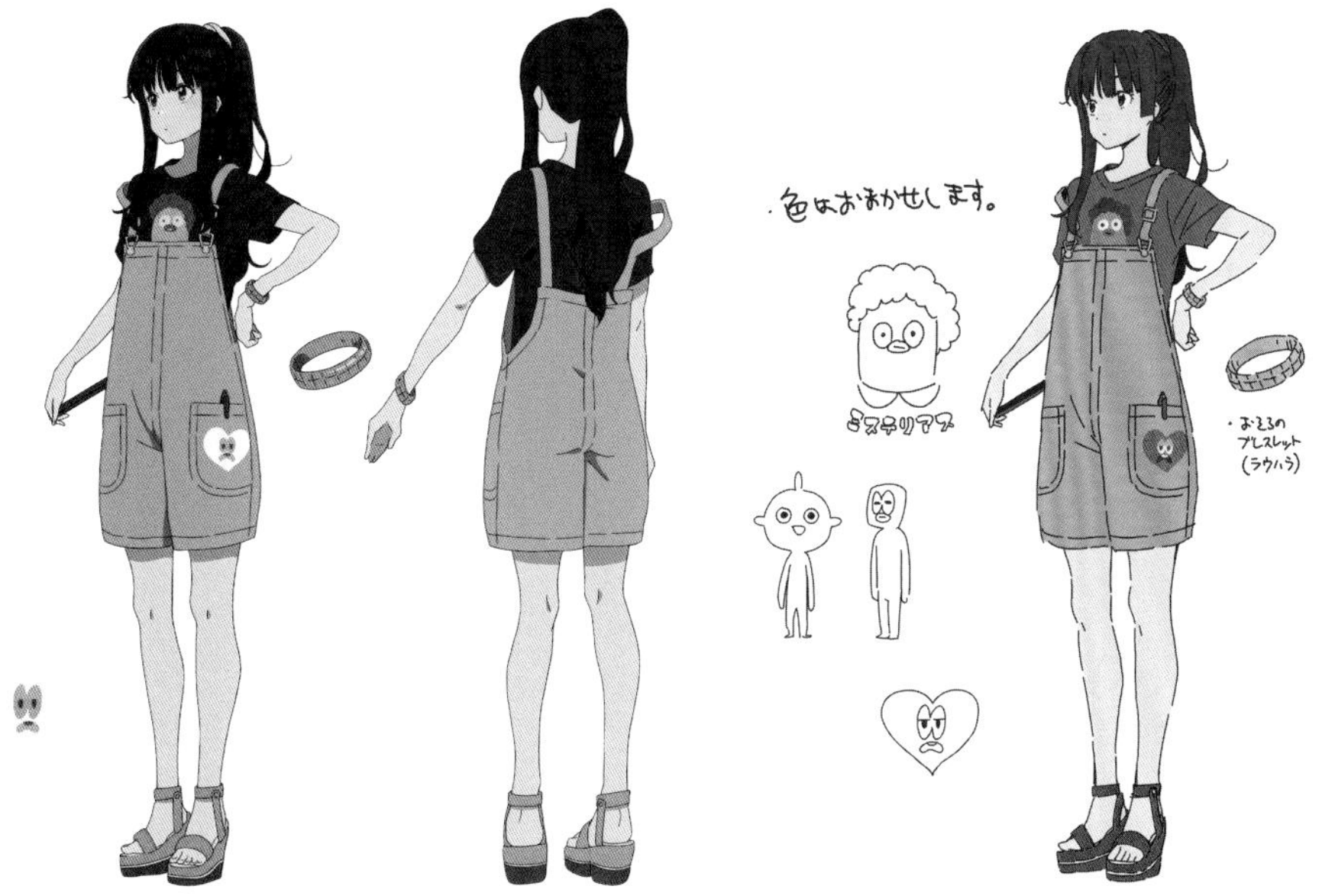

↑ 私服・ハワイ(#13)

↑ リコリスの鞄

↓ ヘッドセット

↓ 下着(ラフ画)

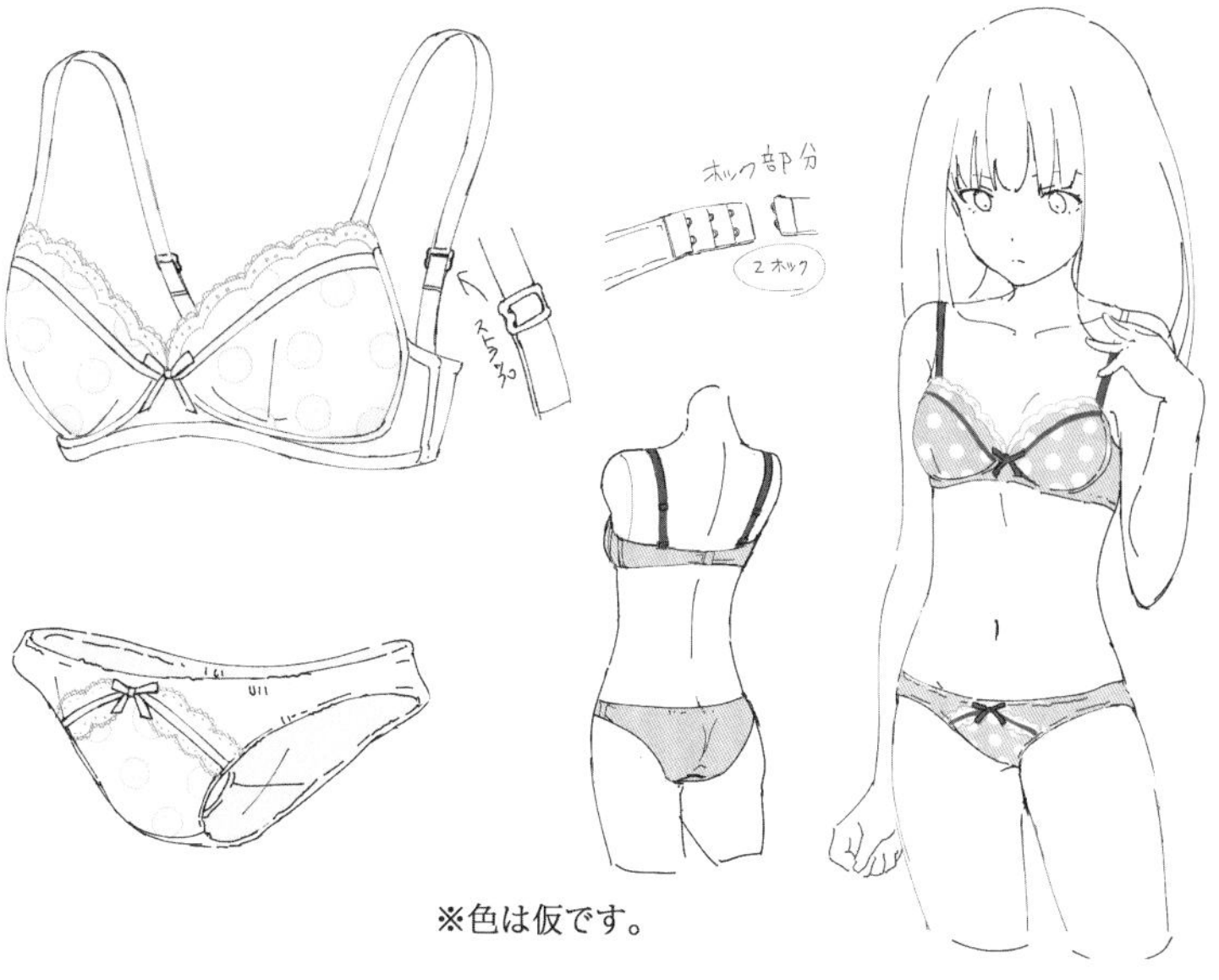

本編では描かれなかったたきなの下着(ラフ画)。男性用のトランクスしか持っていなかったたきなのために千束が選んだもののようだ。

普段は喫茶リコリコの店員として働いているが、元DAの情報部員でもある。孤児をリコリスに育てて任務を与えるDAのやり方が気に入らず、退職したという。任務活動時にはクルマやヘリコプターなどの運転全般、情報収集などを担当する。ミカや千束との付き合いも長く、文句を言いながらもサポート役として活躍している。

酒好きで結婚願望が強く、晩酌をしながら結婚情報誌を読むのが日常となっているようだ。

中原ミズキ

[cv] 小清水亜美

Nakahara **Mizuki**

年齢＝27歳 | 誕生日＝6月5日 | 血液型＝O型

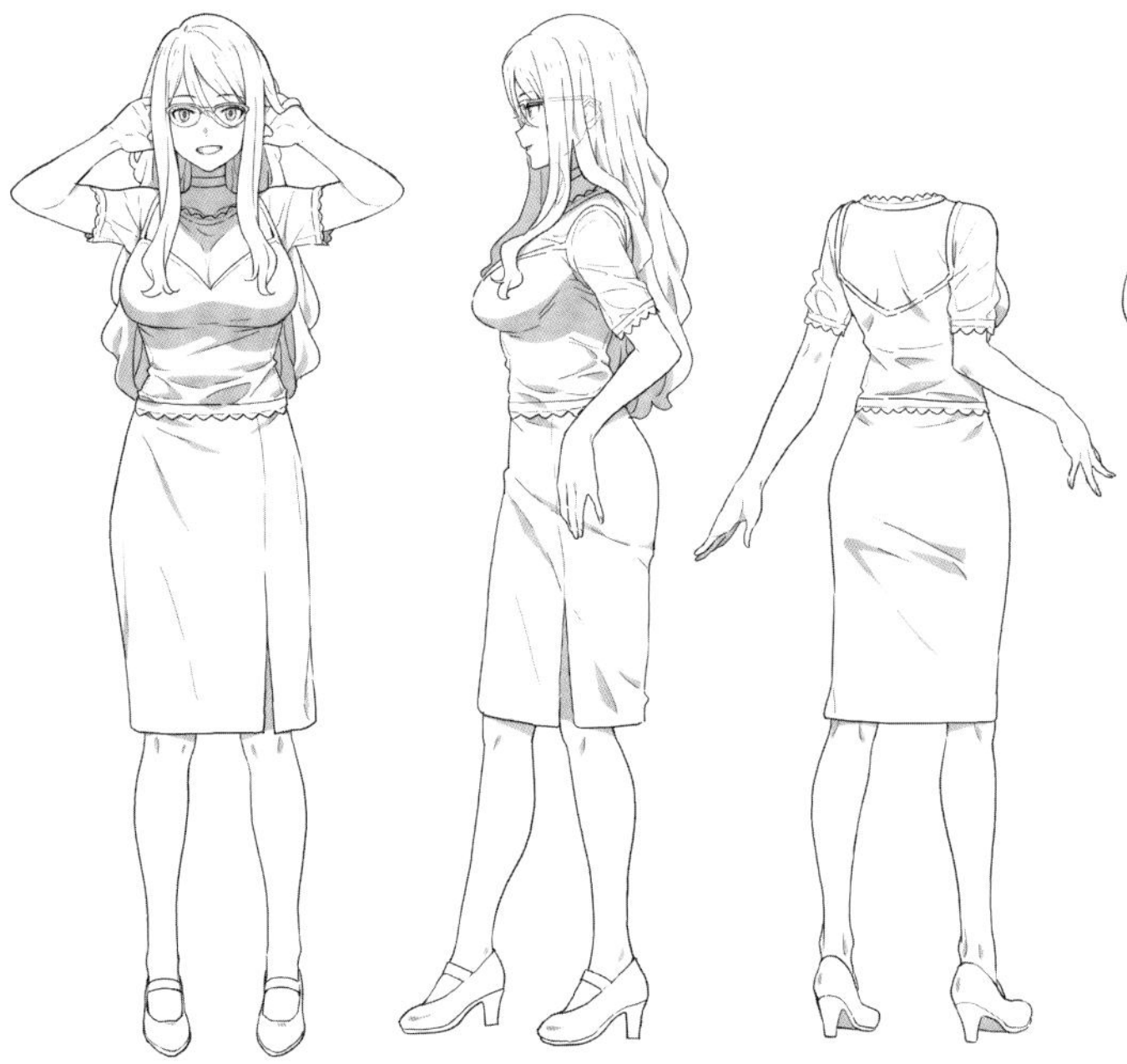

↑ 私服

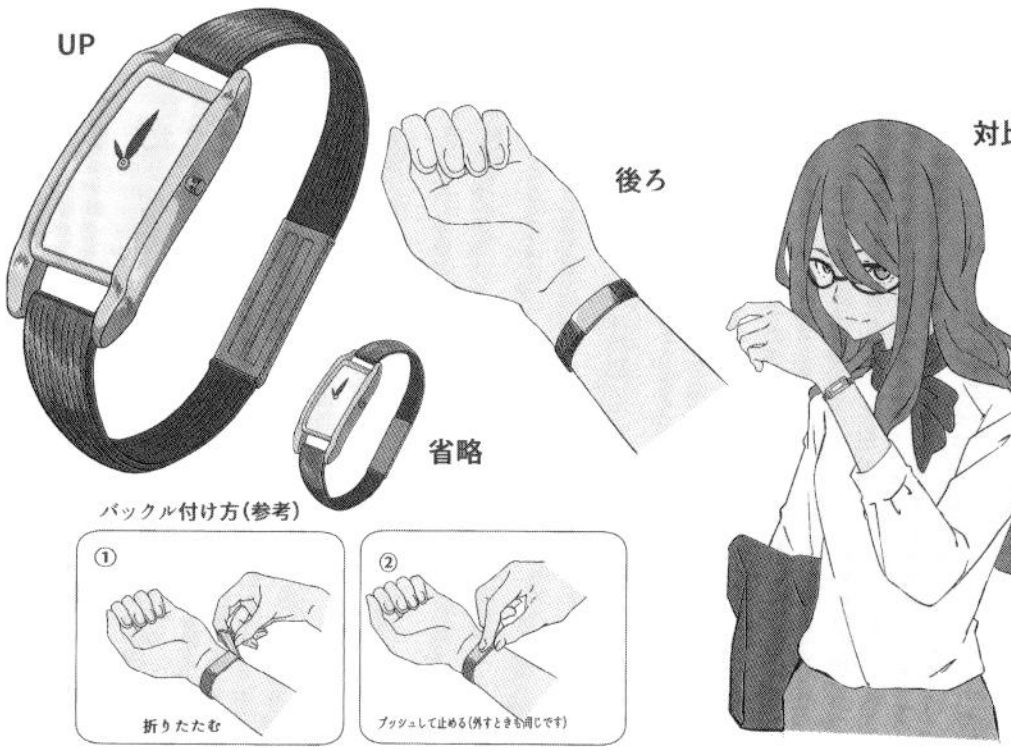

↑ 腕時計

↓ 表情集

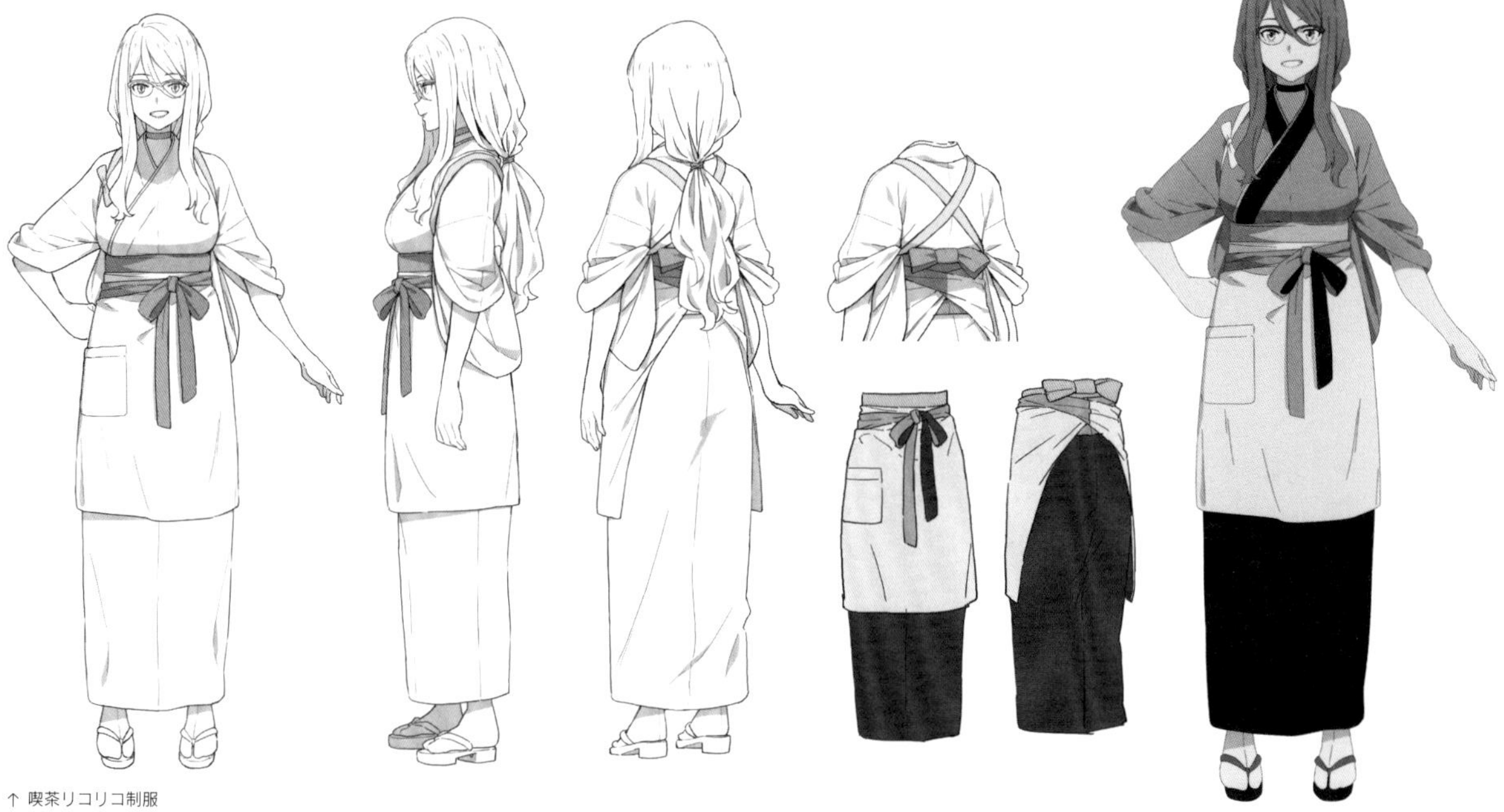

↑ 喫茶リコリコ制服

↑ 冬服（ラフ画）

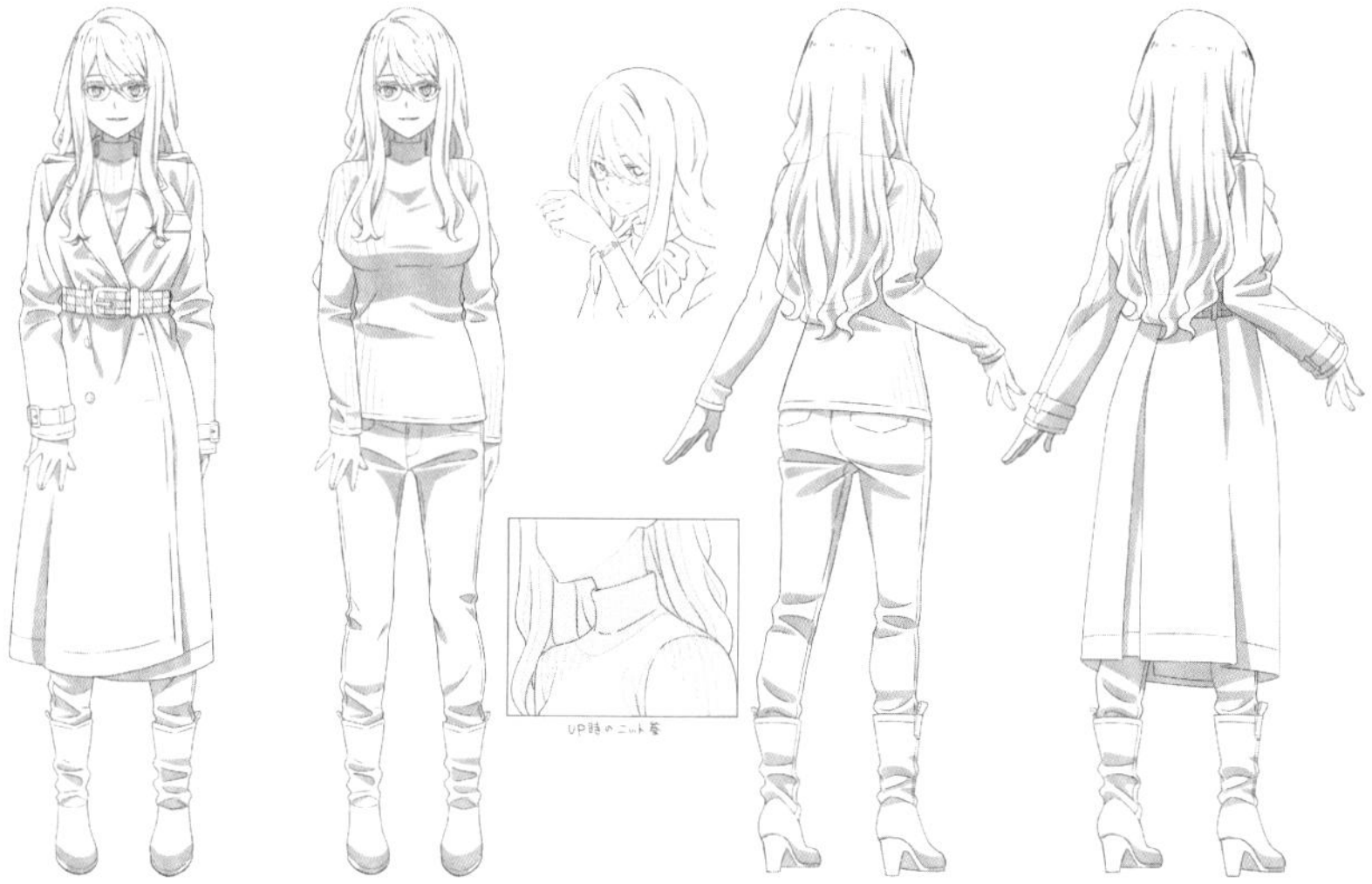

↑ 私服（冬服）

← 私服（ハワイ） →

↑ ウォールナット着ぐるみ

インターネット黎明期から存在する伝説的なハッカー「ウォールナット」として活動する謎の多い少女。見た目は幼いが年齢不詳で、演歌を好むなどの趣味を持つ。アラン機関の依頼でDA本部へのハッキングを仕掛けるが、結果としてどちらからも命を狙われることになった。そのため、千束に護衛を依頼して自らの死を偽装し、喫茶リコリコに身を隠している。

喫茶リコリコの店員となっているが、店頭に立つことは珍しく、普段は押し入れの中にあるパソコンブースでサイバー関連の任務をこなしている。

クルミ

[CV]久野美咲

Kurumi

年齢＝不明 ｜ 誕生日＝12月16日 ｜ 血液型＝AB型

見た目はまごうことなき幼女だが、その言動は大人びており、ハッカーとしての腕前も超一流である。

↑ 私服

↑ 表情集

HEROINE PROFILE

Kurumi

↑ 喫茶リコリコ制服

ヘッドセット →

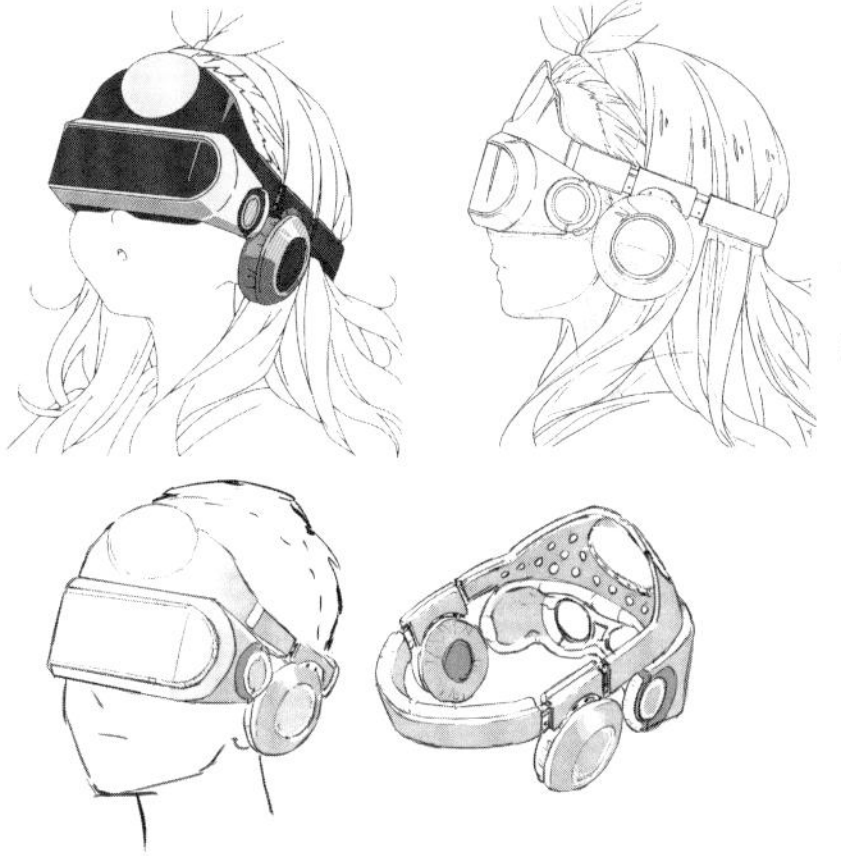

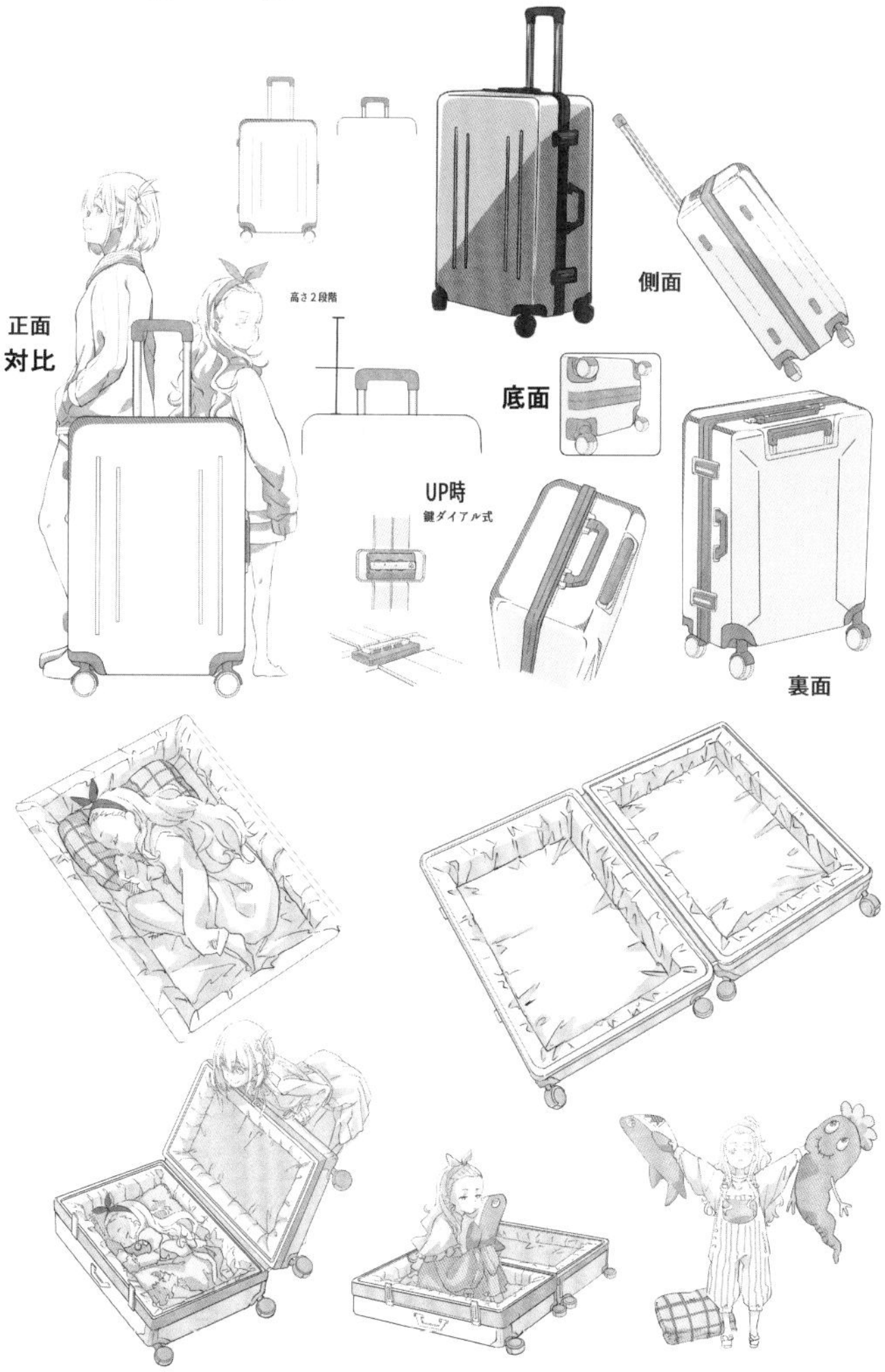

千束たちに護衛されて逃走する際に、本人が潜んでいたスーツケース。たきなには弾除けにされていた。ヘッドセットはクルミがVR空間で活動する際に使用するもので、この世界におけるインターネット用デバイスとしては一般的なようだ。

↑ スーツケース

私服（ハワイ）→

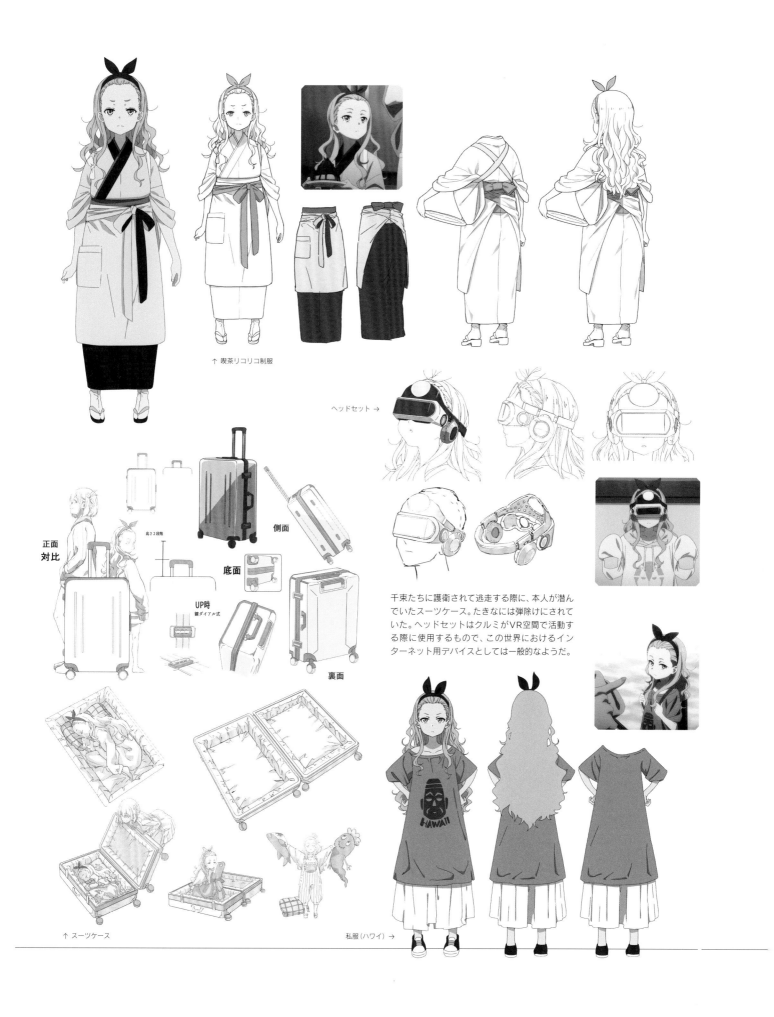

喫茶リコリコの店長。和服姿が似合う大柄の男性で、千束にとっては父親のような存在。以前はDAの訓練教官で、現在もDA本部からの指示を受けて仕事の指揮を執ることがある。左脚が不自由なために杖を使っているが、これは周囲を欺《あざむ》くための演技だったことが後に判明している。

吉松シンジとは公私ともにパートナー関係にあったが、心臓移植をした千束の親代わりとして一緒に過ごすなかで、その経緯を巡る真実を隠し続けることの重圧に悩まされていた。

ミカ ● ［CV］さかき孝輔

Mika

年齢＝48歳 ｜ 誕生日＝7月13日 ｜ 血液型＝O型

↑ 着物姿

↑ 着物参考（ラフ画）

↓ 表情集

PROFILE

Mika

スーツ姿 →

↓ 戦闘服

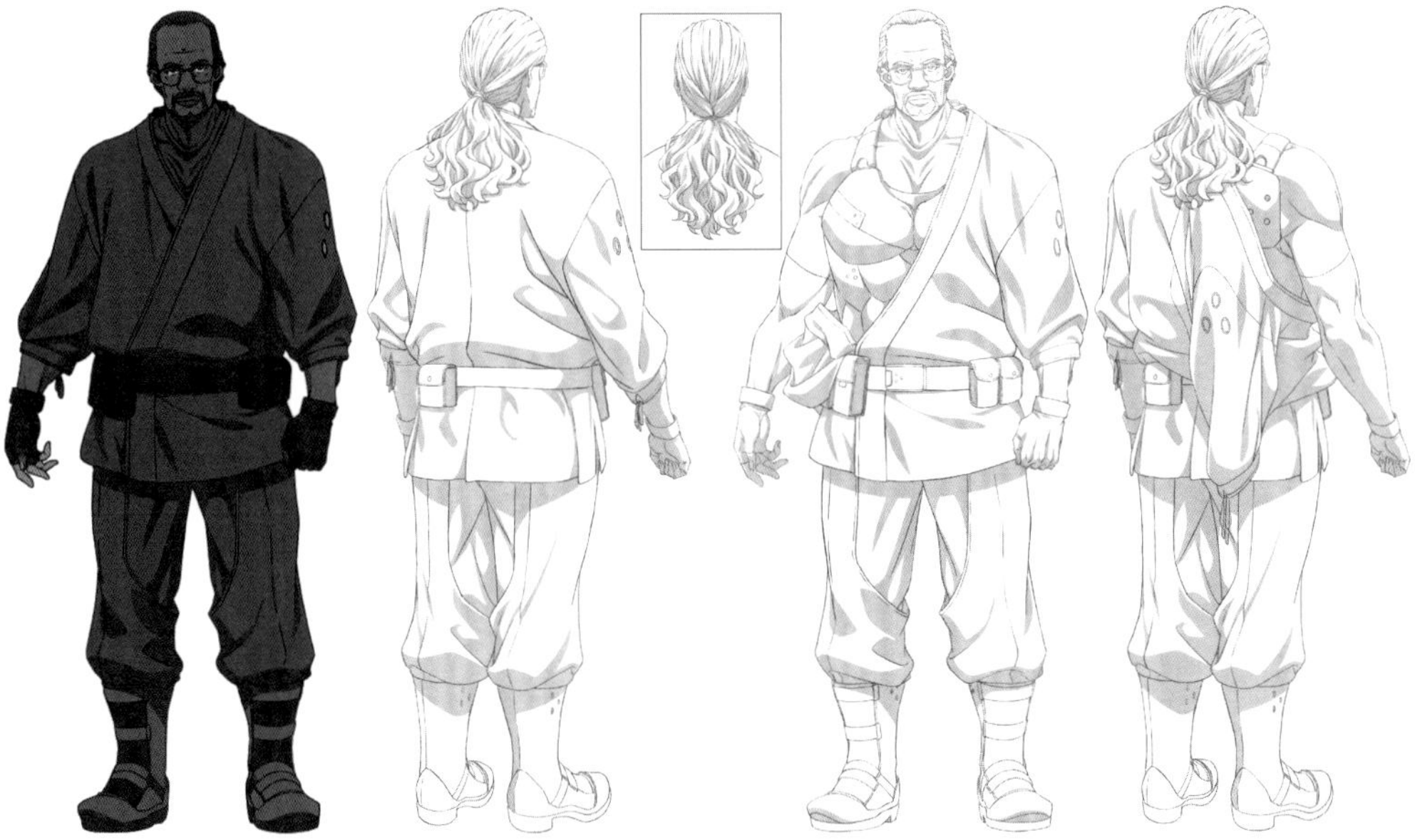

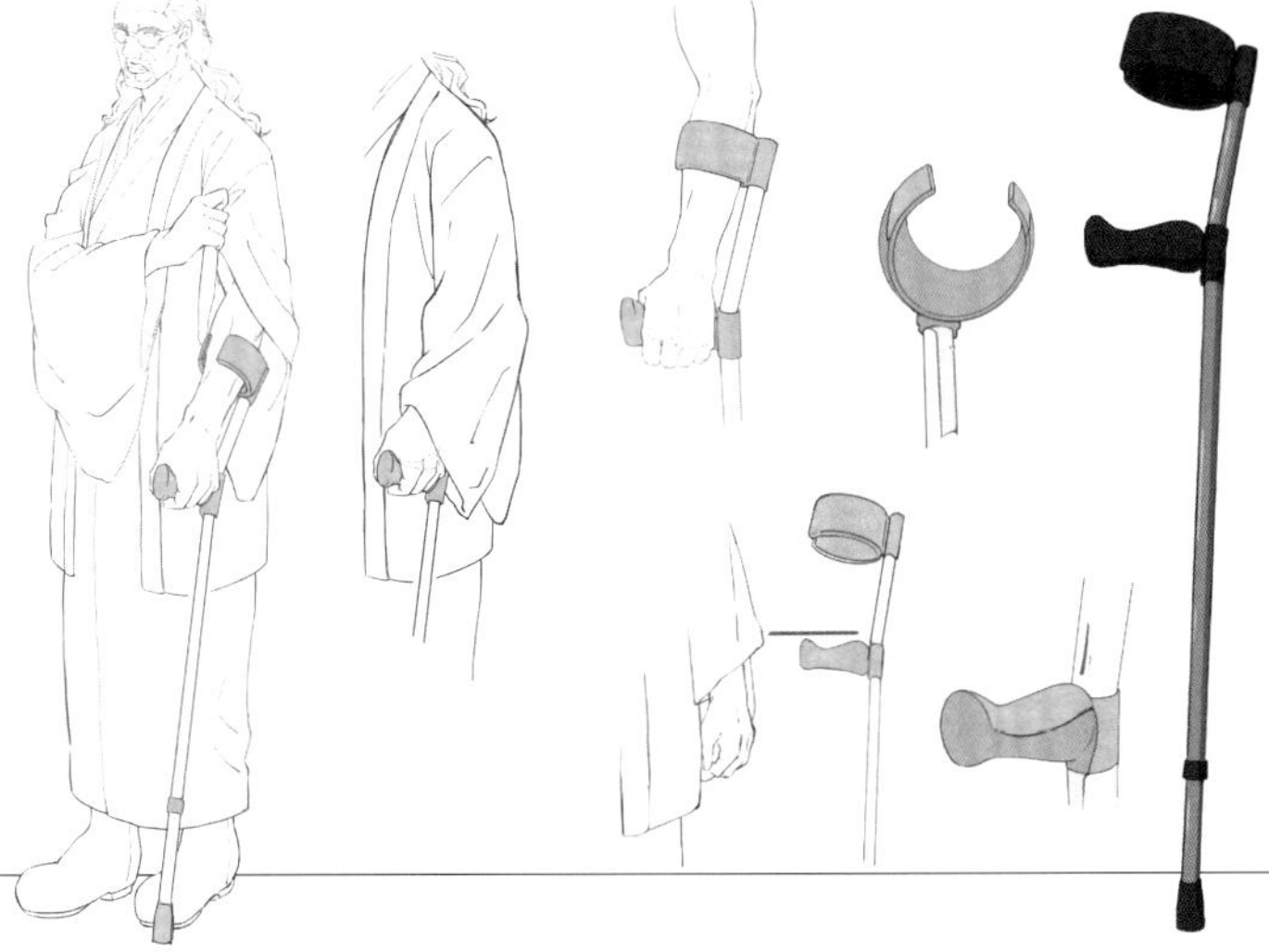

← ミカの杖

私服（ハワイ）→

テロリストグループの主犯格。日本に入国したテロリストたちがことごとく失敗、失踪してしまう理由を探るため、地下鉄襲撃やリコリス殺害などの事件を起こす。かつて電波塔を倒壊させかけたテロ事件にも関わっており、幼少時の千束によって撃退されている。

音の反響で周囲の空間を把握する特殊な聴覚、空間把握能力を持っており、アラン機関に選ばれたアランチルドレンのひとりである。自分と似た境遇にある千束に興味を持ち、過去の因縁からも千束に執着するようになっていく。

真島

● [CV] 松岡禎丞

Majima

年齢＝不明 | 誕生日＝不明 | 血液型＝不明

私服 →

PROFILE

Majima

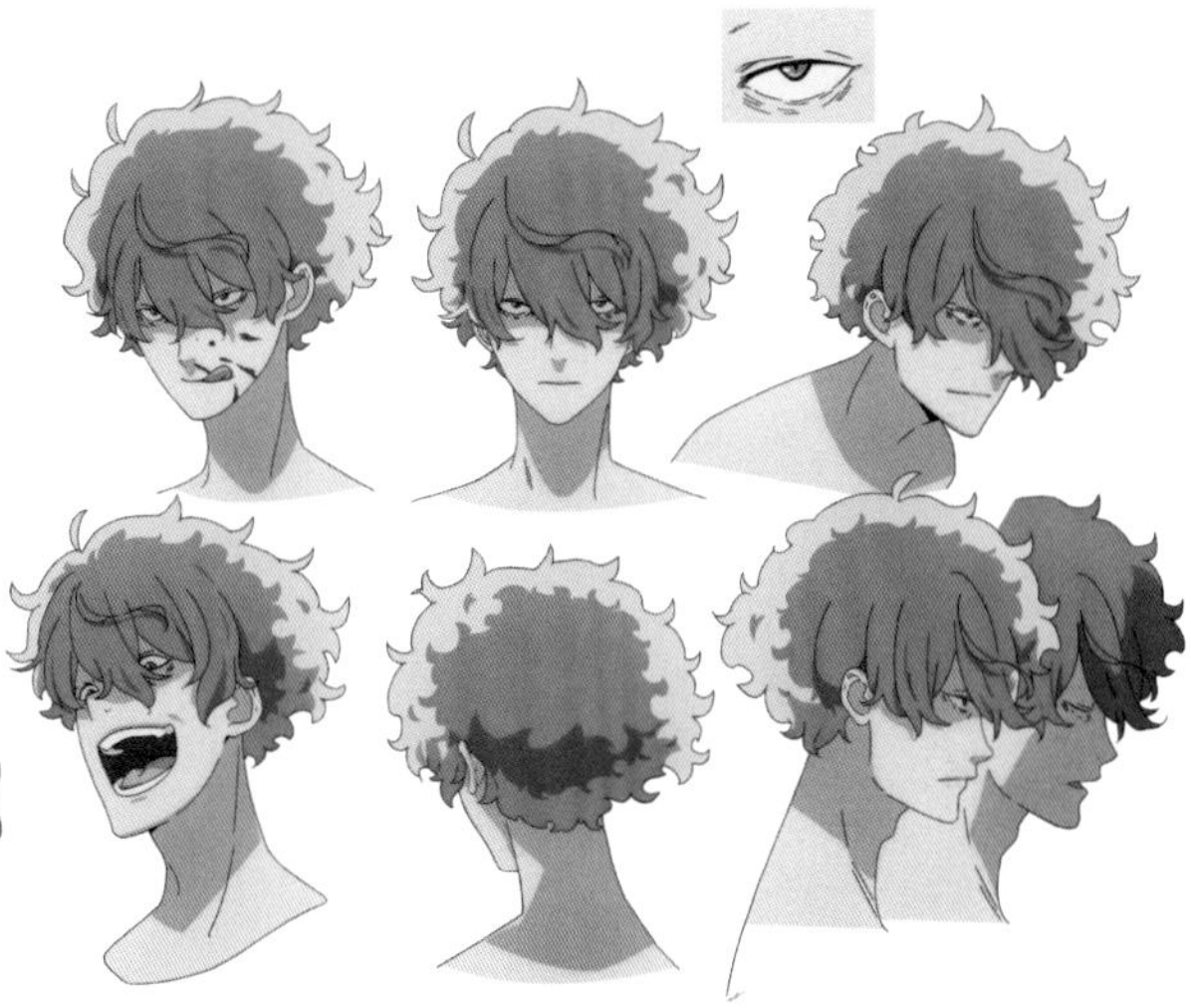

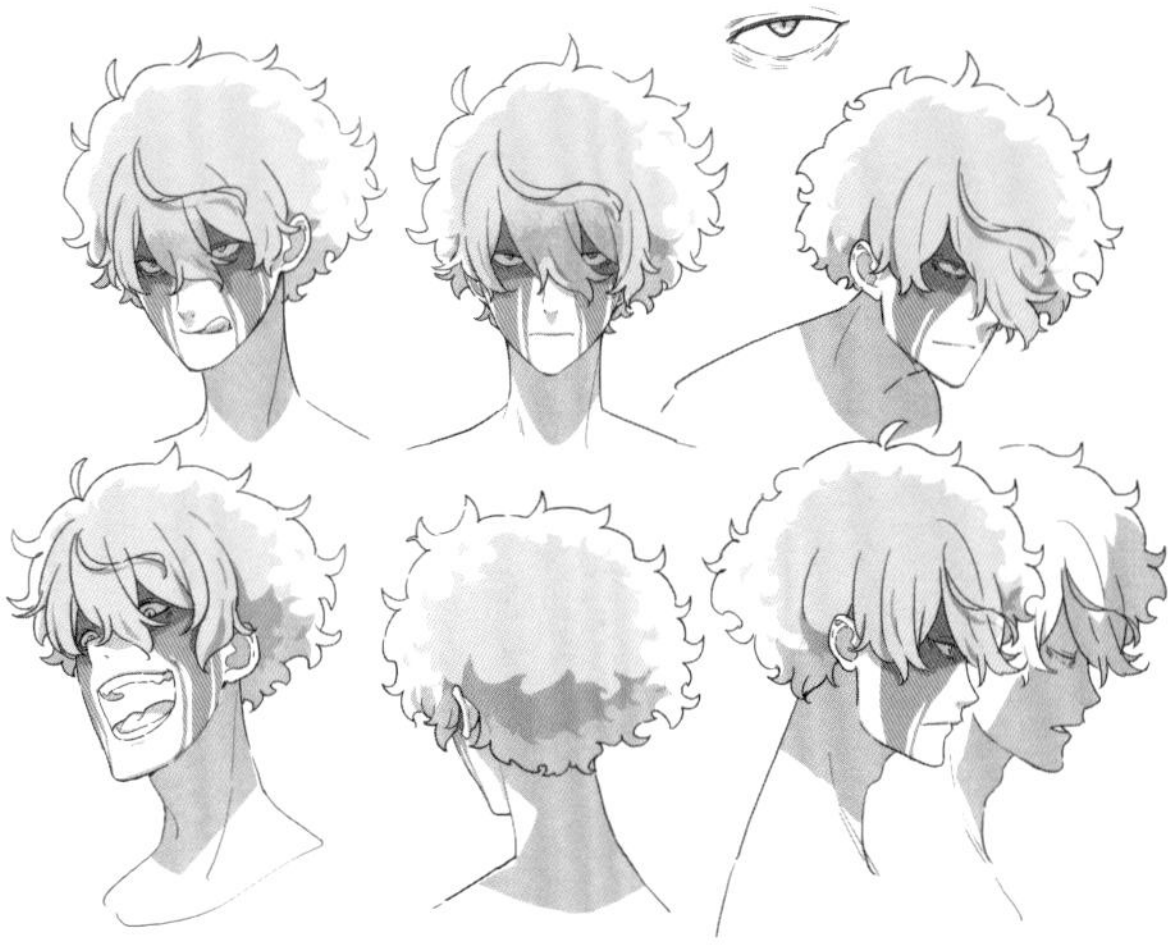

↑→ 表情集

狂気をはらんだ鋭い目つきが
印象的。だが、普段は前髪で顔
が隠れていて、よく見えない。

↓ 10年前の真島

まだ青臭さの残る10年前の真島。当時は視力がな
かったため、目隠しの上にサングラスをかけている。

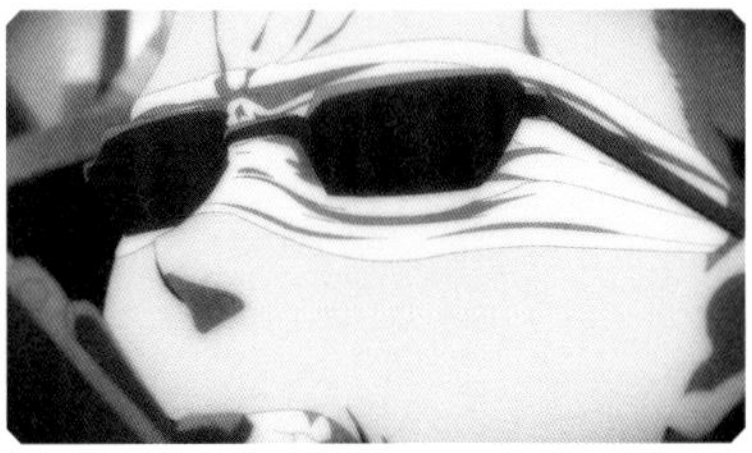

アラン機関の一員で、優れた才能を持つ人間を支援する謎の人物。喫茶リコリコの常連として、千束からは「ヨシさん」と呼ばれている。千束に与えられた「最強の殺し屋」という才能を開花させるべく、真島やロボ太を利用して千束を追い詰めていく。かつてミカとはパートナー関係にあった。

吉松シンジ ● [CV]上田燿司

Yoshimatsu **Shinji**

年齢＝不明 ｜ 誕生日＝不明 ｜ 血液型＝不明

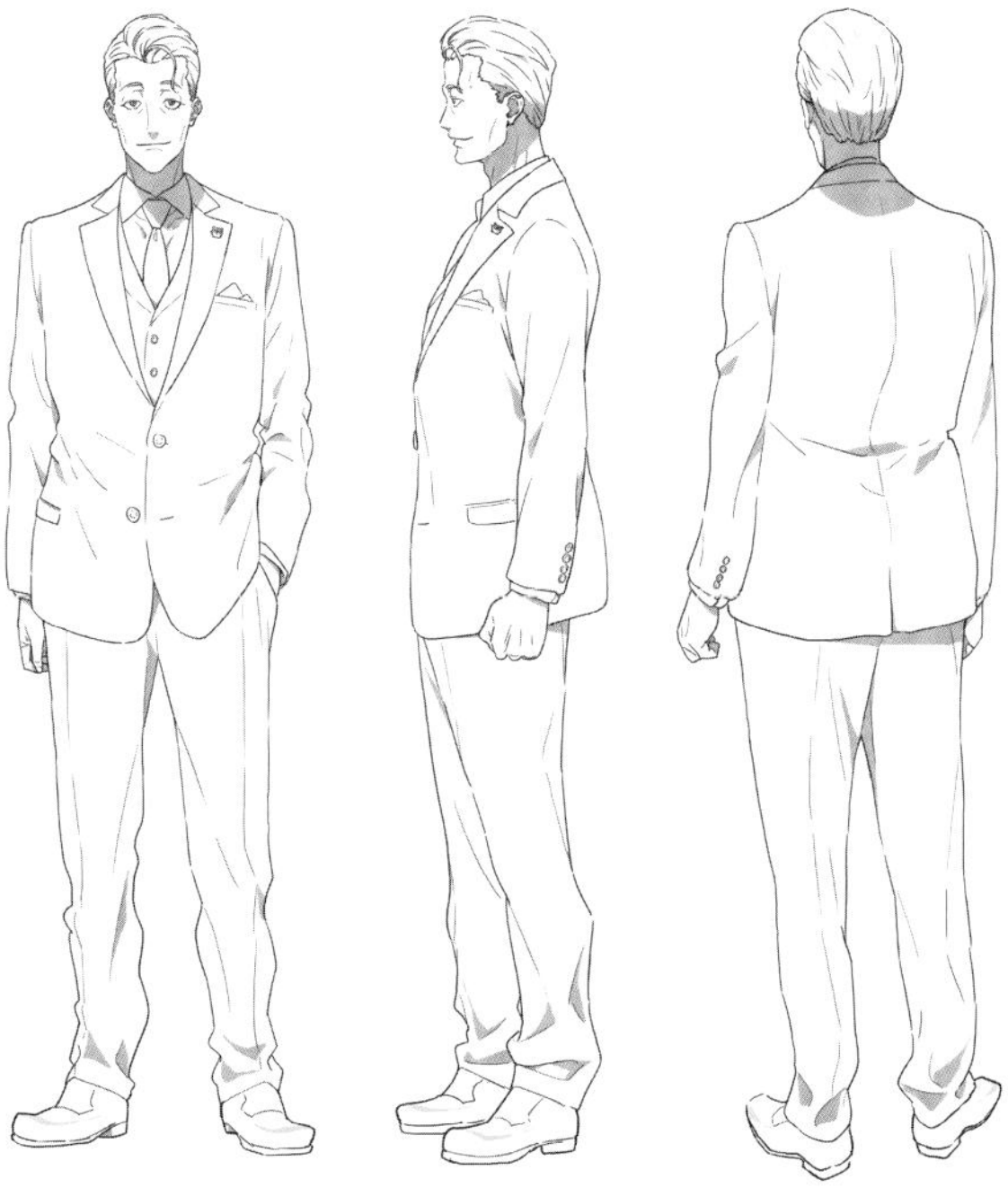

← スーツ姿

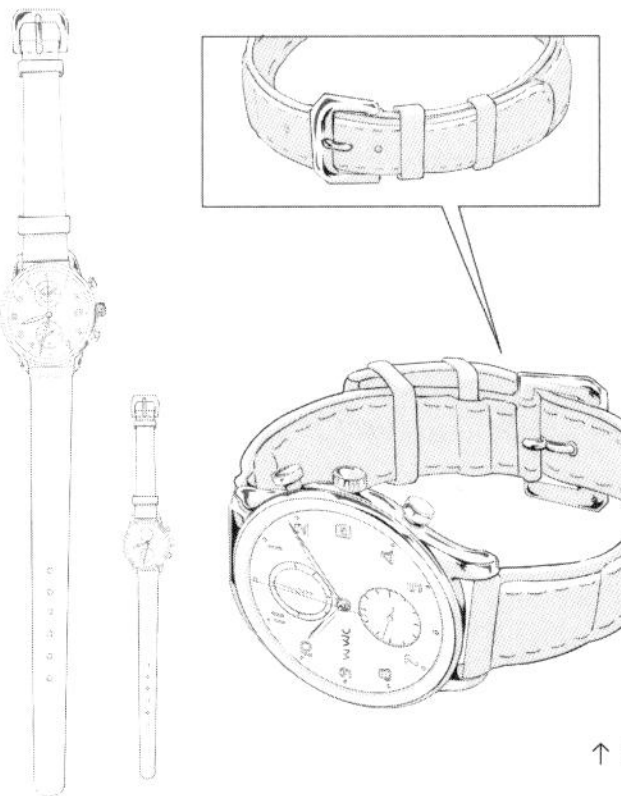

温和なビジネスマンのような外見だが、類稀なる才能を世に届けるためには手段を選ばない冷酷な一面を持つ。

↑ 腕時計

↓ 表情集

PROFILE

Yoshimatsu **Shinji**

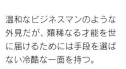

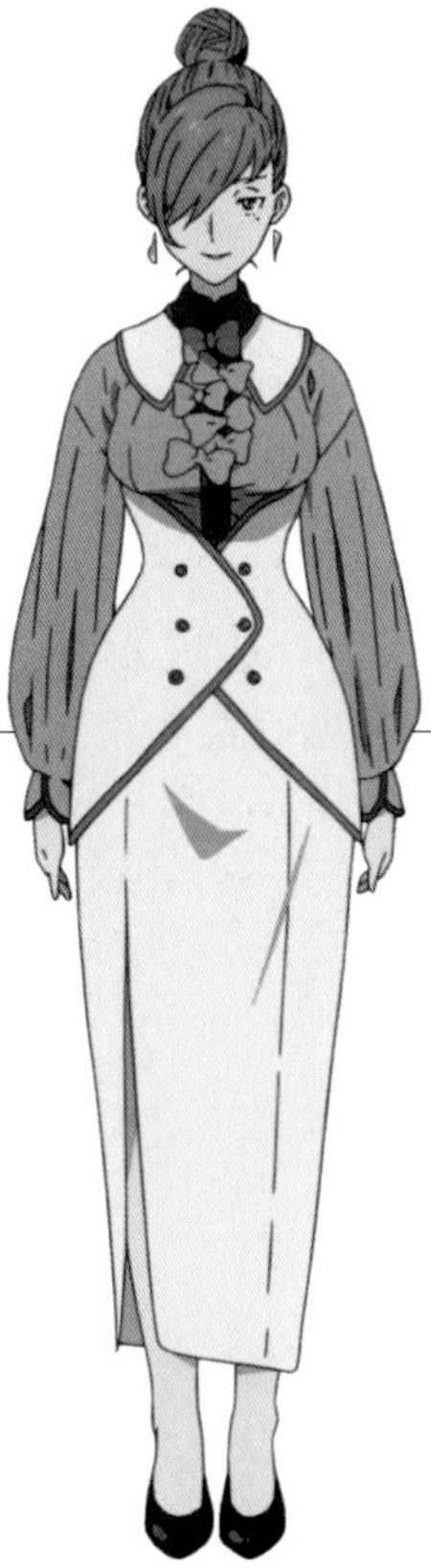

吉松シンジの秘書として、その傍らに立つ女性。アラン機関に所属することから何らかの才能を持つと思われるが、それが何か語られることはなかった。真島が千束に興味を持つようにロボ太を操るなど頭脳戦を得意とするが、戦闘能力もかなり高く、その隠された才能の片鱗を見せた。

Himegama

[CV]大谷理美 ● 姫蒲

年齢＝不明 | 誕生日＝不明 | 血液型＝不明

私服 →

↑ 表情集

ナースに変装して千束の人工心臓を半壊させるなど、吉松の指令を忠実にこなす。旧電波塔では戦闘服を着用し、たきなと互角以上の戦いを繰り広げた。

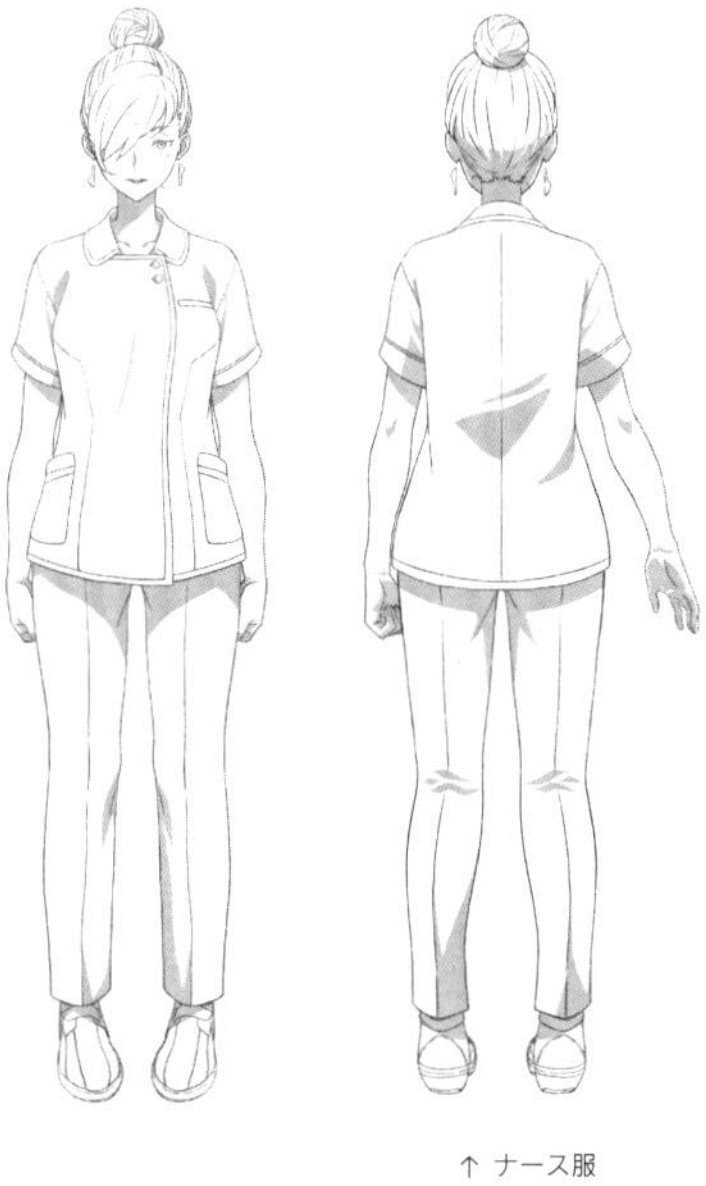

↑ ナース服

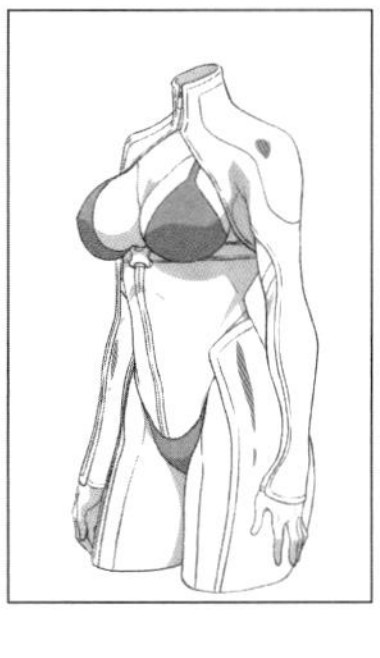

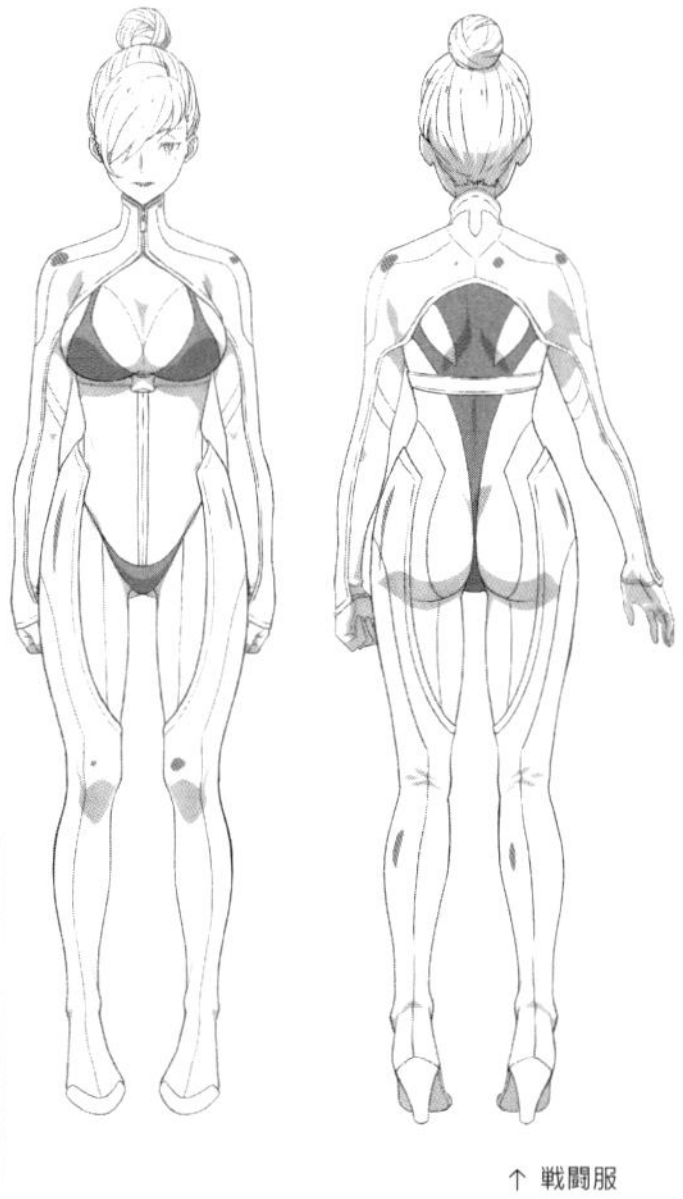

↑ 戦闘服

PROFILE

Himegama

ファーストリコリスとして最前線で活躍する少女。千束とは幼少期から同室で育ったため幼なじみと言ってもいい間柄だが、ゆえあって犬猿の仲である。小柄な身体を活かしての高速移動と体術を得意としており、ファーストリコリスにふさわしい高い戦闘力を持つ。訓練教官だったミカへの憧れがあるが、本人はひた隠しにしている。

春川フキ ● ［CV］河瀬茉希

Harukawa **Fuki**

年齢＝17歳 ｜ 誕生日＝9月24日 ｜ 血液型＝A型

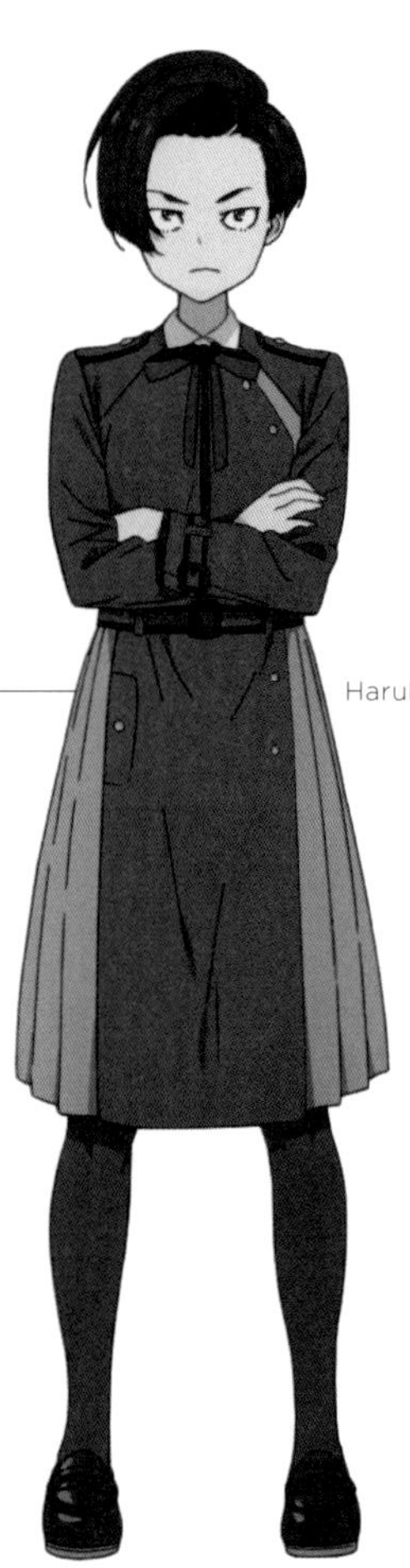

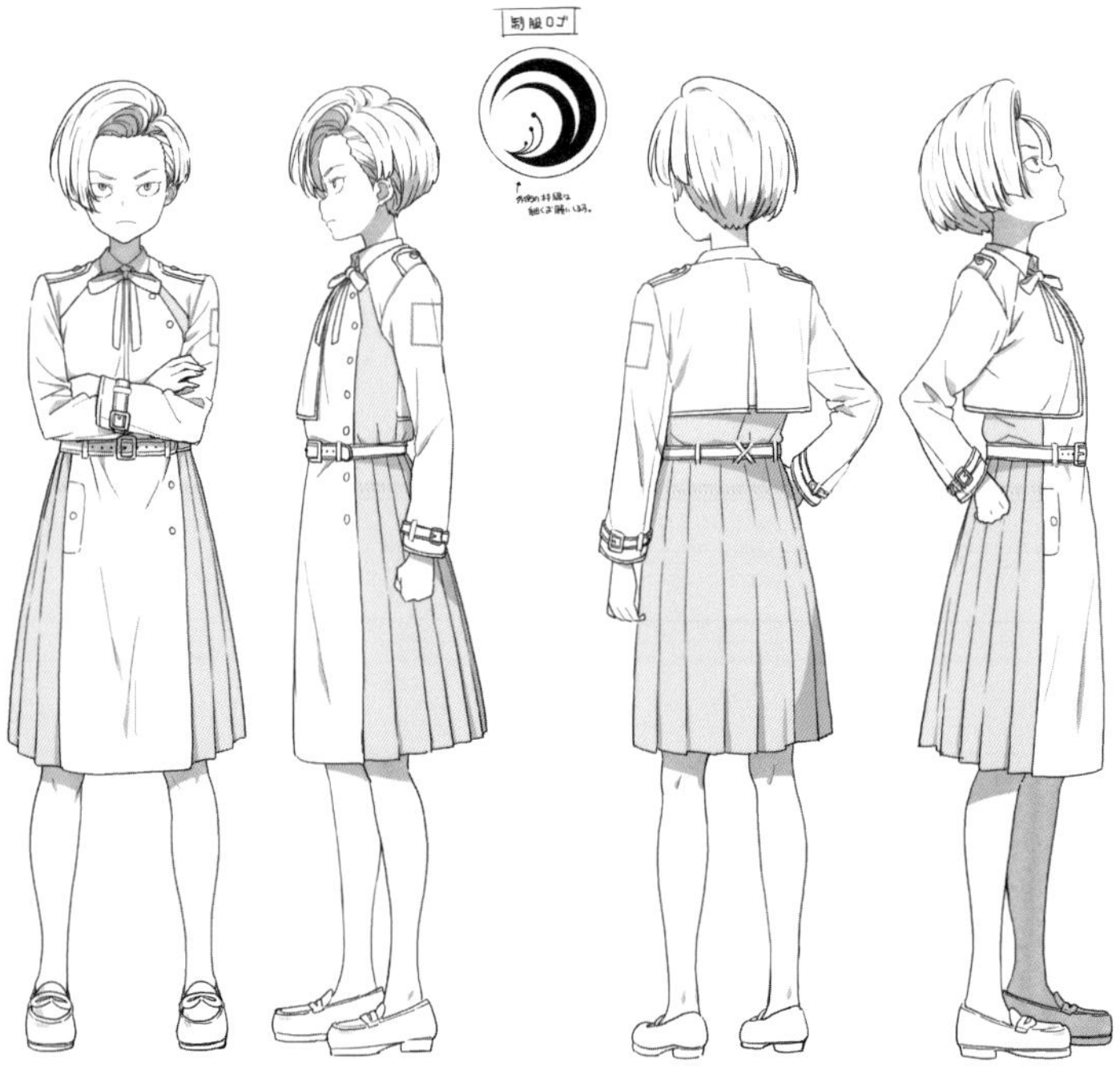

↑ リコリス制服

↓ 表情集

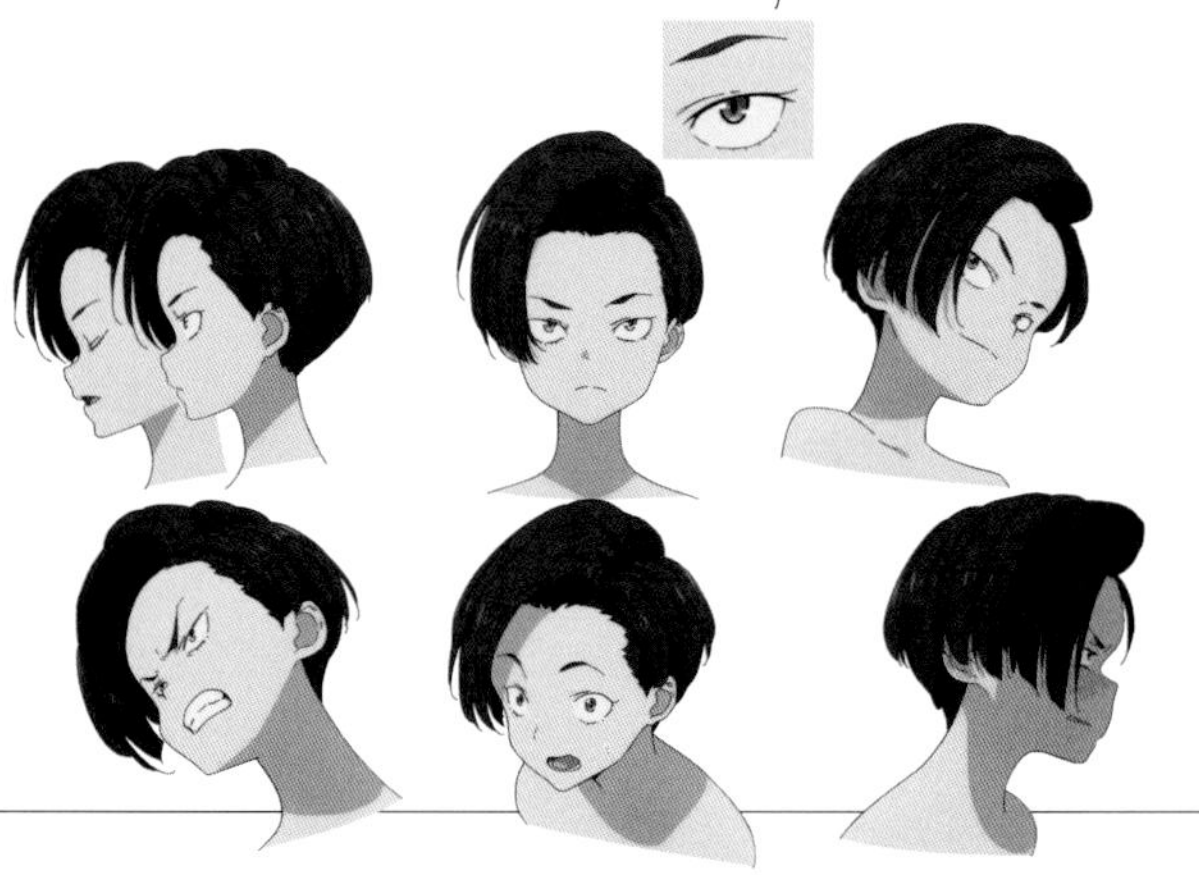

幼少期のフキ。この時点ではセカンドリコリスの制服を着ている。

← 幼少期のフキ

セカンドリコリスの少女。喫茶リコリコへと左遷されたたきなのあとを継いでフキのパートナーとなった。勝気な性格で、言葉遣いの最後に「ッス」をつけるのが口癖。口は悪いが本人に悪意はないらしい。延空木での戦闘では不意に現れた真島の銃撃を受けて負傷するが、一命を取り留めている。

Otome **Sakura**

[CV] 小市眞琴 ● 乙女サクラ

年齢＝15歳 ｜ 誕生日＝3月6日 ｜ 血液型＝B型

↑ リコリス制服

↓ 表情集

↑ その他のリコリス（ラフ画）

その他のセカンドやサードリコリスたちのラフ画。
中央の人物は篝ヒバナのデザインとして発展している。

PROFILE

Otome **Sakura**

DAの司令官であり、全リコリスを統括する指揮官でもある。圧倒的な能力を持ちながらも組織に貢献しようとしない千束とは、事あるごとに対立している。

楠木 ● [cv] 沢海陽子

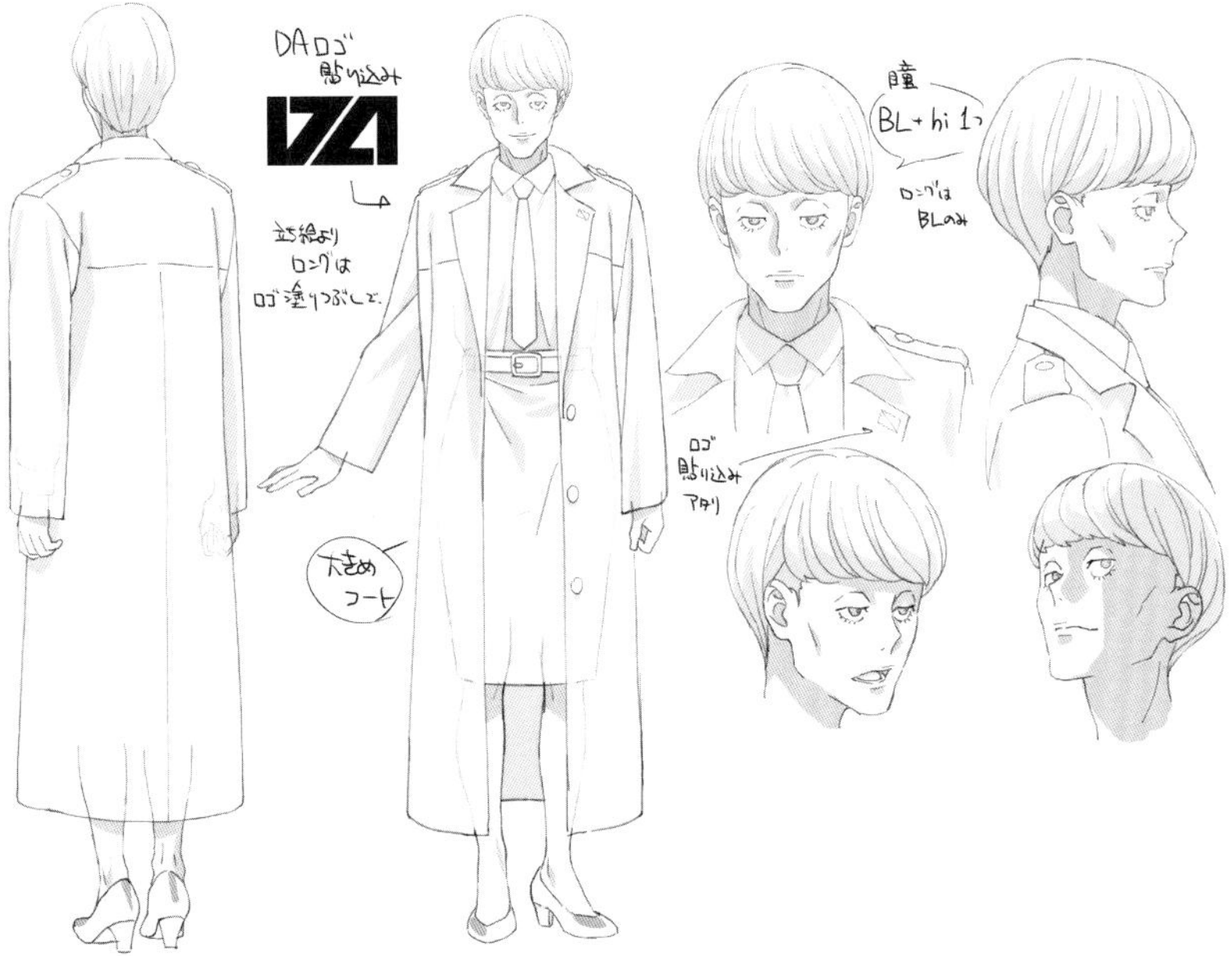

Kusunoki

PROFILE

Kusunoki

DA司令官である楠木を補佐する助手の女性。虎杖《いたどり》によるリリベル出動の際には、トイレにこもってミカと連絡する楠木を「司令のトイレは長いんです！」と言ってアシストした。

楠木 助手 ● [cv] 長谷川美希

Kusunoki's **assistant**

PROFILE

Kusunoki's **assistant**

PROFILE

Janome **Erika**

Janome **Erika**

セカンドリコリスの少女。武器商人の闇取引で人質に取られてしまい、それがたきなの独断専行の原因となったことを気に病んでいた。

[CV]八神結香 ● **蛇ノ目エリカ**

PROFILE

Kagari **Hibana**

Kagari **Hibana**

セカンドリコリスのひとり。蛇ノ目エリカのパートナーでもある。自分の失敗が原因で左遷されたたきなとの関係について悩むエリカを心配し、その仲直りを手伝った。

[CV]三重野帆貴 ● **篝ヒバナ**

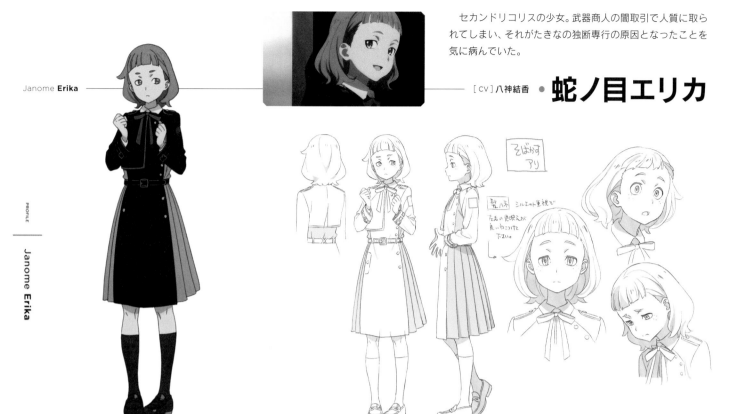

ロボ太 ● ［CV］榊原優希

Robota

　自称、凄腕のハッカー。いつもロボットの被り物をしている。世界一のハッカーであることにこだわるあまり、千束と真島を巡る吉松の企みに利用される。

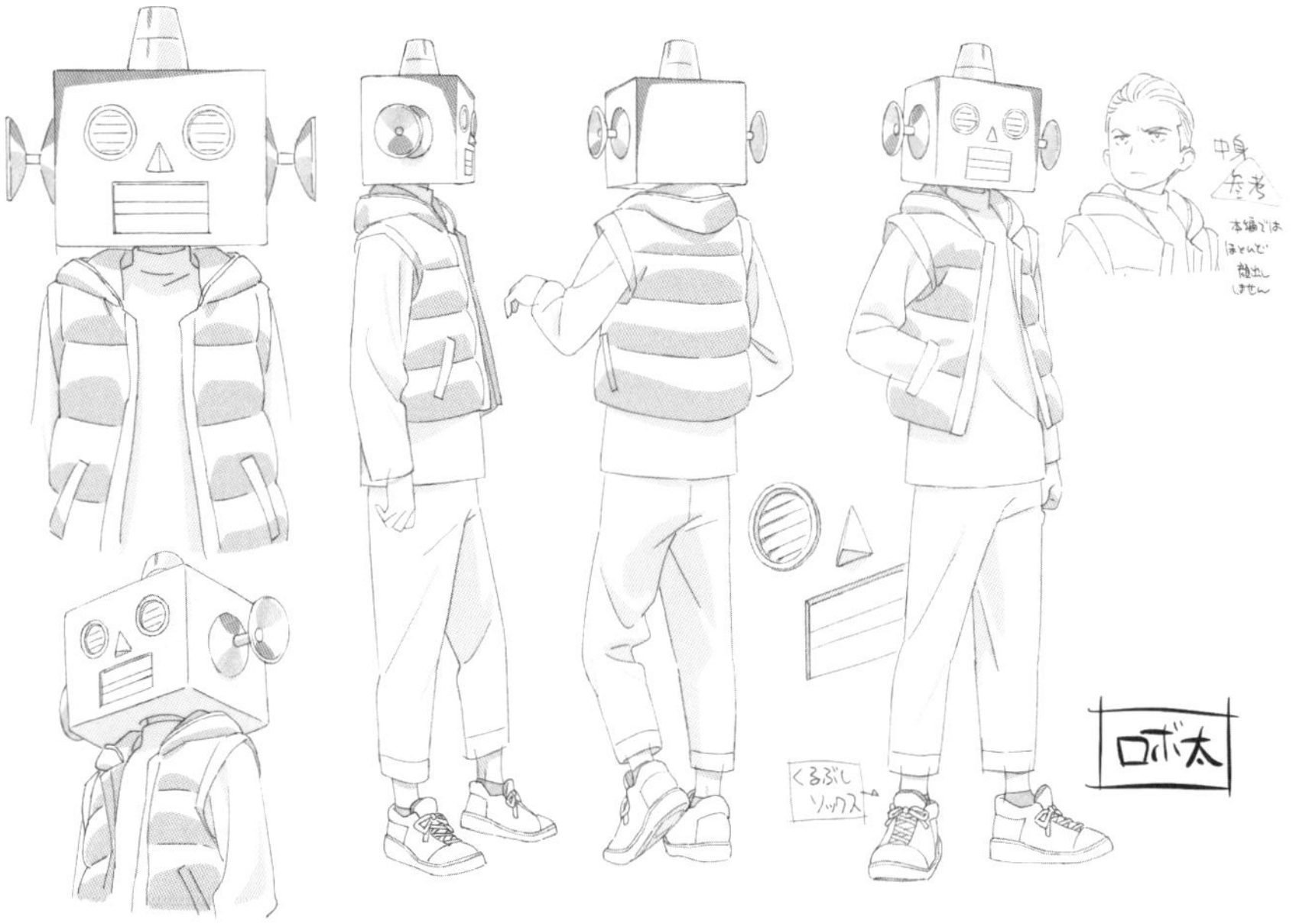

サイレント・ジン ● ［CV］俊藤光利

Silent Jin

　松下を狙う暗殺者。普段から音を立てず、口もきかないことから「サイレント・ジン」の異名を取る。かつては警備会社の同僚として、ミカとコンビを組んでいたことがある。

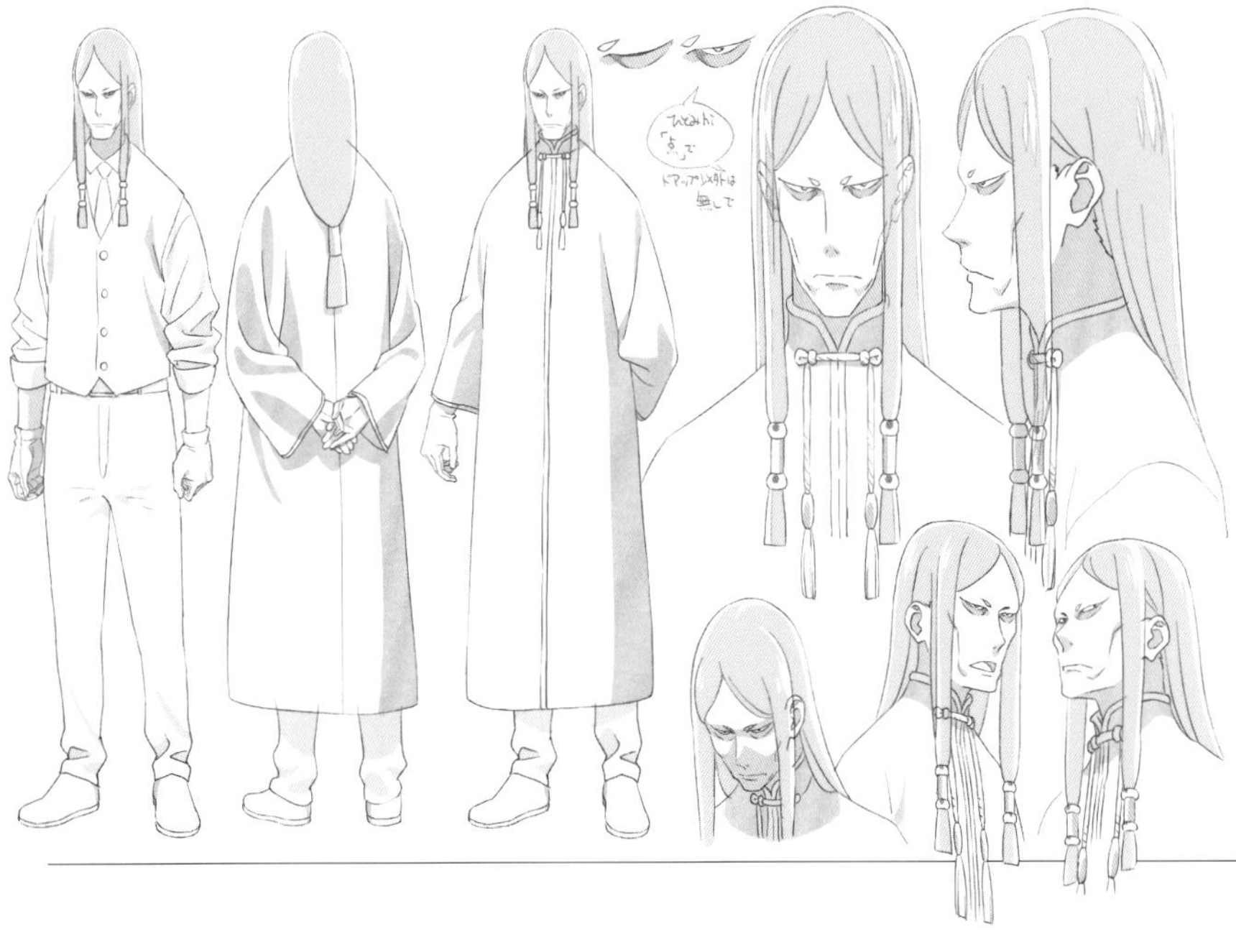

銃器設定

Act.3 **Small Arms** and **Light Weapons** Design

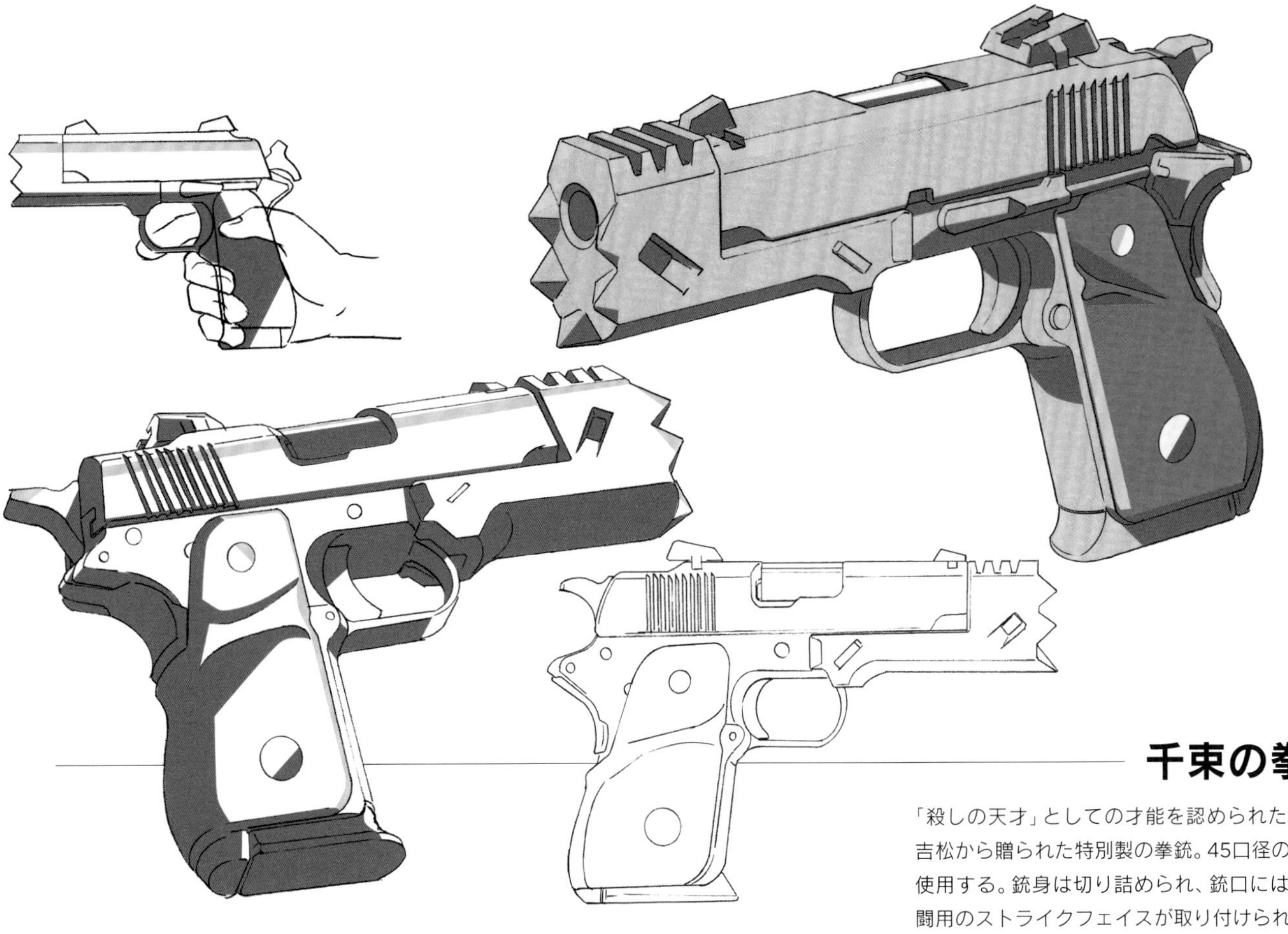

千束の拳銃

「殺しの天才」としての才能を認められた千束が、吉松から贈られた特別製の拳銃。45口径の弾薬を使用する。銃身は切り詰められ、銃口には近接格闘用のストライクフェイスが取り付けられている。

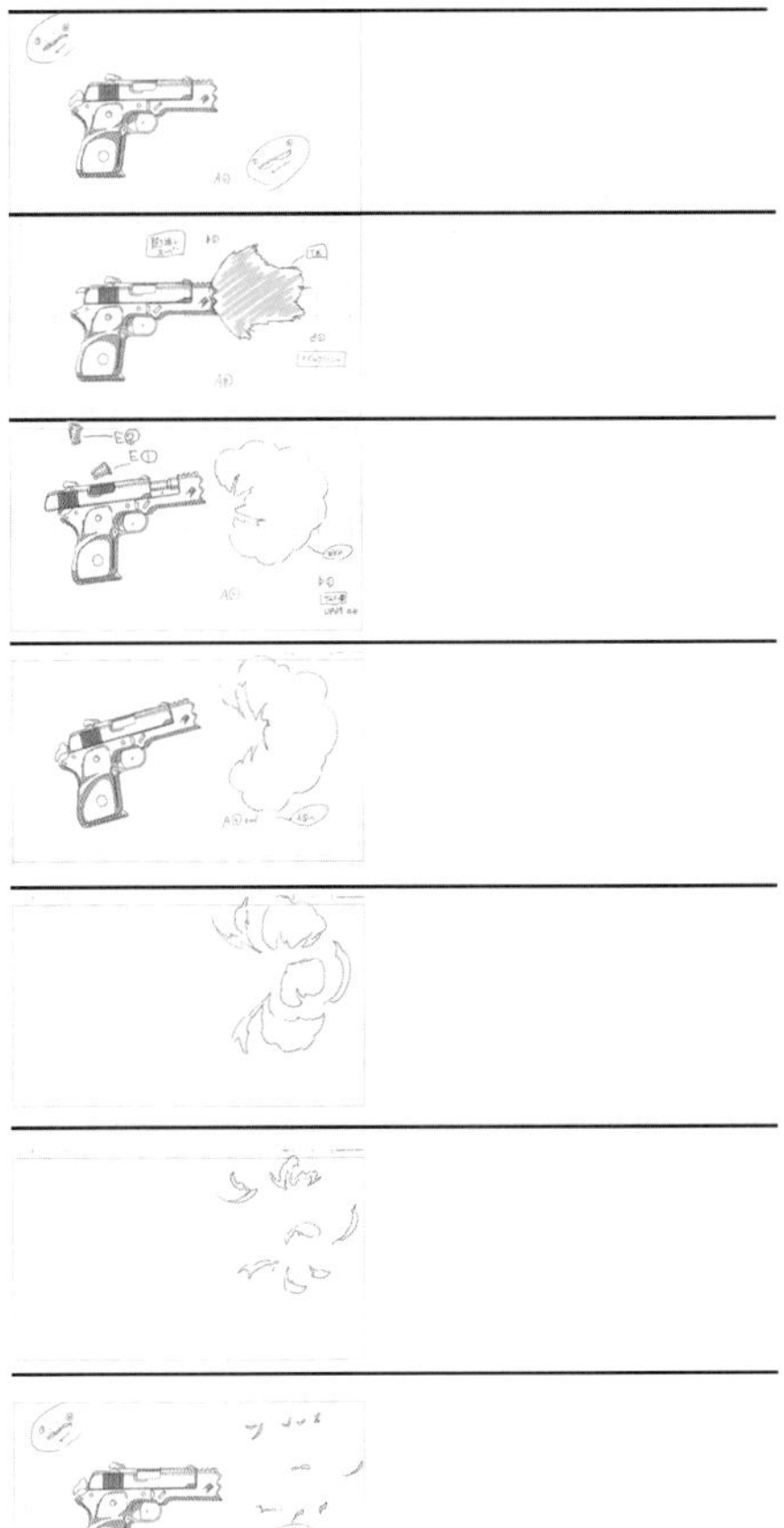

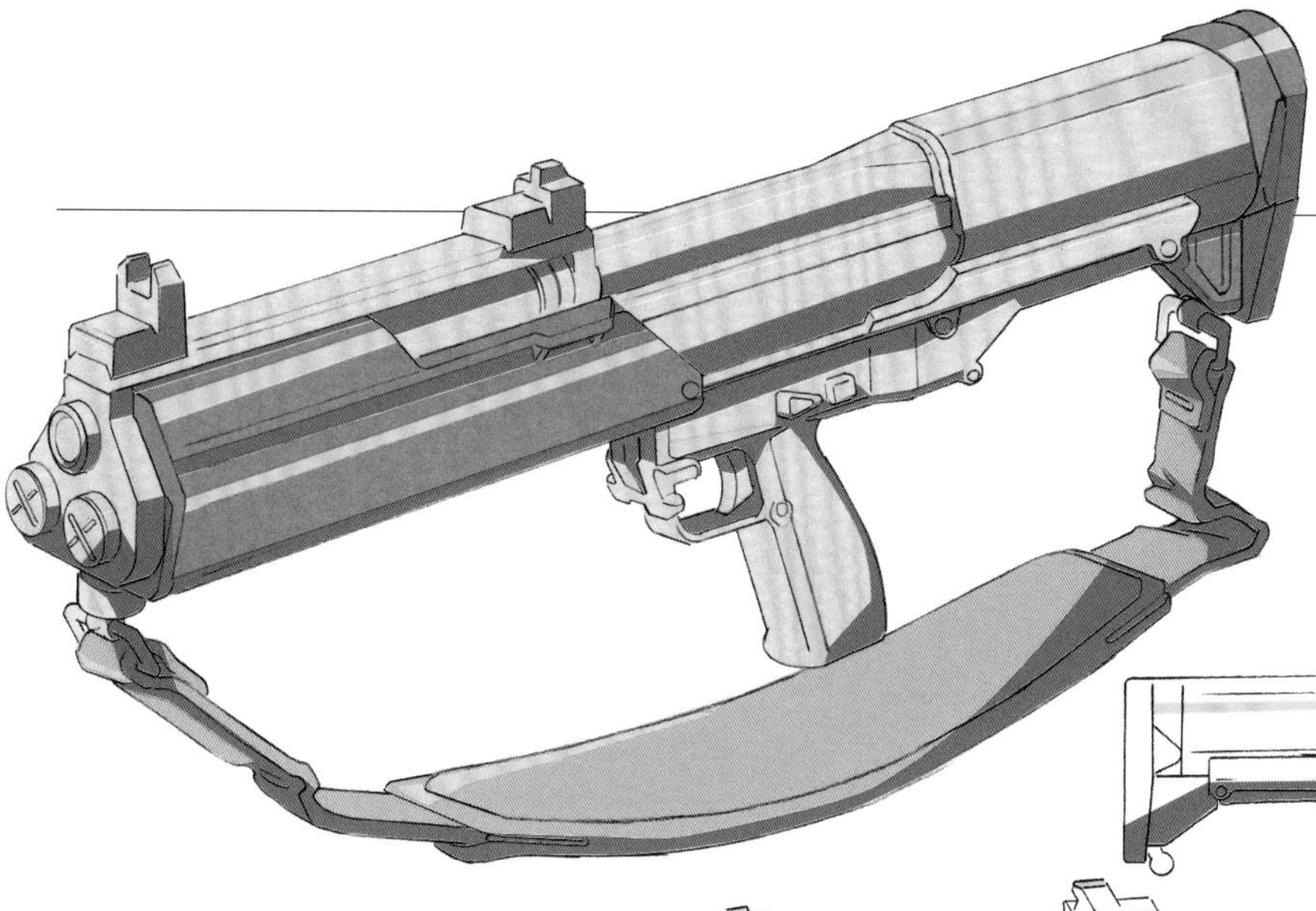

千束のショットガン

旧電波塔で吉松を人質に取った真島を倒すため、千束が使ったショットガン。グリップより後方に撃発装置を持つブルパップ構造のため、全体的にコンパクトに仕上がっている。

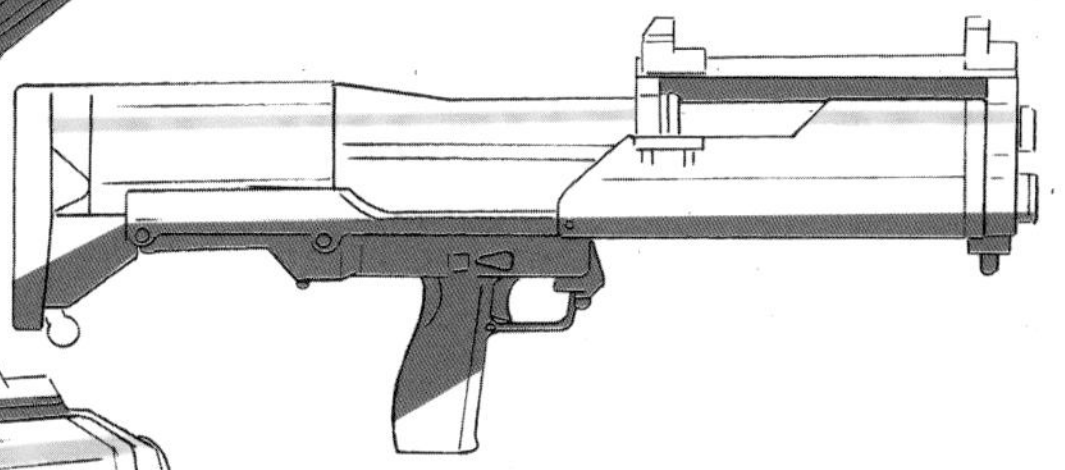

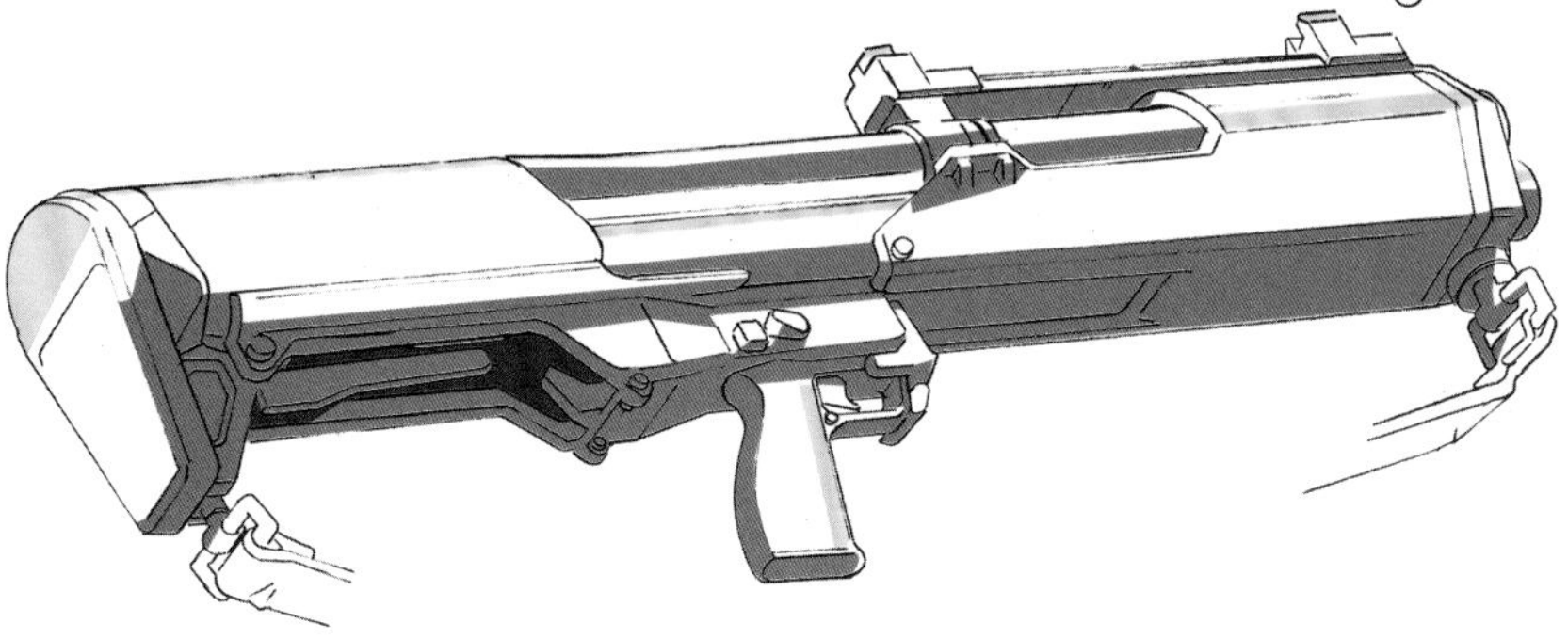

銃身の下部にシェル（弾薬）を装填するチューブマガジンが2本あるため、弾丸の種類を簡単に切り替えることができる。非殺傷弾とドア抜き用のスラグ弾（実弾）を入れ替える描写が第11話で確認できる。

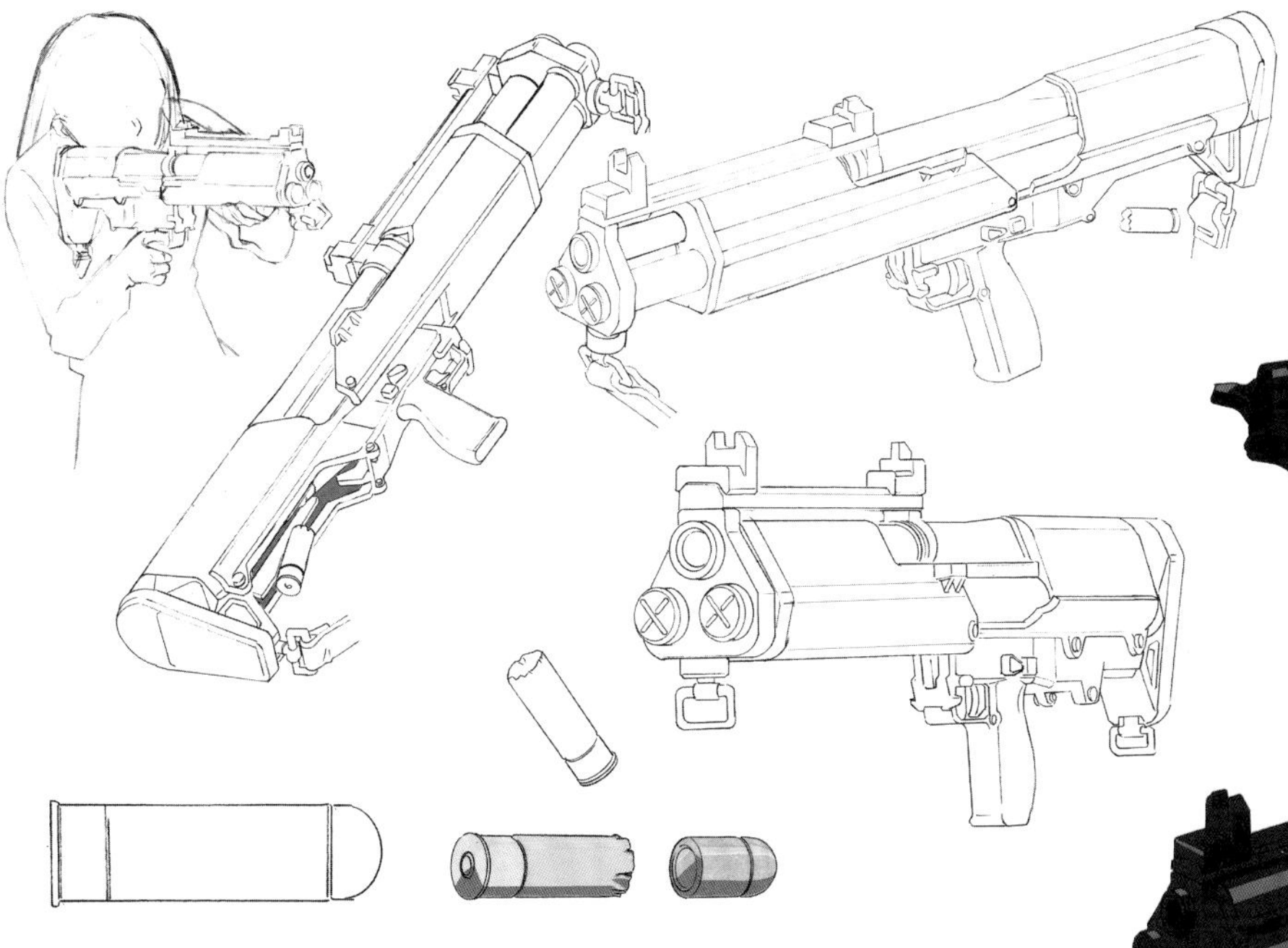

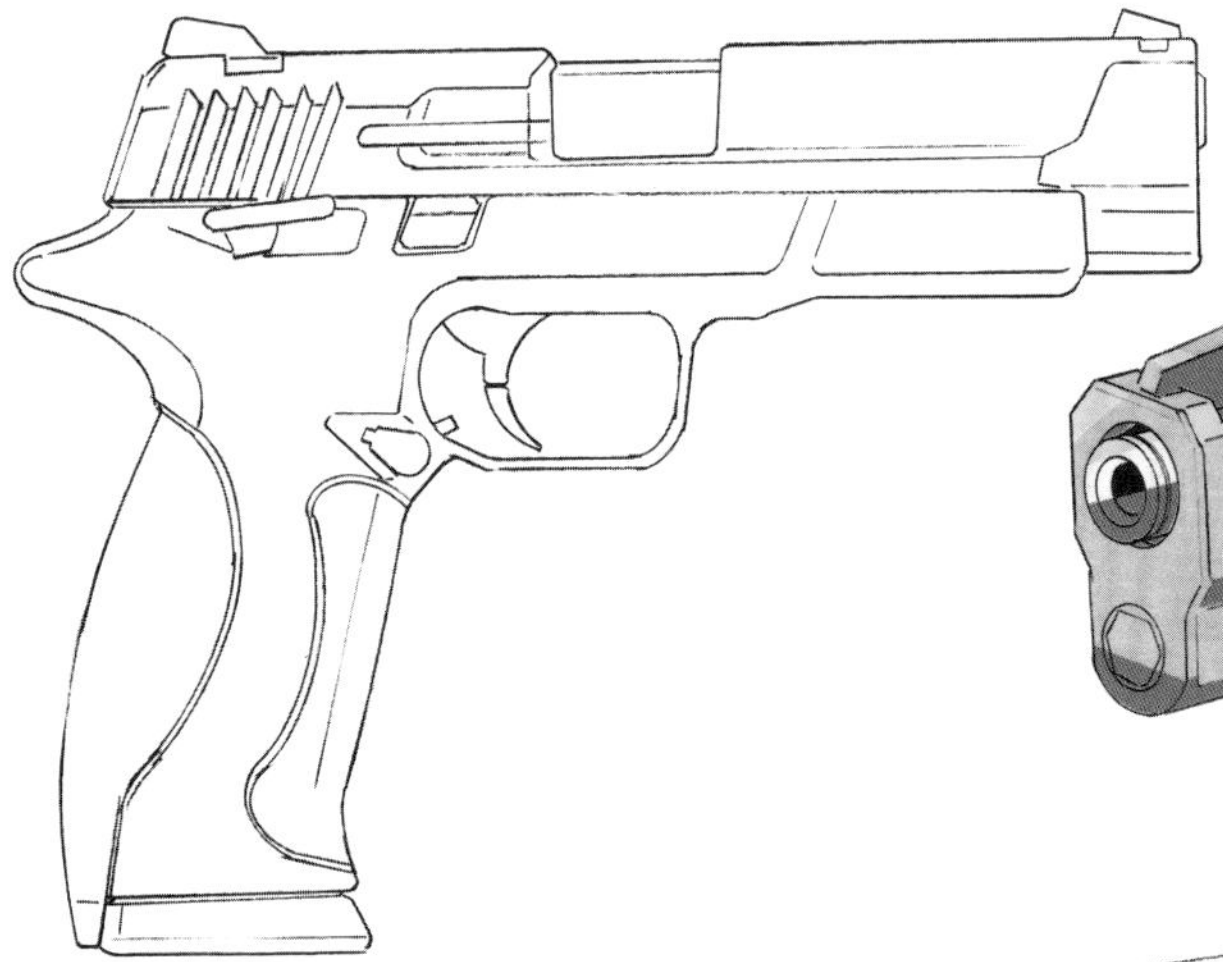

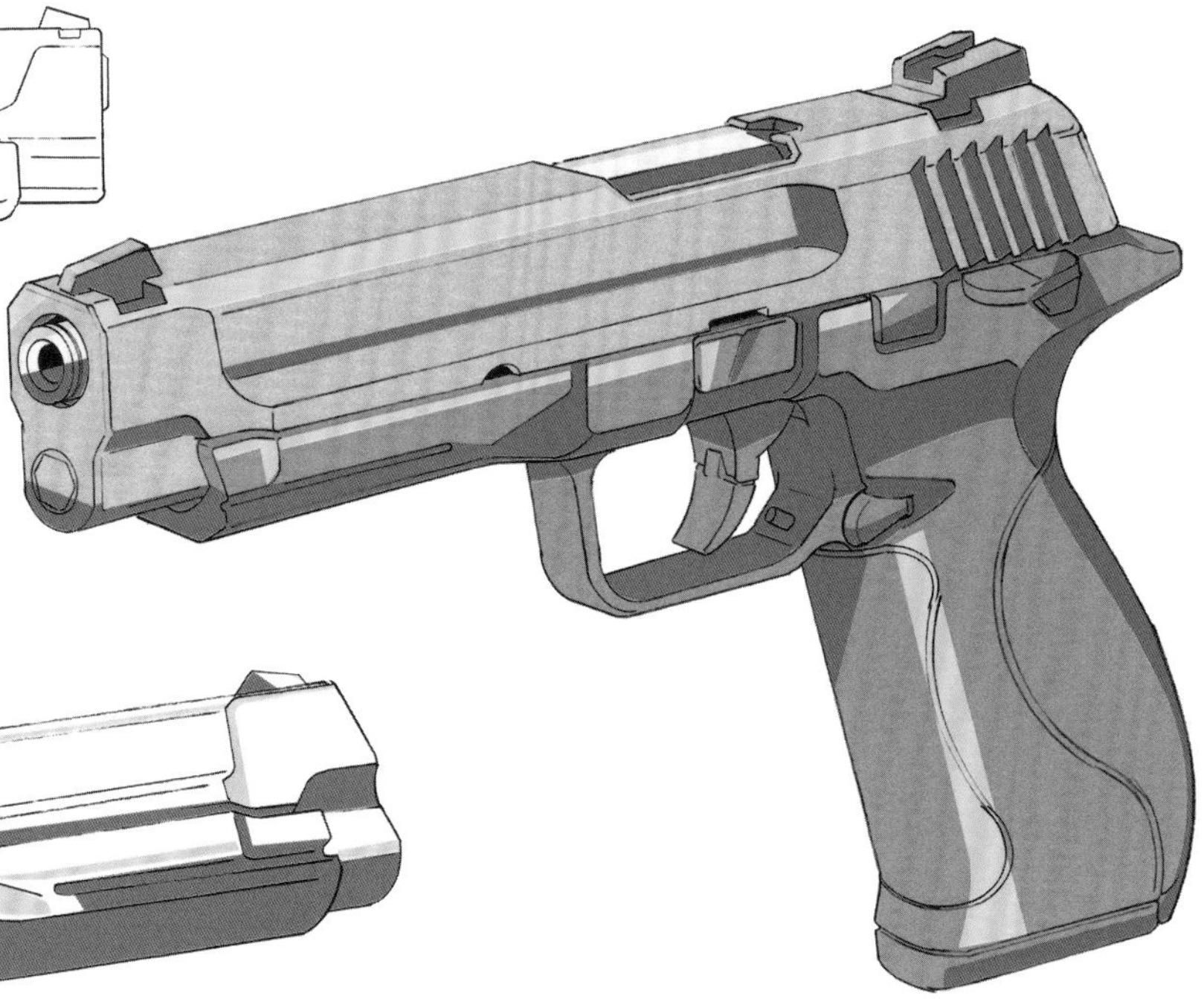

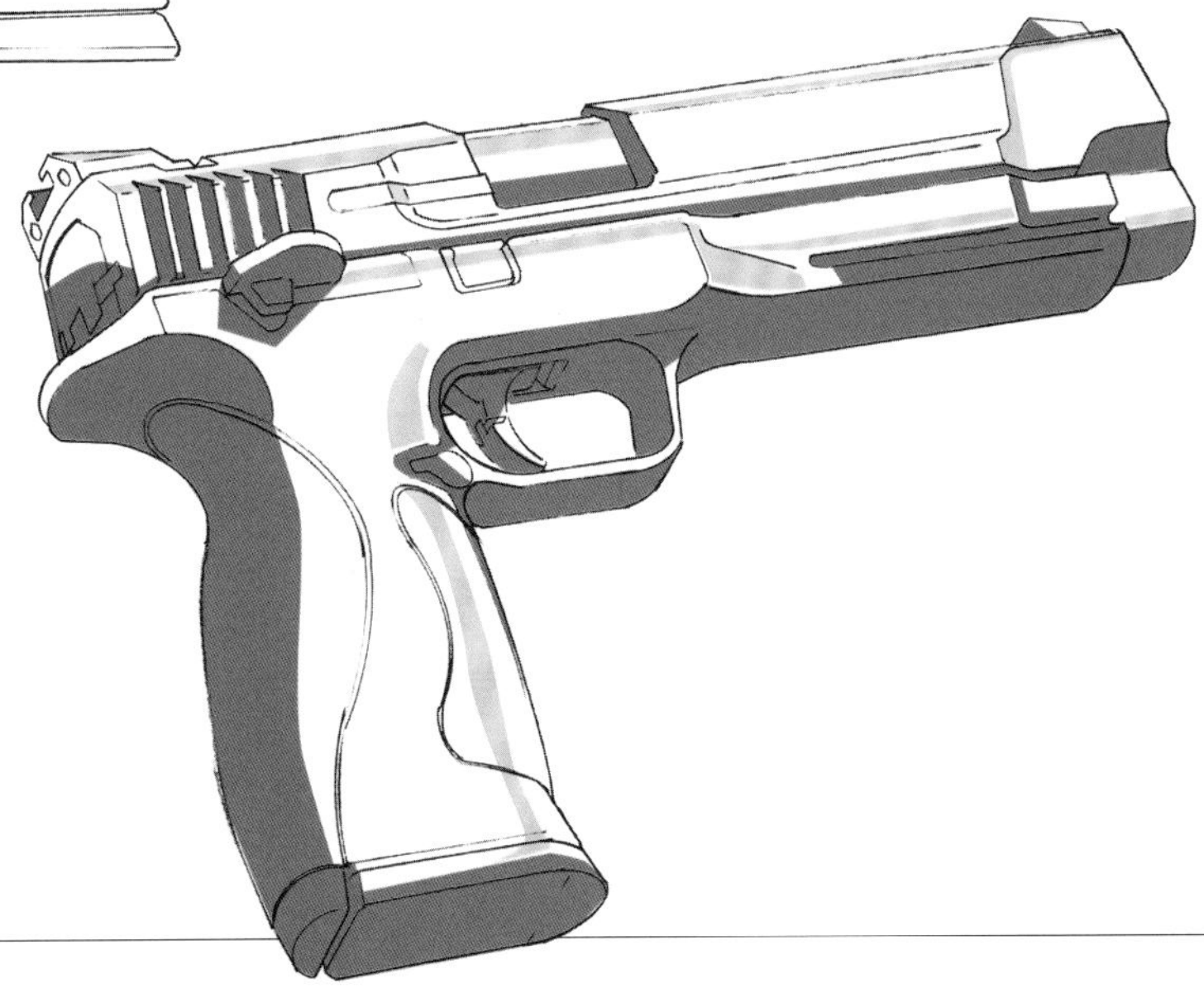

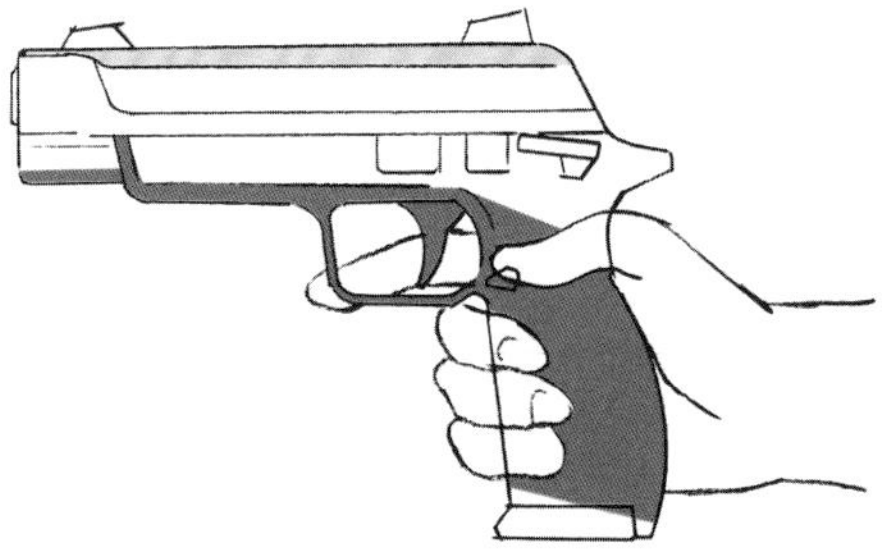

たきなの拳銃

DA本部所属時代から継続して使用するたきなの拳銃。他のリコリスたちが同じタイプの拳銃を使用するなかで、たきなだけは別種のものを使っている。スライド部分はチタニウムグレーでフレームはブラックのツートーン仕様。

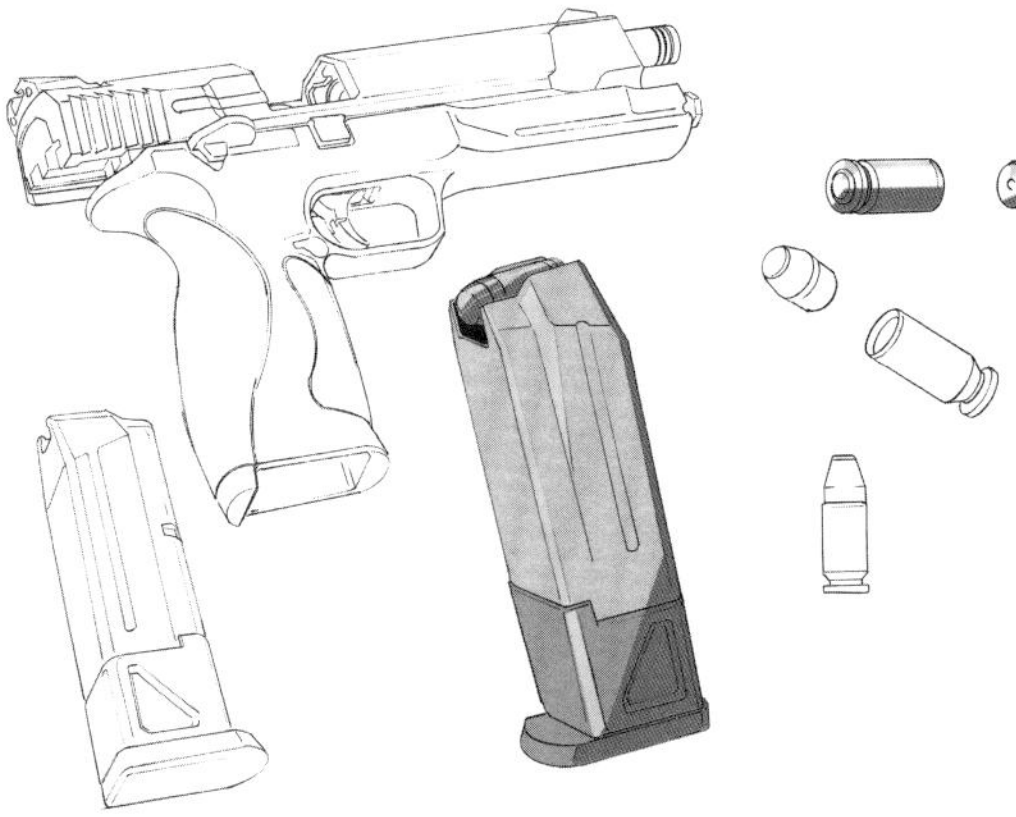

千束やリコリスたちの拳銃とは異なり、たきなの拳銃は9ミリパラベラム弾を使用する。千束と同じ非殺傷弾を試射した結果、その命中精度の悪さにたきなは驚愕していた。

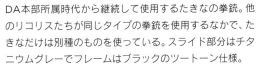

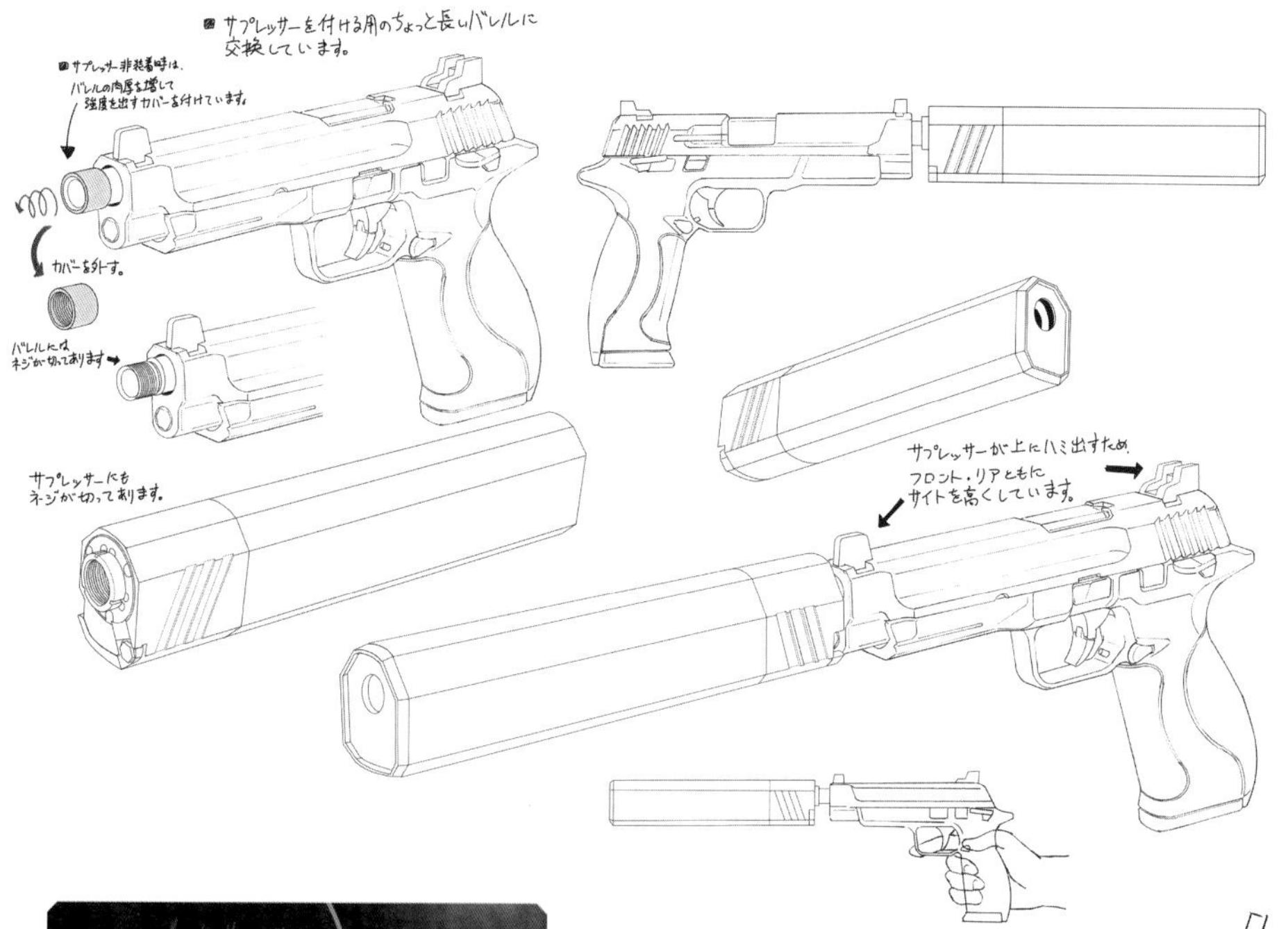

秘匿性を高めるためサプレッサーを使用することも多い。発射音をなるべく抑えるため、リコリスの弾丸はすべて亜音速弾となっており、サプレッサーとの併用効果を高めている。

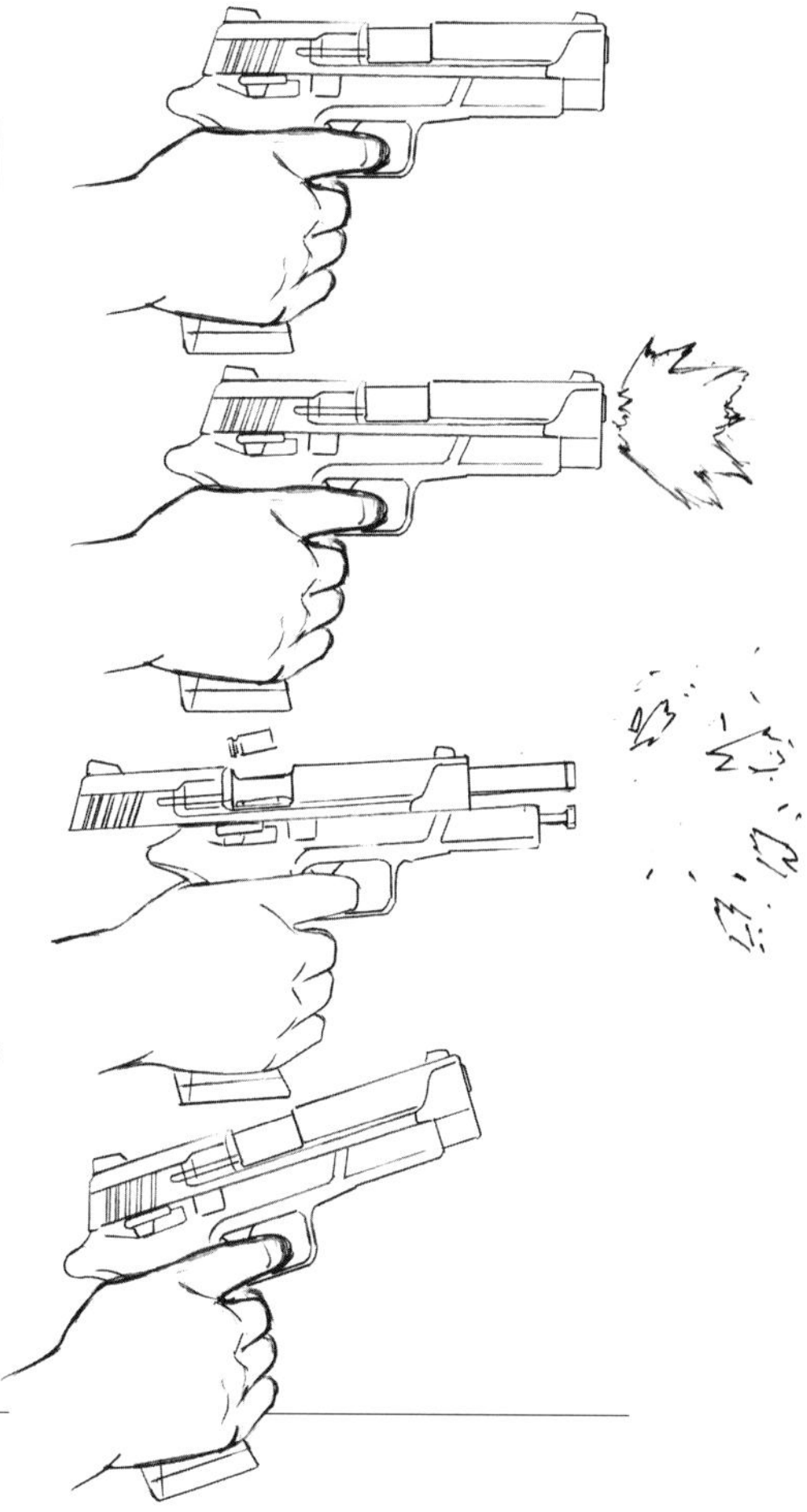

拘束ワイヤー射出

敵を捕縛するのに使用するワイヤー射出器。すべてのリコリスが装備しており、相手を拘束する際や動きを制限したいときなどに使用する。レーザー照準器が搭載されており、射程距離は短いものの確実に相手を拘束できる。

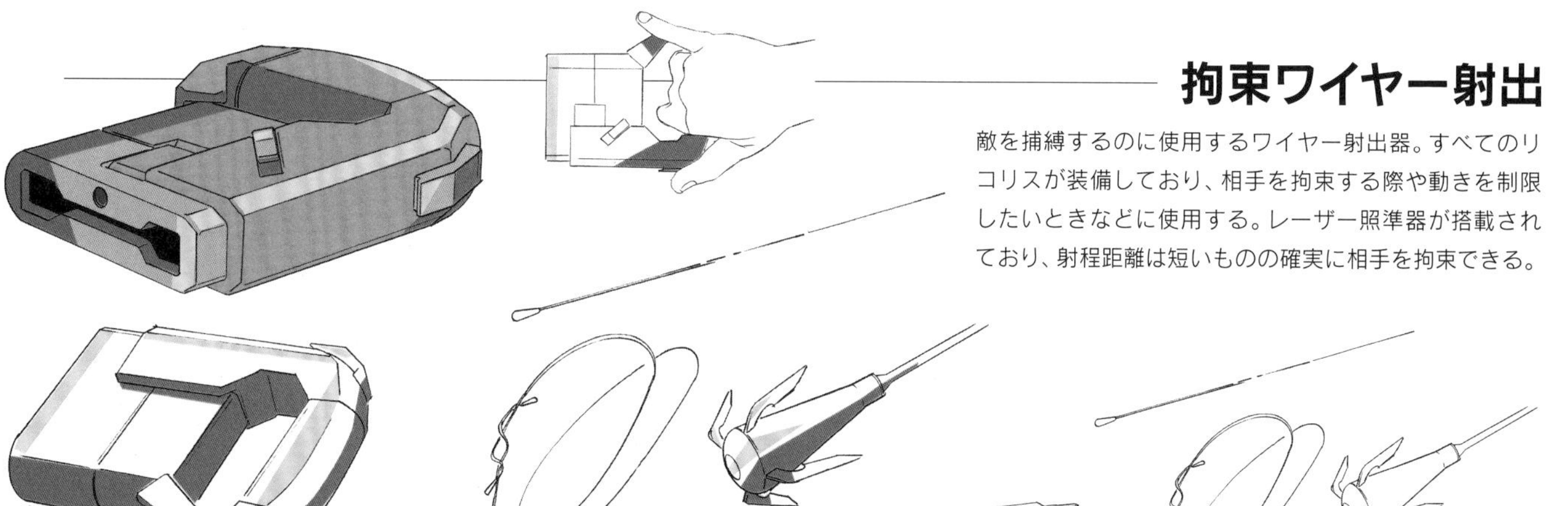

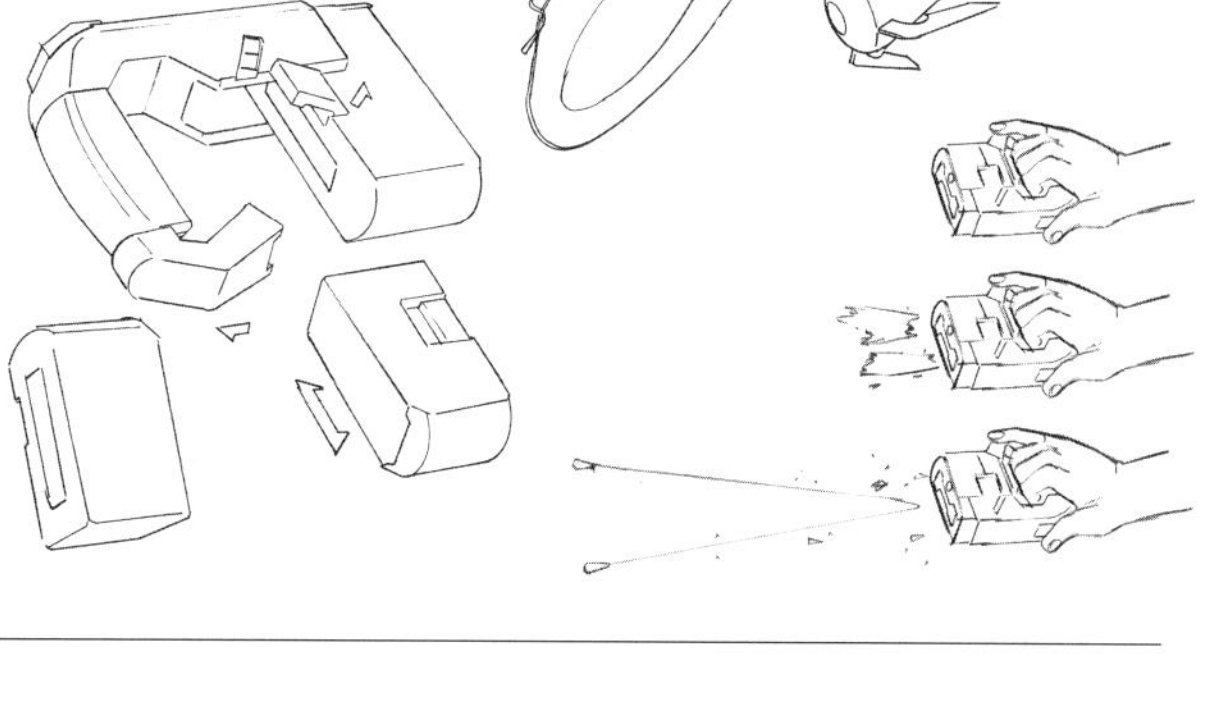

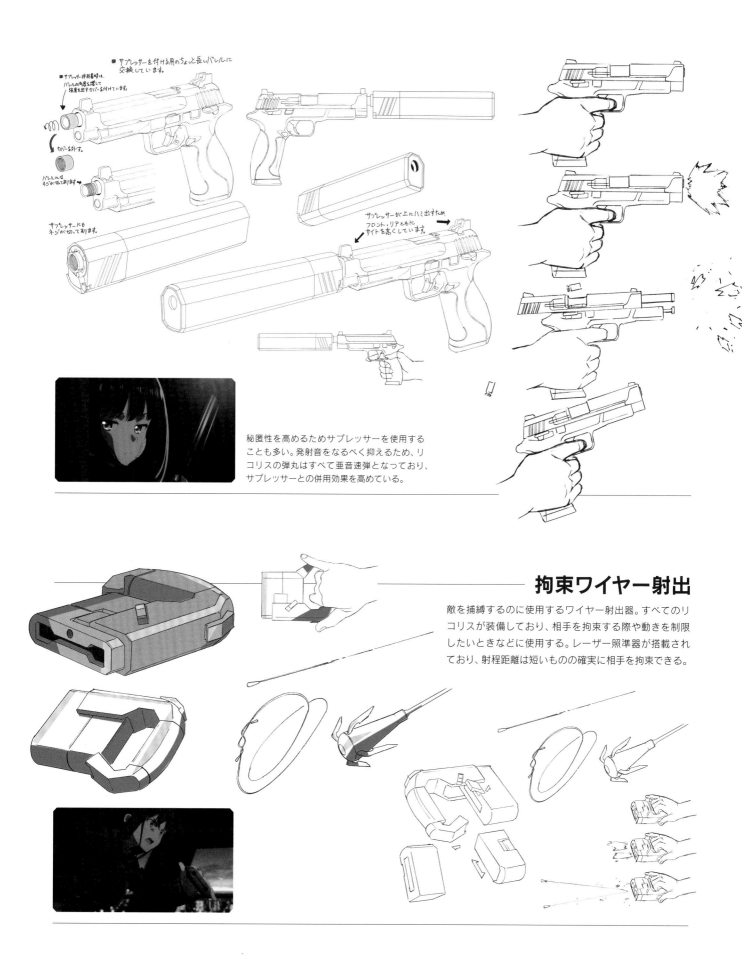

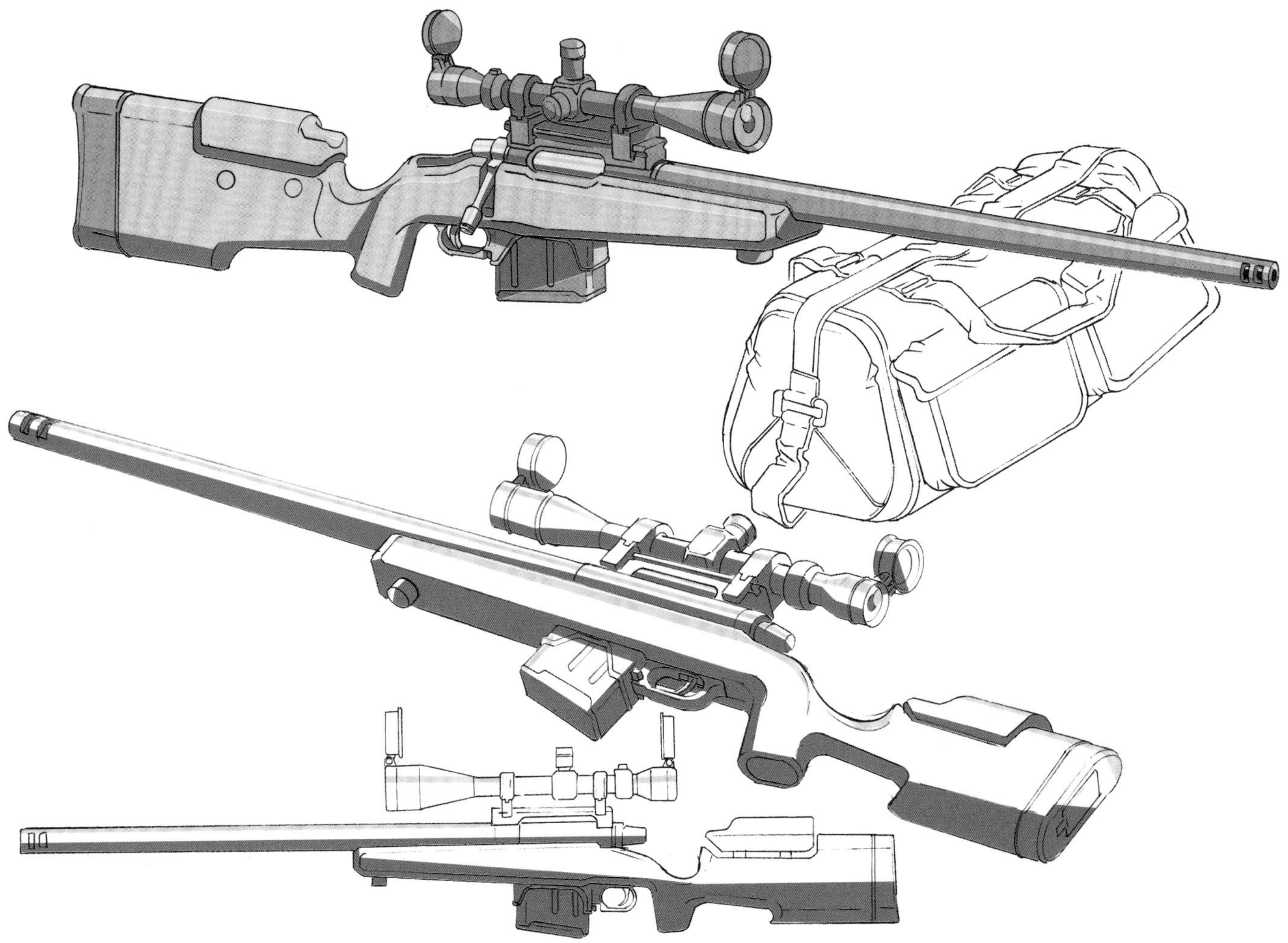

ミカのスナイパーライフル

武器商人との銃火器取引を阻止する任務で、後方からの援護を務めていたミカが使用した狙撃銃。たきなが独断専行したために実射する機会はなかったが、ミカは狙撃による後方支援を行うことが多いようだ。

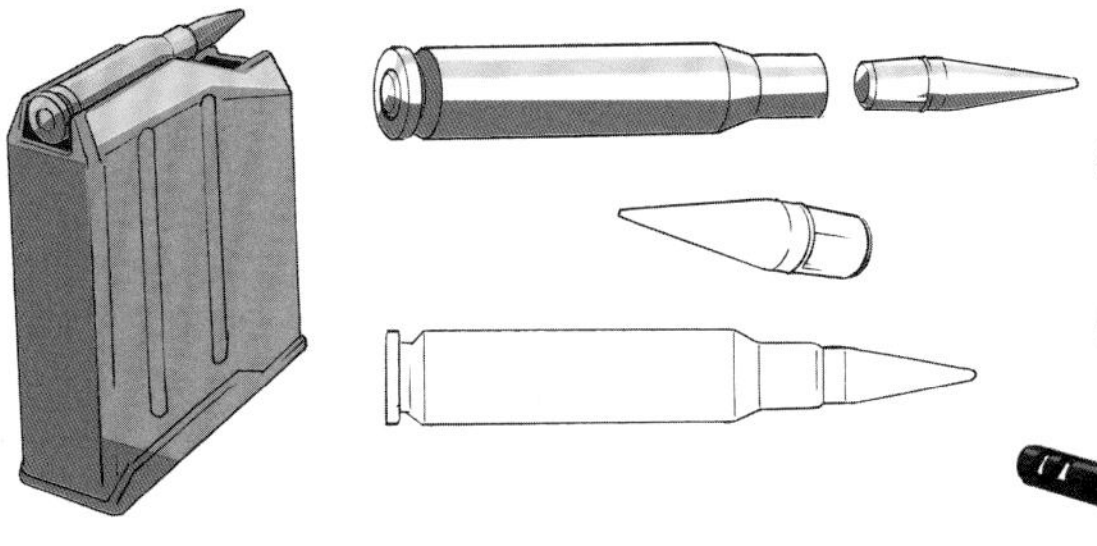

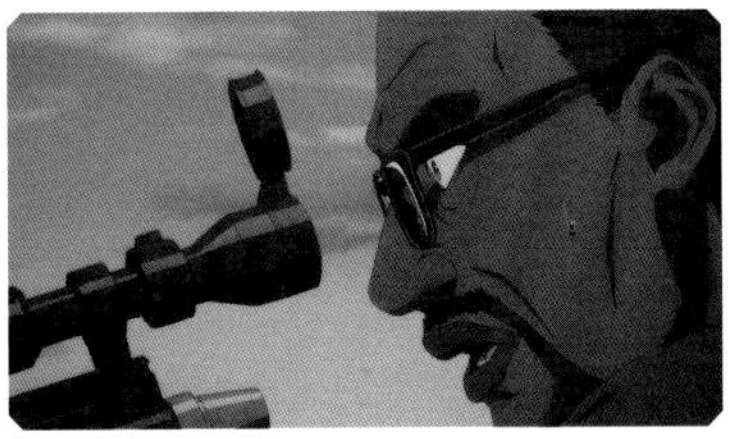

使用する弾丸は.338ラプアマグナムで、有効射程距離1500メートル以上を誇る大口径弾。世界中の軍隊や法執行機関でも使用されている実績のある弾丸のひとつである。

ミカの拳銃

ミカが昔から愛用している拳銃。吉松との密会時にも所持していた。45口径のオートマチックピストルで、オーソドックスなM1911タイプのカスタムガンに見える。装弾数は7発（＋チャンバーに1発）となっている。

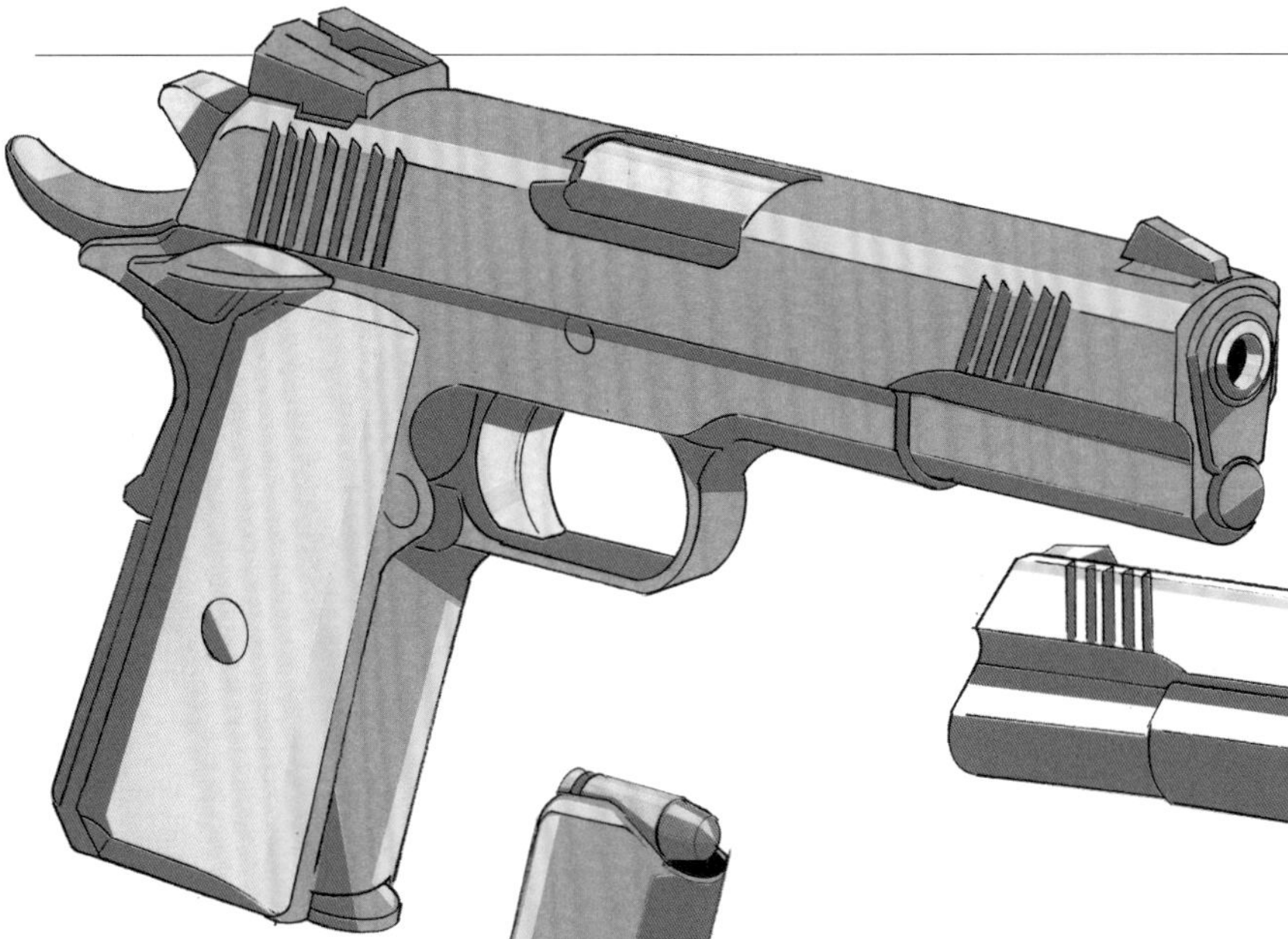

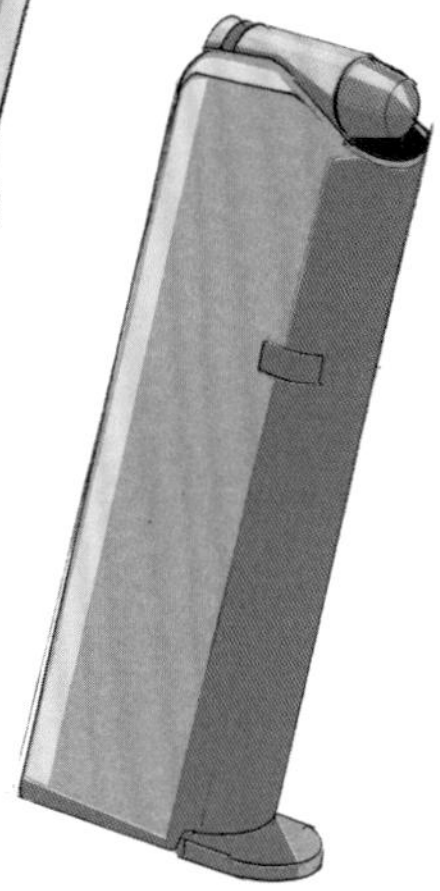

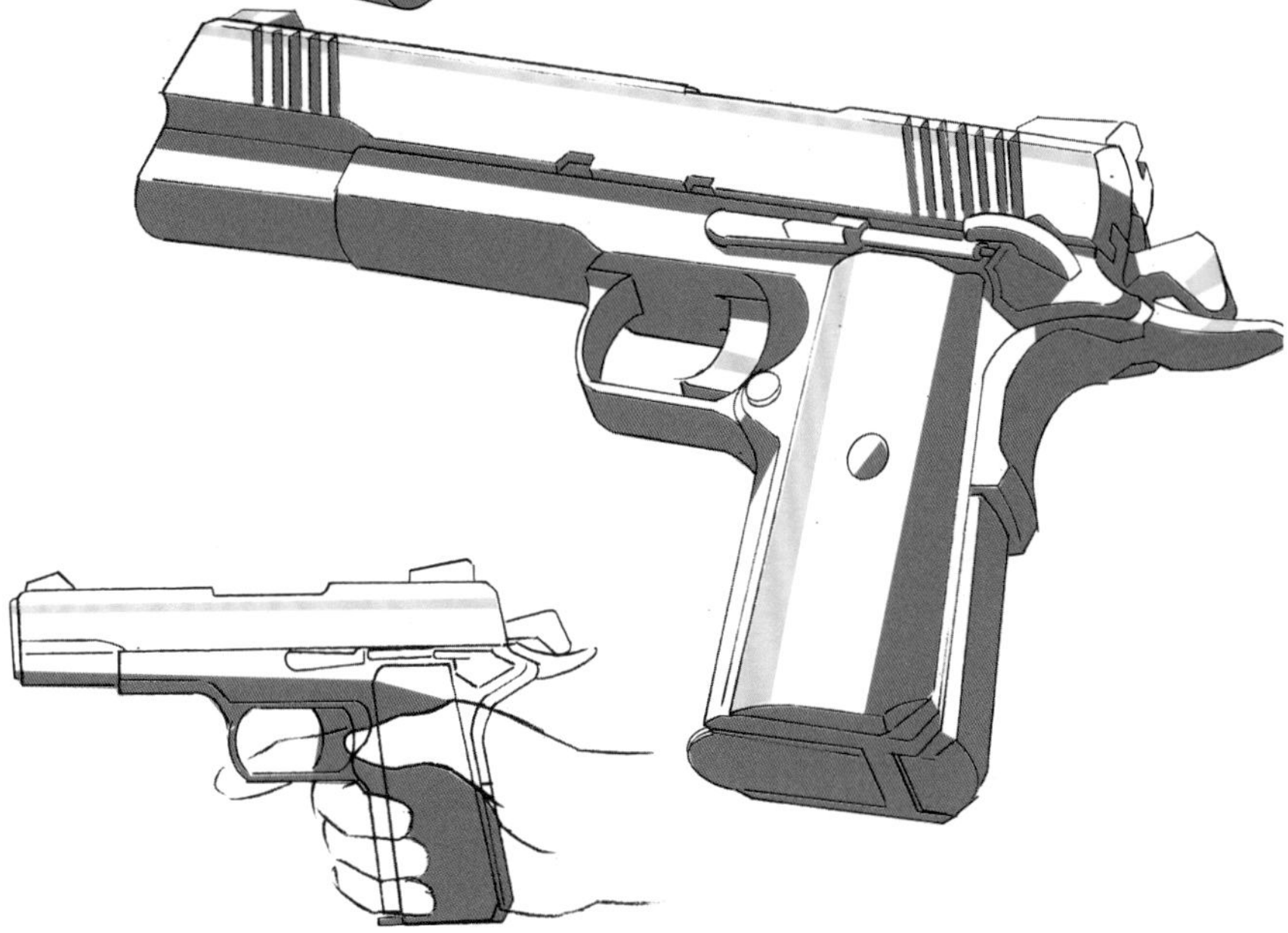

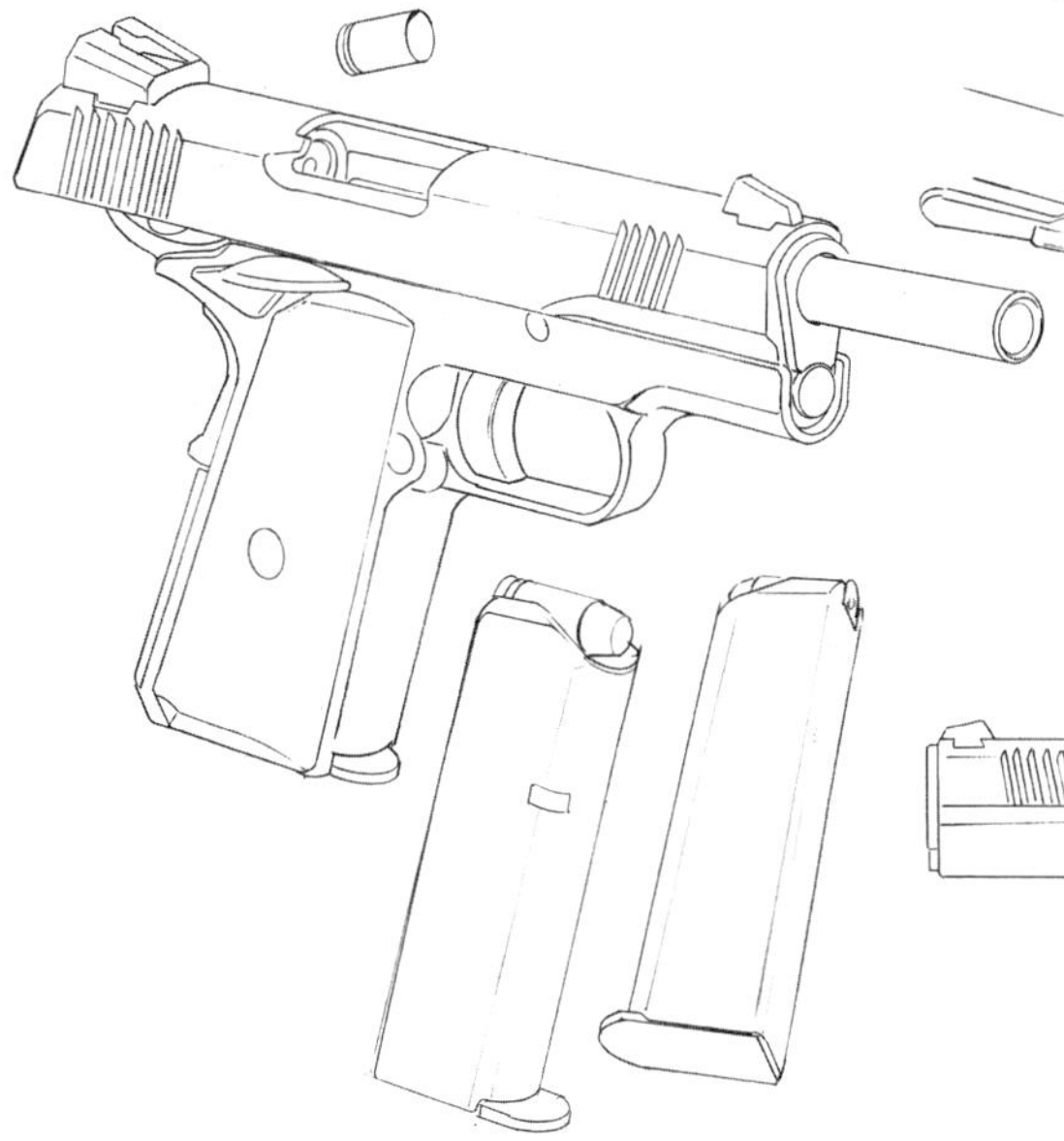

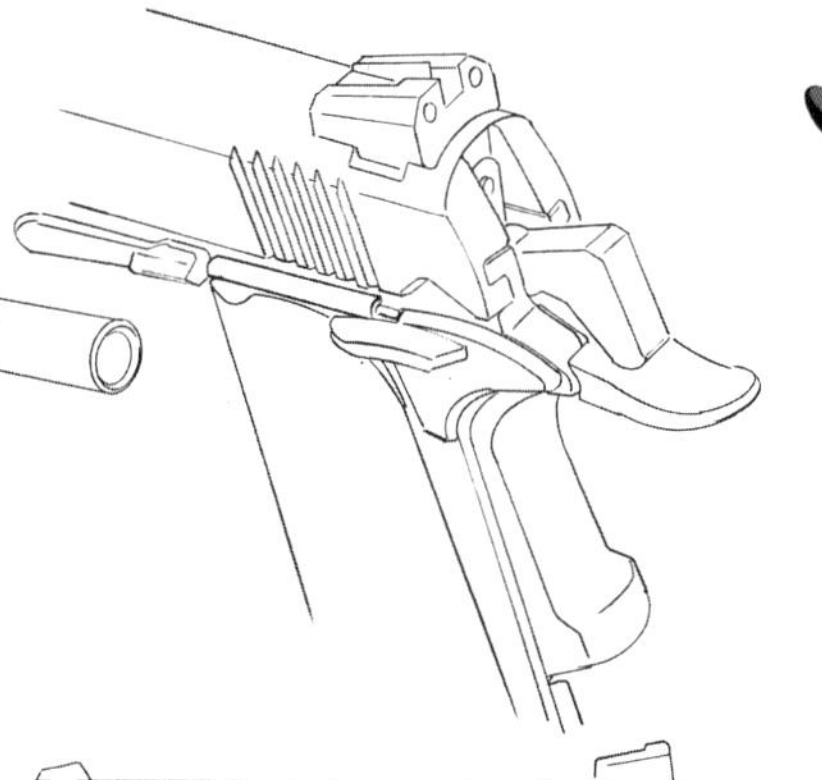

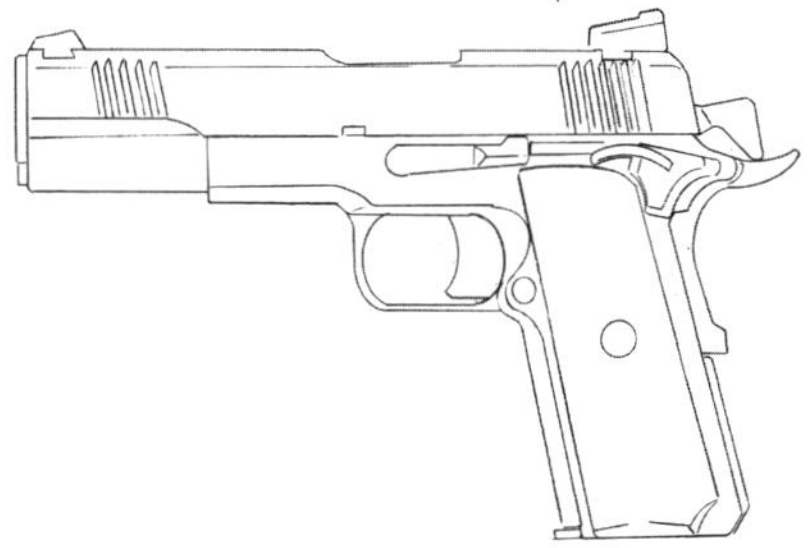

ミカは仲間であり恋人でもあった吉松にこの愛用の拳銃を向け、千束を救うためにその引き金を引いた。

フキ、サクラの拳銃

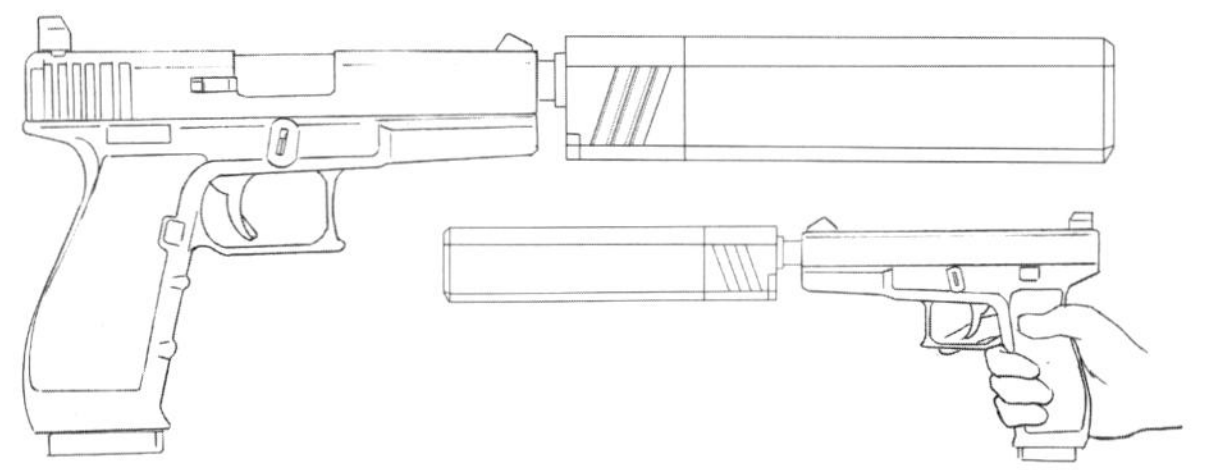

フキたちリコリスが使用する標準的な拳銃。DAから支給されている標準装備なのか、同じものを使用するリコリスが多い。マズルにはサプレッサーを装備するためのネジがあらかじめ切られており、状況に応じて使い分けているようだ。

使用する弾丸は45口径で、装弾数で劣るが接近戦でのストッピングパワーには優れている。大口径弾は弾速も遅くなるため、サプレッサーを使用する前提での選択とも考えられる。

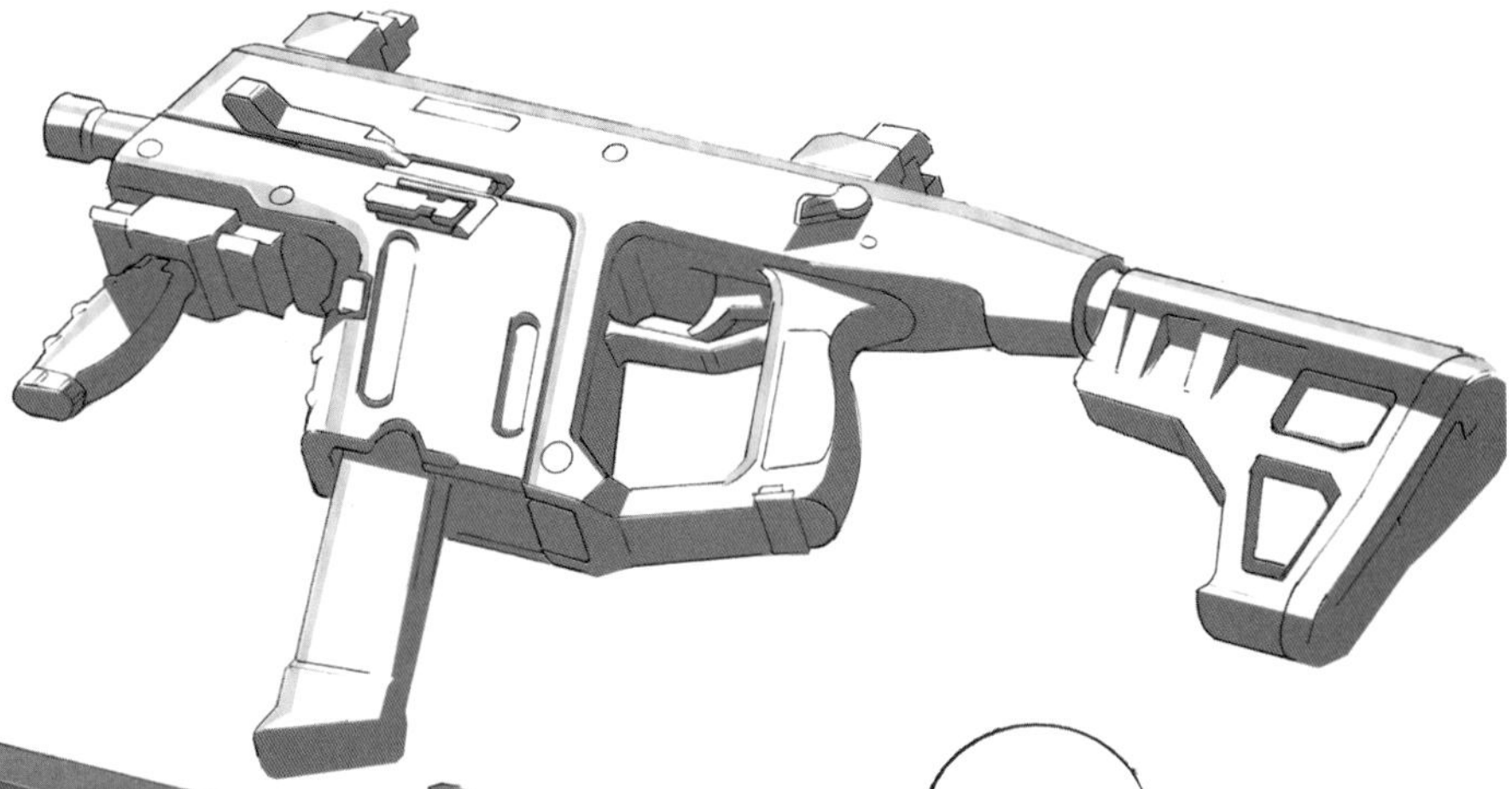

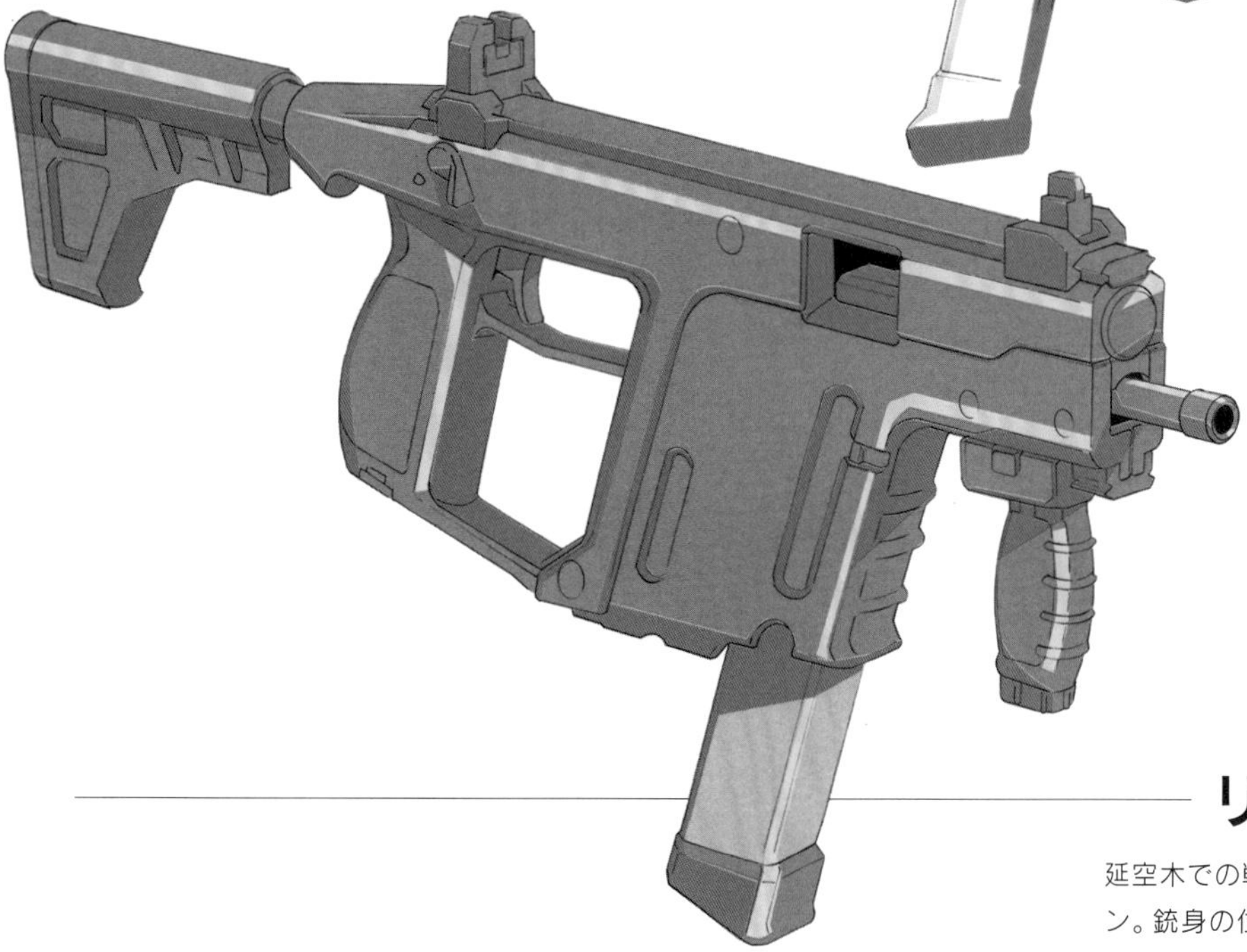

リコリスのサブマシンガン

延空木での戦闘でリコリスたちが装備していたサブマシンガン。銃身の位置がグリップと同軸線上にある構造のため、ブローバックの影響を受けにくく命中精度が高いとされる。サプレッサーも装備可能で、隠密作戦でも効果を発揮する。

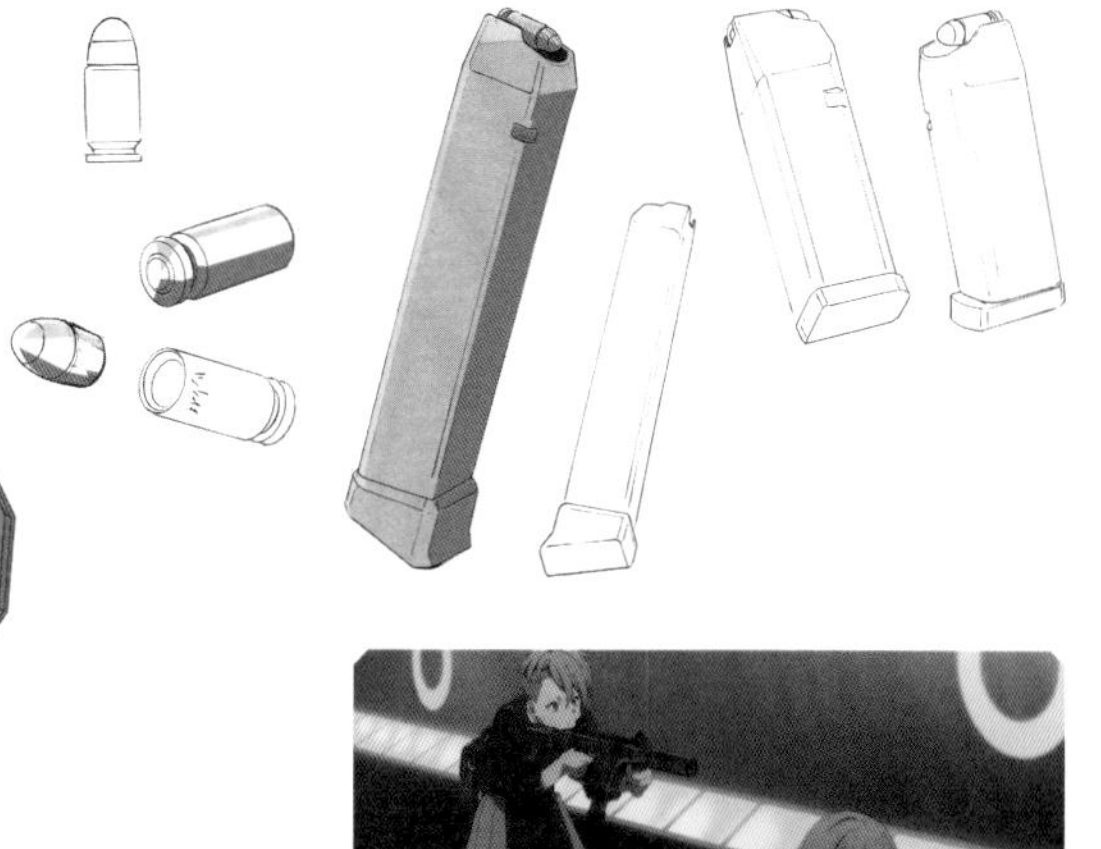

使用する弾丸は45口径で、リコリスたちの多くが装備する拳銃で使用する弾丸と同じ。支給される装備品の弾薬を共通のものにするのは運用上の鉄則ではあるが、たきなのように独自の選択をすることも可能なようだ。

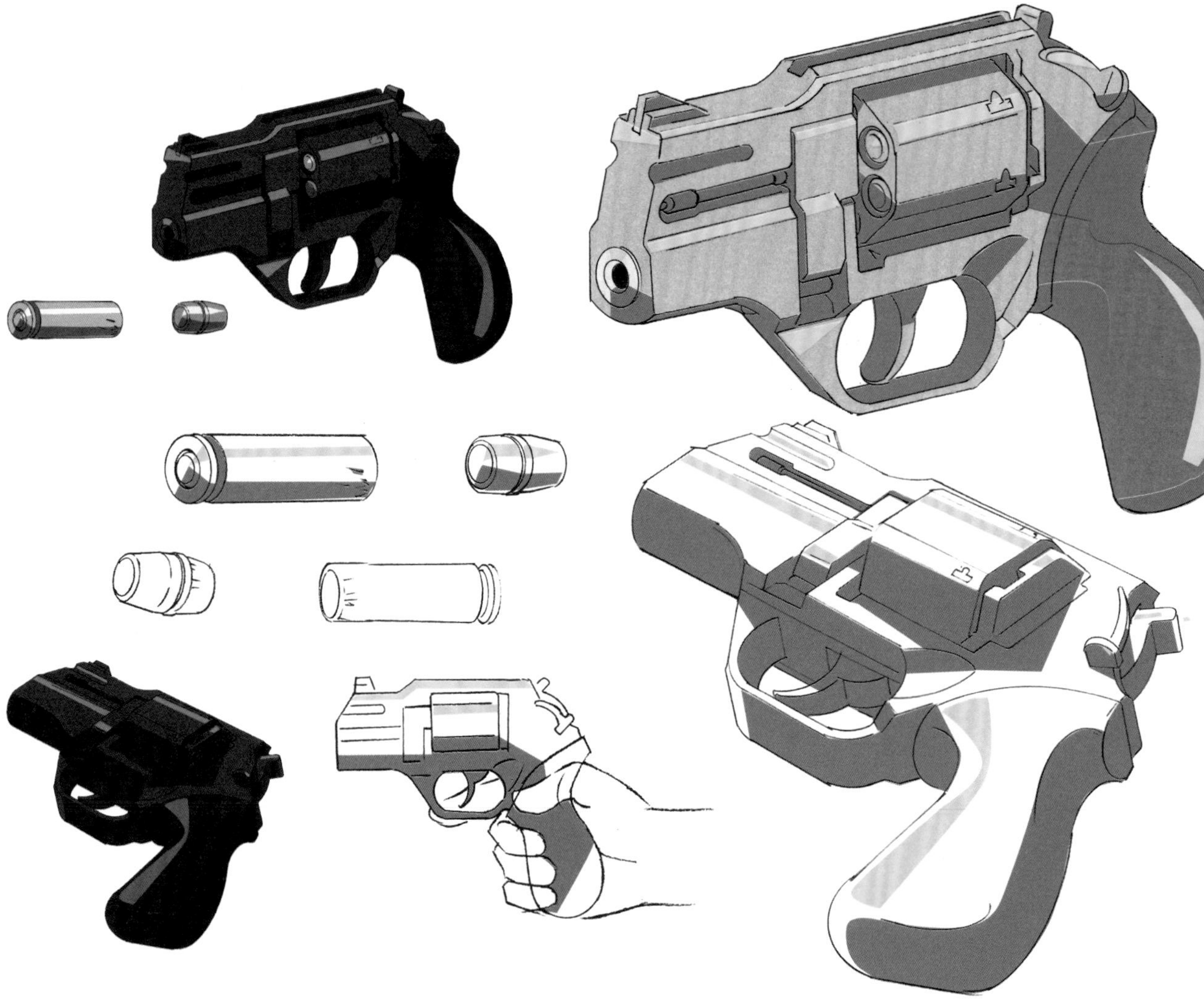

真島の拳銃

真島が愛用するスナブノーズ（短銃身）のリボルバー。通常のリボルバー拳銃とは異なり、銃身の下部にマズルが位置する特殊な構造をしている。

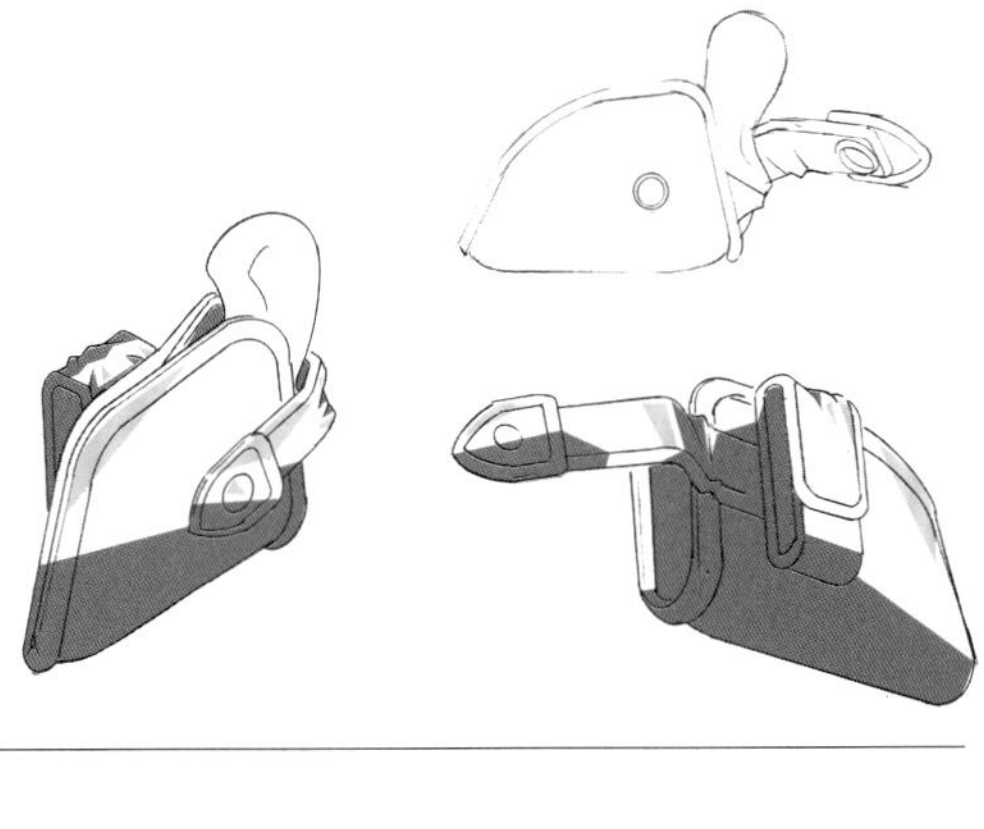

使用する弾丸は357マグナムで、リボルバー用の弾丸としてはポピュラーかつハイパワーで知られる。真島は腰に着けたホルスターに収納して携帯しているようだ。

真島の手下の拳銃

真島の手下であるテロリストたちが使っていた拳銃。闇取引で売却しようとしていた旧共産圏で製造されたものが多いようで、これもその内のひとつだと思われる。

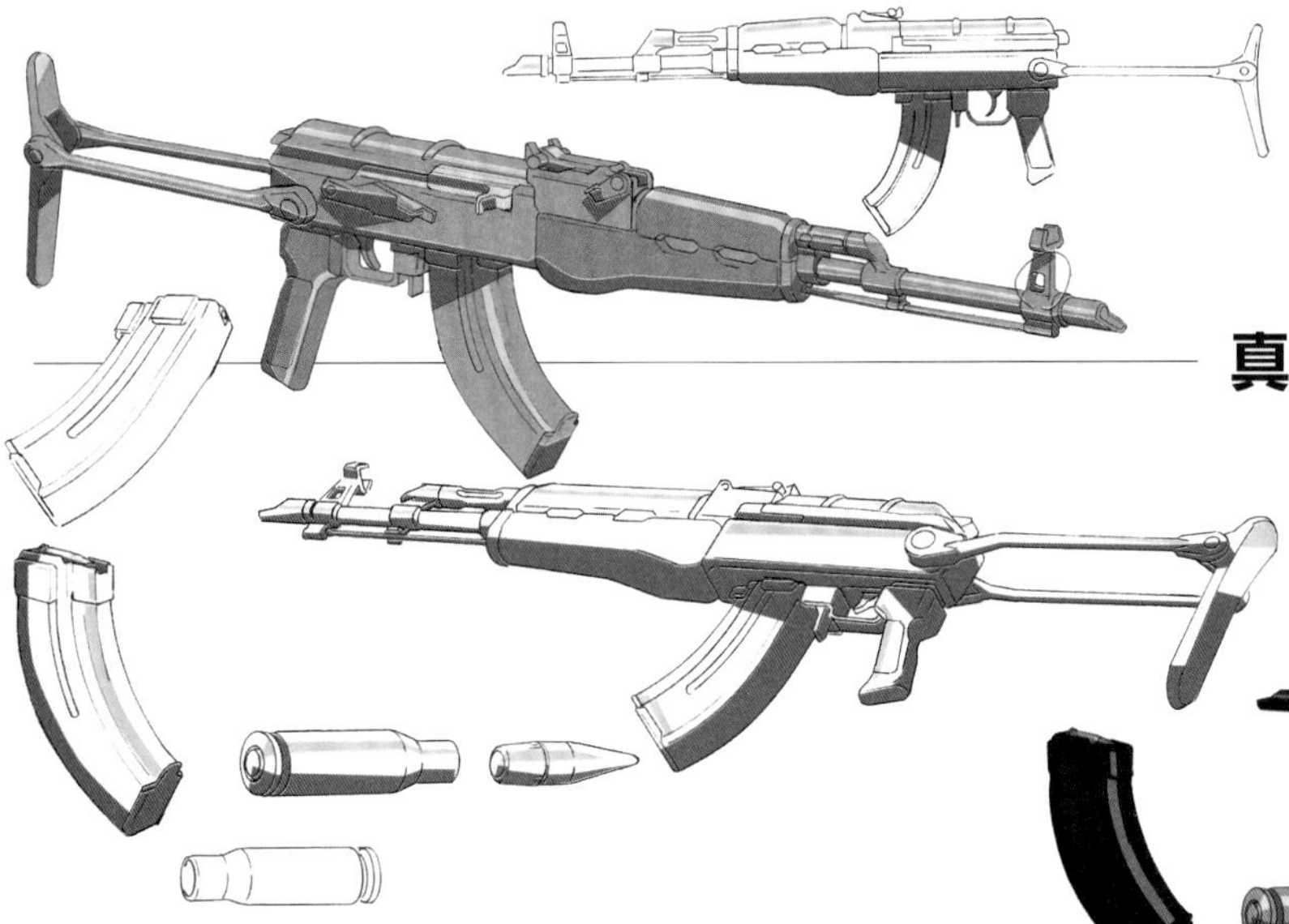

真島の手下のアサルトライフル

テロリストたちが使用していたアサルトライフル。ストック（銃床）が折りたたみ式となっており、狭い場所などでも携行しやすい。使用弾丸は7.62ミリ。

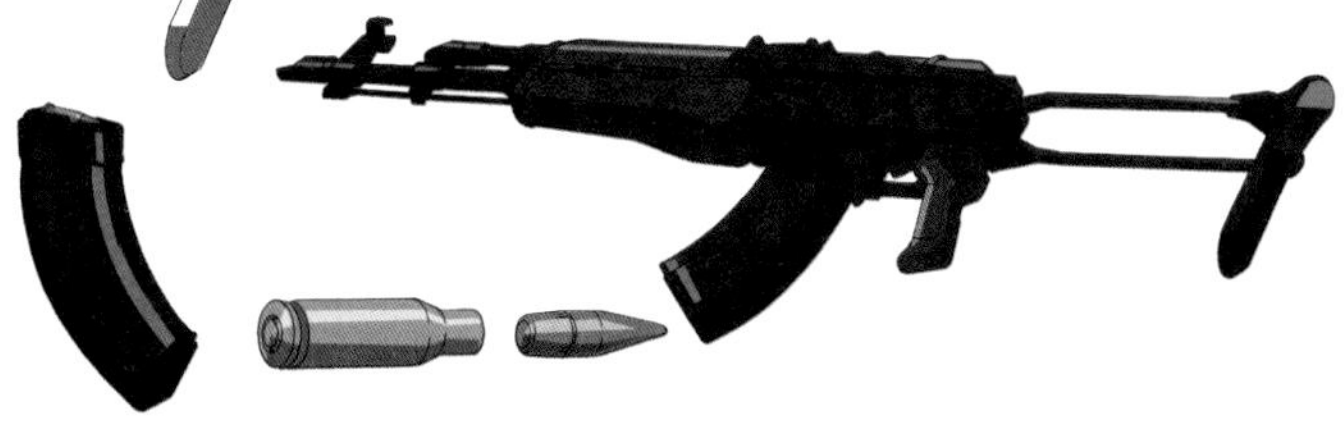

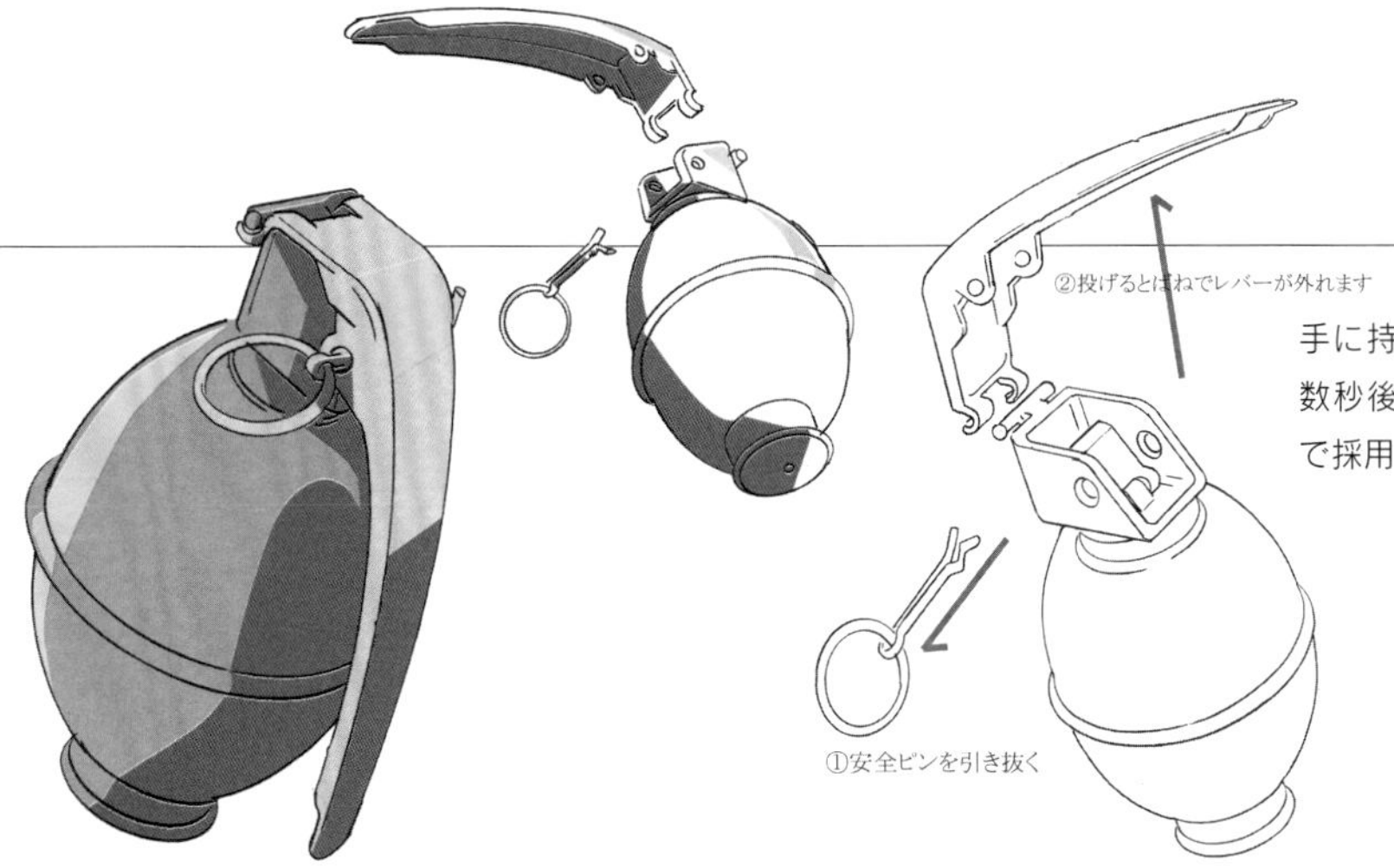
②投げるとばねでレバーが外れます
①安全ピンを引き抜く

真島たちの手榴弾

手に持って投擲するタイプの爆弾。ピンを抜いてから数秒後に起爆する。世界各国の軍隊や法執行機関などで採用されており、非殺傷タイプも存在する。

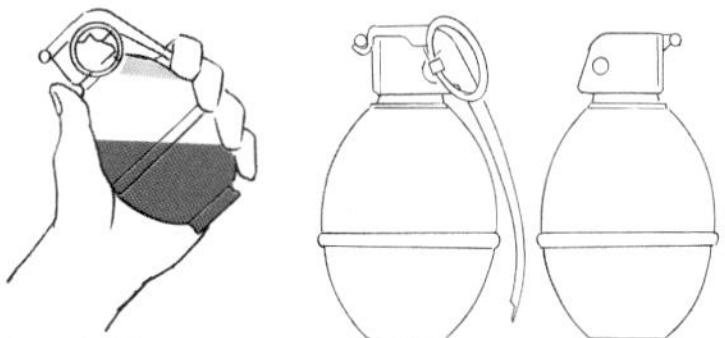
（対比参考）

サイレント・ジンの拳銃

暗殺者であるジンが使用する拳銃。サイレントの異名にたがわず、22口径という小口径弾とサプレッサーを使用し、発射音がほとんどしない特殊仕様となっている。

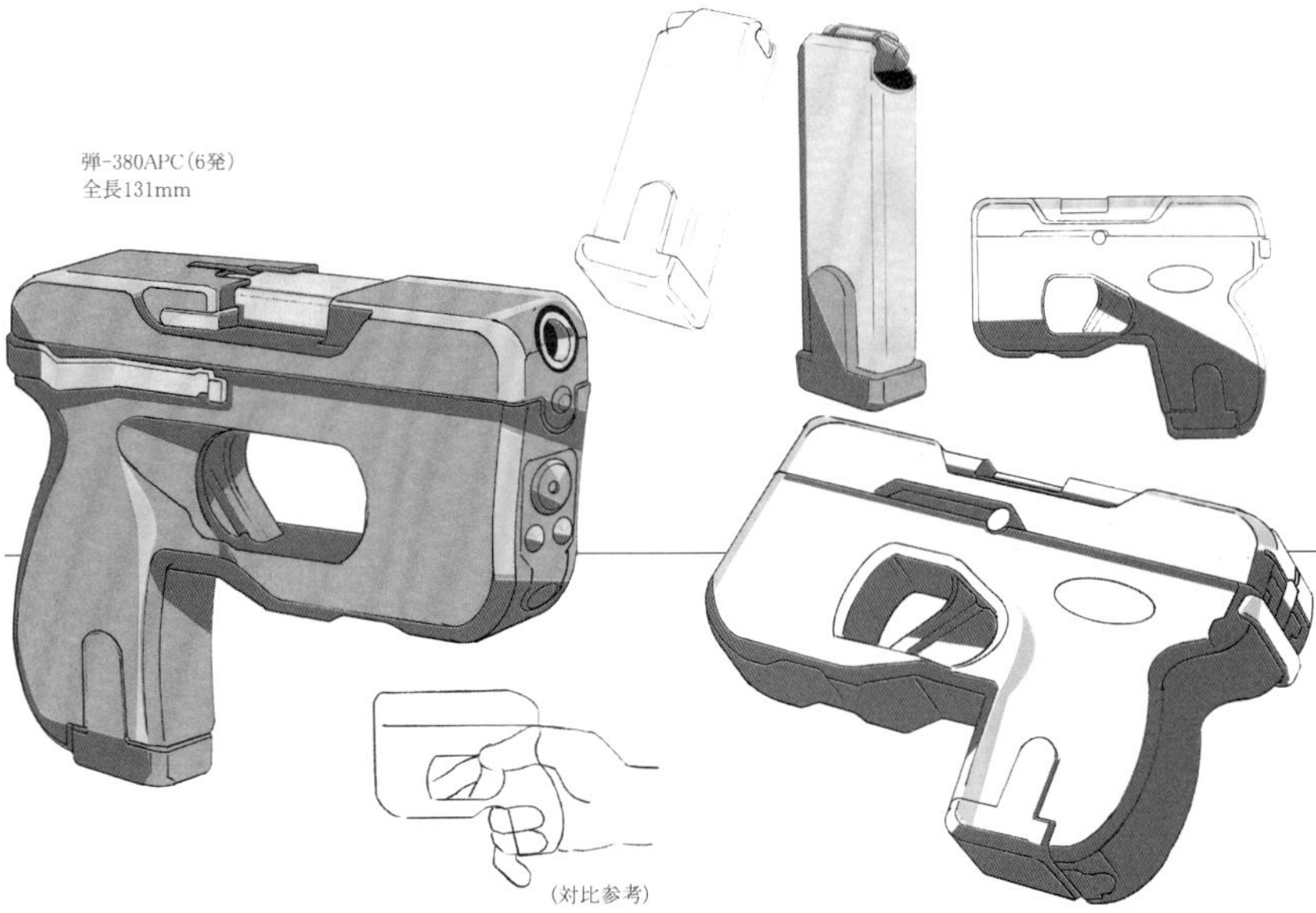

ミズキの拳銃（本編未登場）

リコリスではないが、ミズキも拳銃を所持している。ポケットなどに隠し持てるよう銃本体が湾曲した構造をしており、素早く照準するため先端にレーザーサイトを内蔵している。

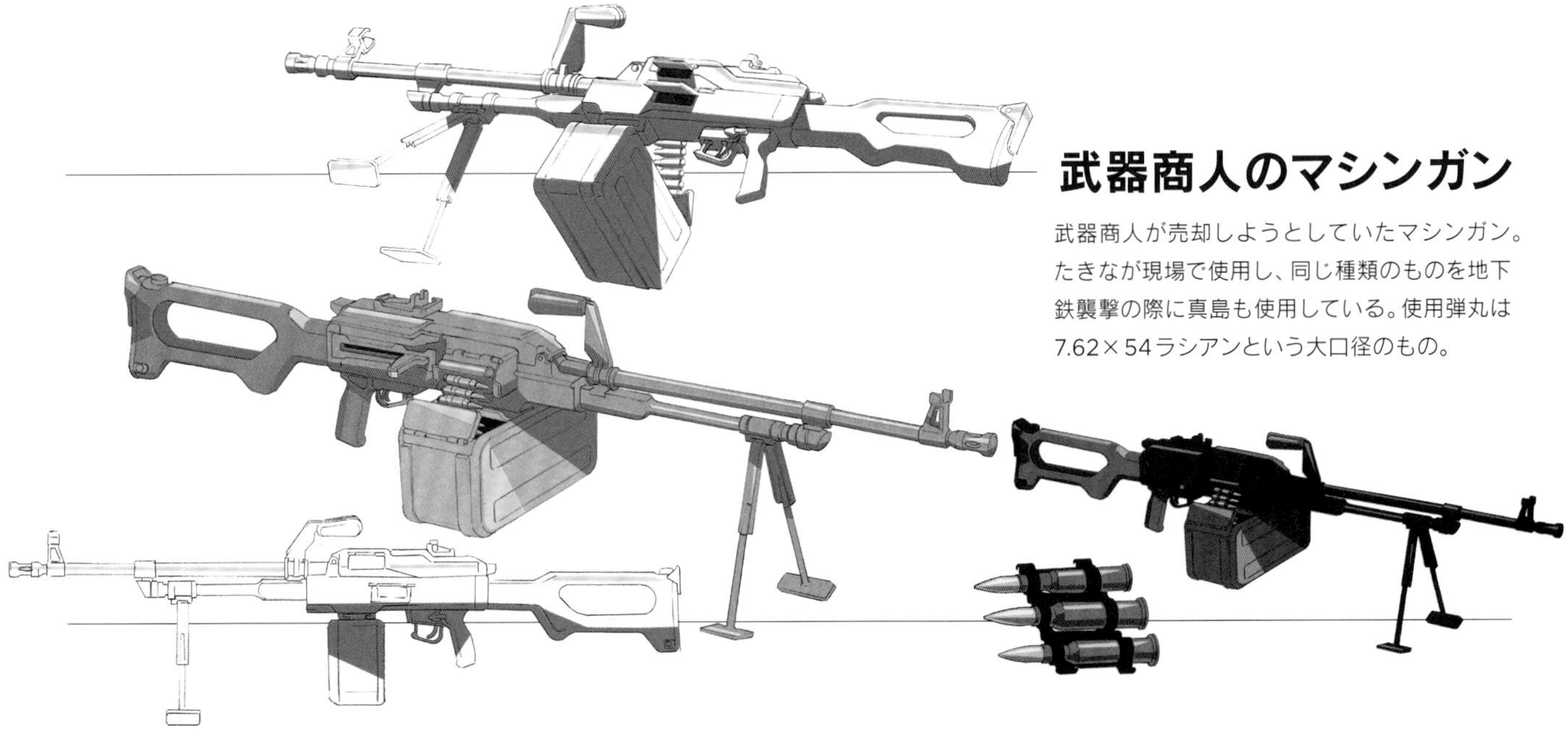

武器商人のマシンガン

武器商人が売却しようとしていたマシンガン。たきなが現場で使用し、同じ種類のものを地下鉄襲撃の際に真島も使用している。使用弾丸は7.62×54ラシアンという大口径のもの。

美術設定

Act.4 **Art** Design

喫茶リコリコ

一見すると和風コンセプトの喫茶店だが、千束とミカのために存在するDA東京支部ともいえる存在。地上階部分は喫茶店兼住居となっているが、地下には射撃場や武器弾薬を備蓄する倉庫などがあり、千束やたきなの活動を支える拠点となっている。

(外観)

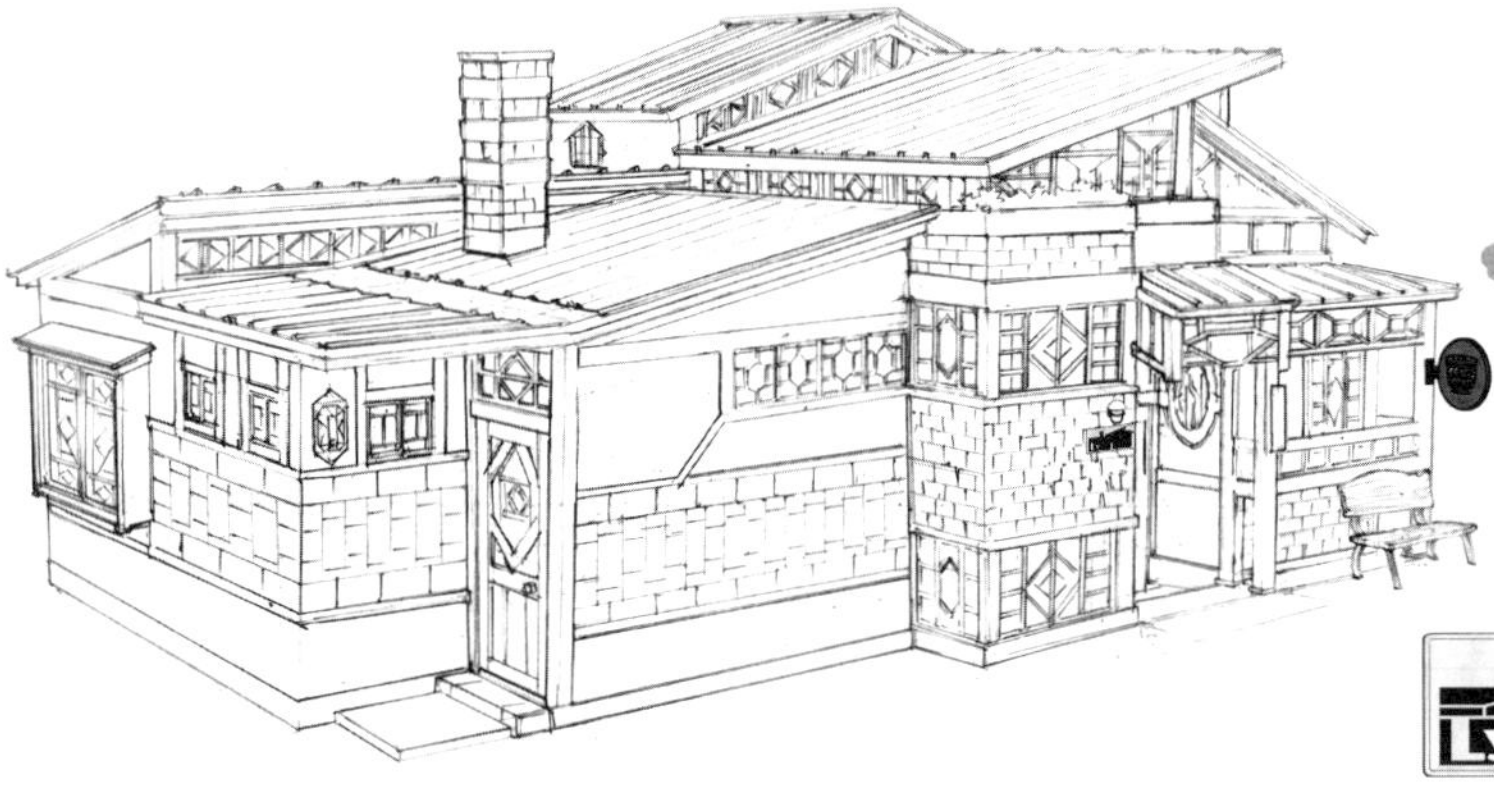

Sweets&Cafe LycoReco

喫茶 リコリコ Sweets&Cafe

リコリス_喫茶店外観切り返し

東京都内の密集した住宅街の中に忽然と現れる喫茶リコリコ。それまでは知る人ぞ知る隠れ家的カフェだったが、たきなの考案した新商品パフェ（通称う○こパフェ）がSNSでバズったおかげで行列ができることもあった。

(内装)

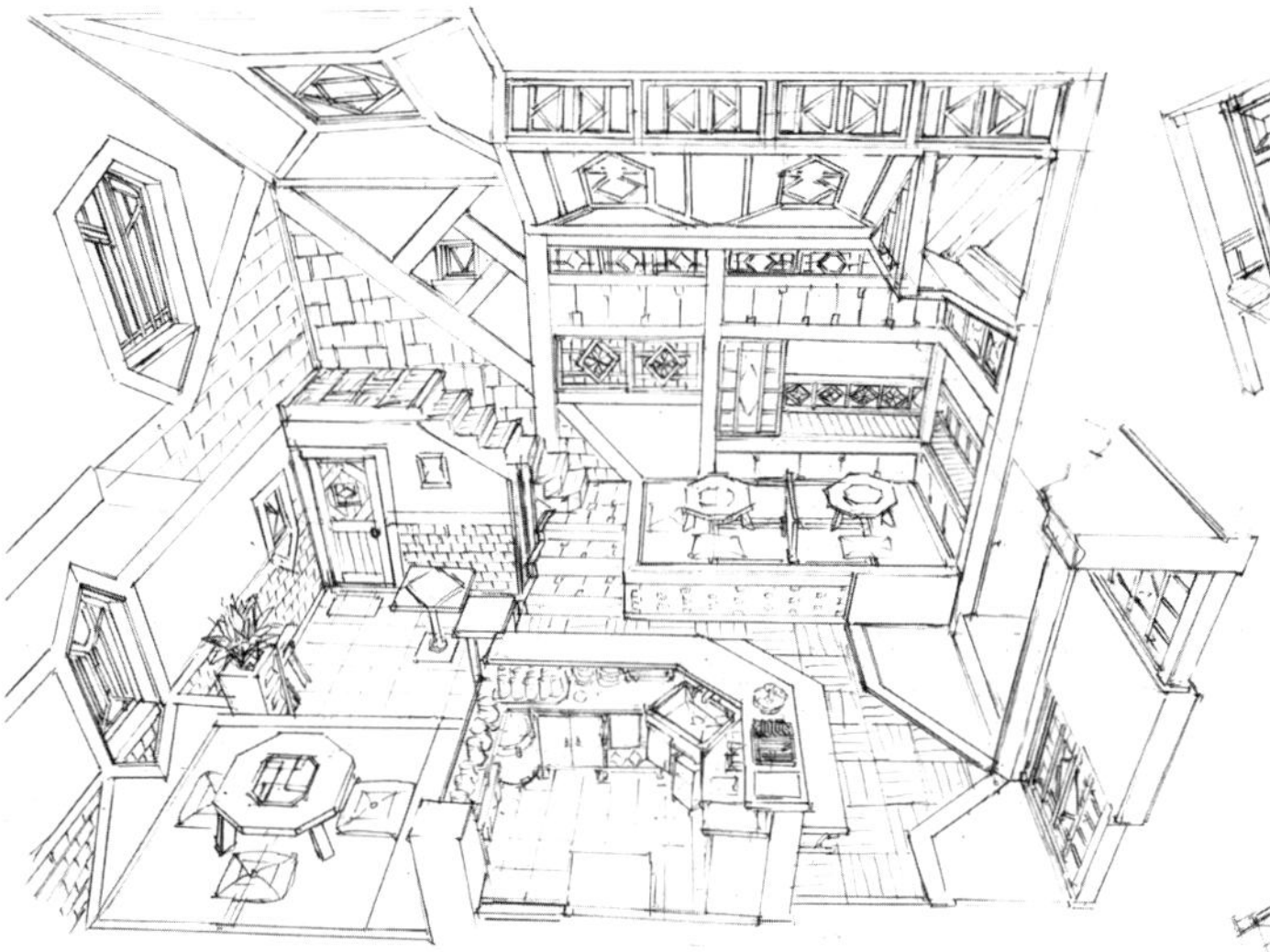

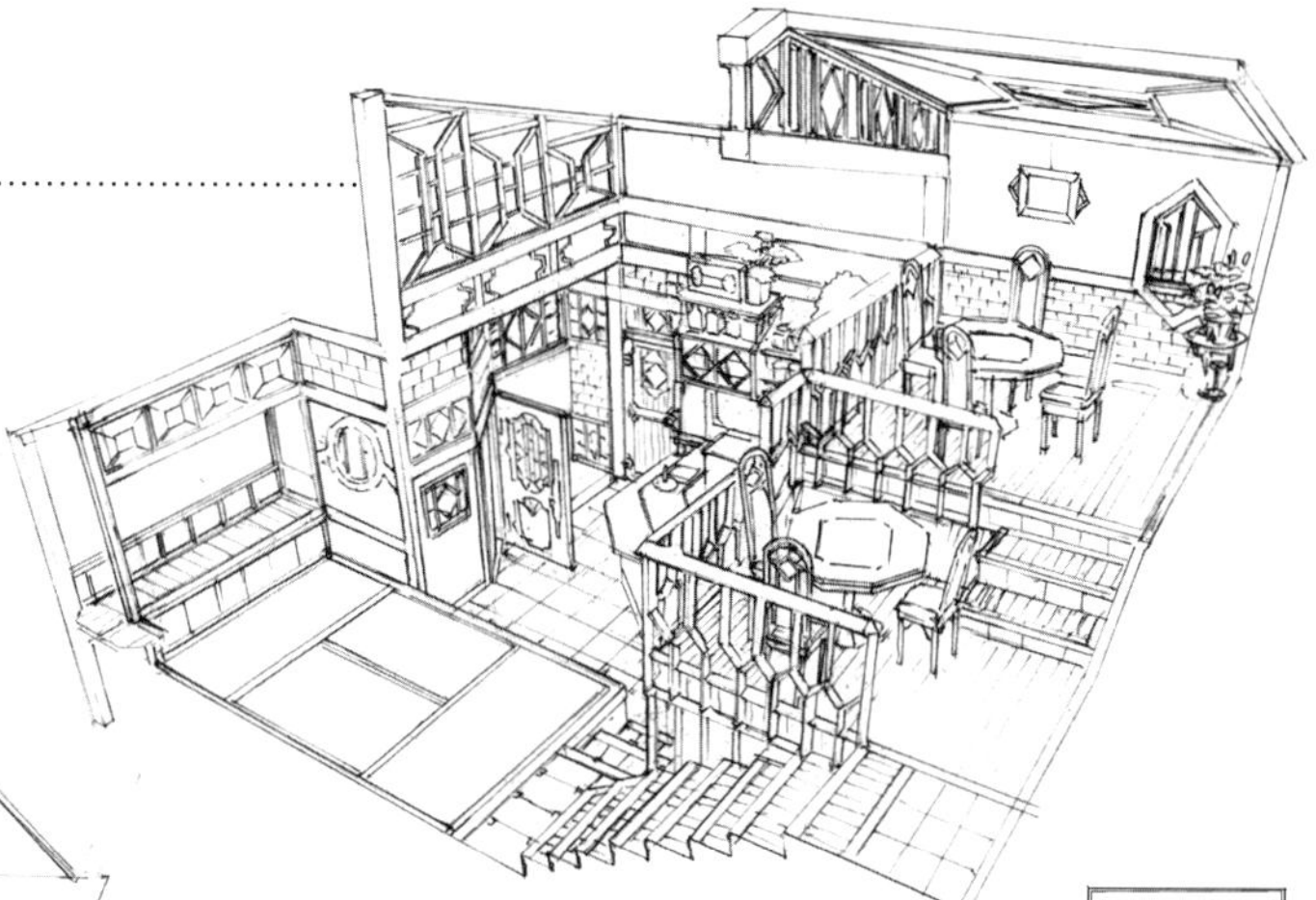

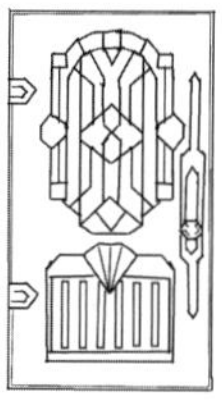

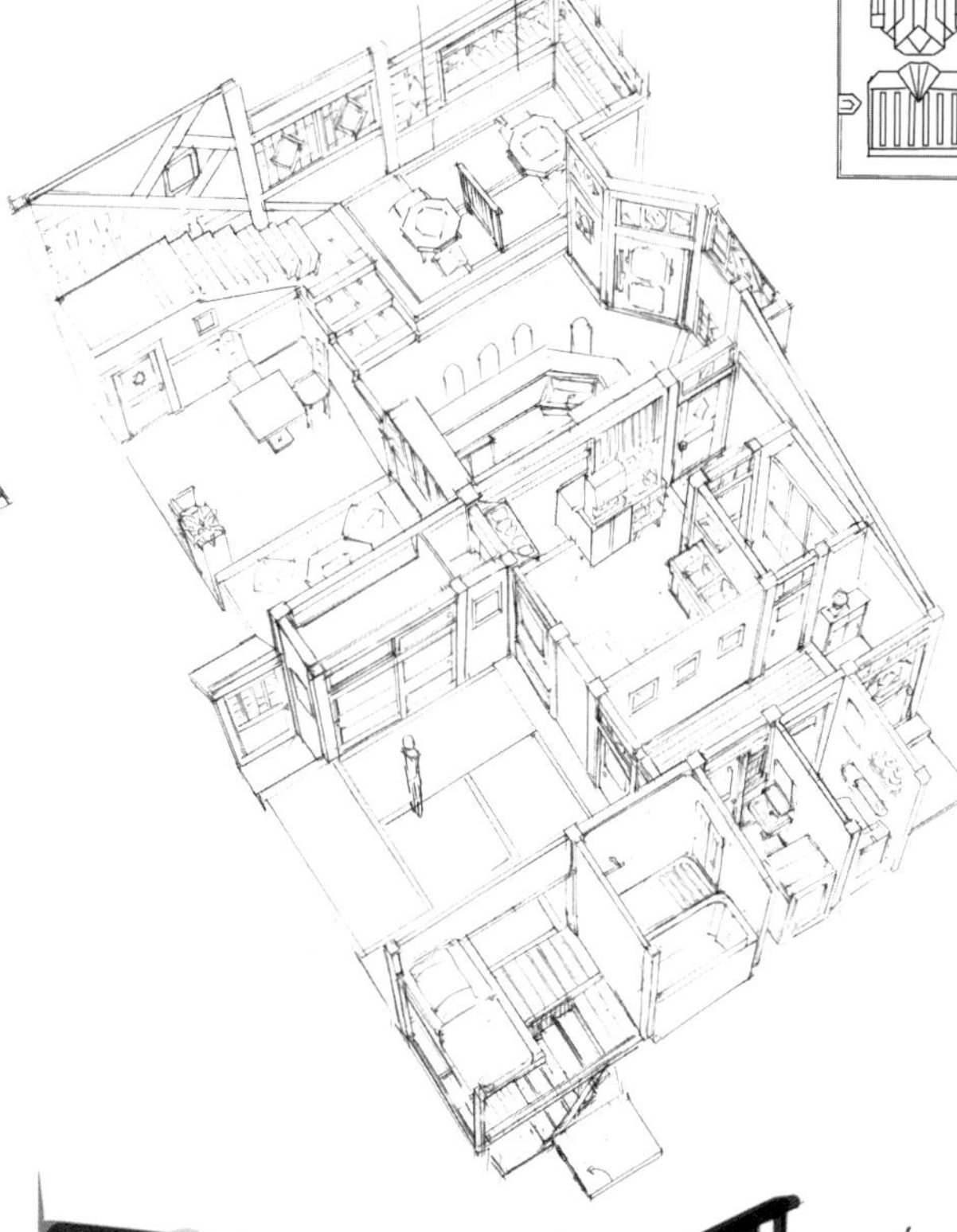

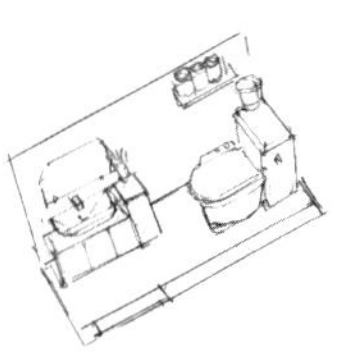

店舗部分の内装は外観通り複雑な構造で、フロアではなくテラス状の客席が2階、3階にあるという多層構造が特徴的だ。

店内の中央にはカウンターと調理場があり、客席として畳の座敷スペースが用意されている。ここでは、常連客によるボードゲーム大会も開催されていた。

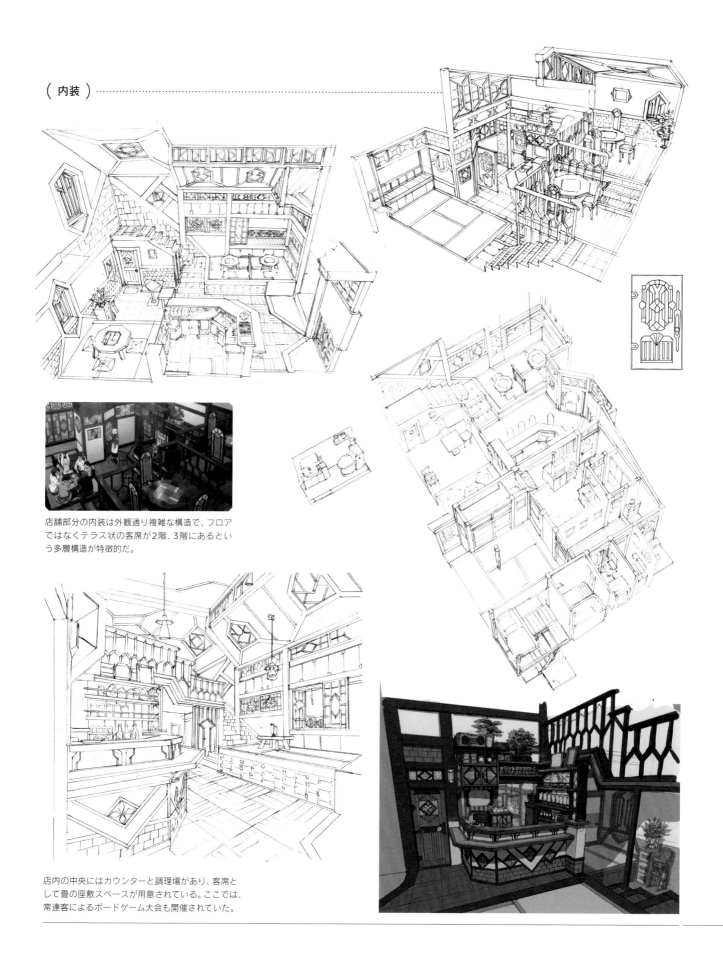

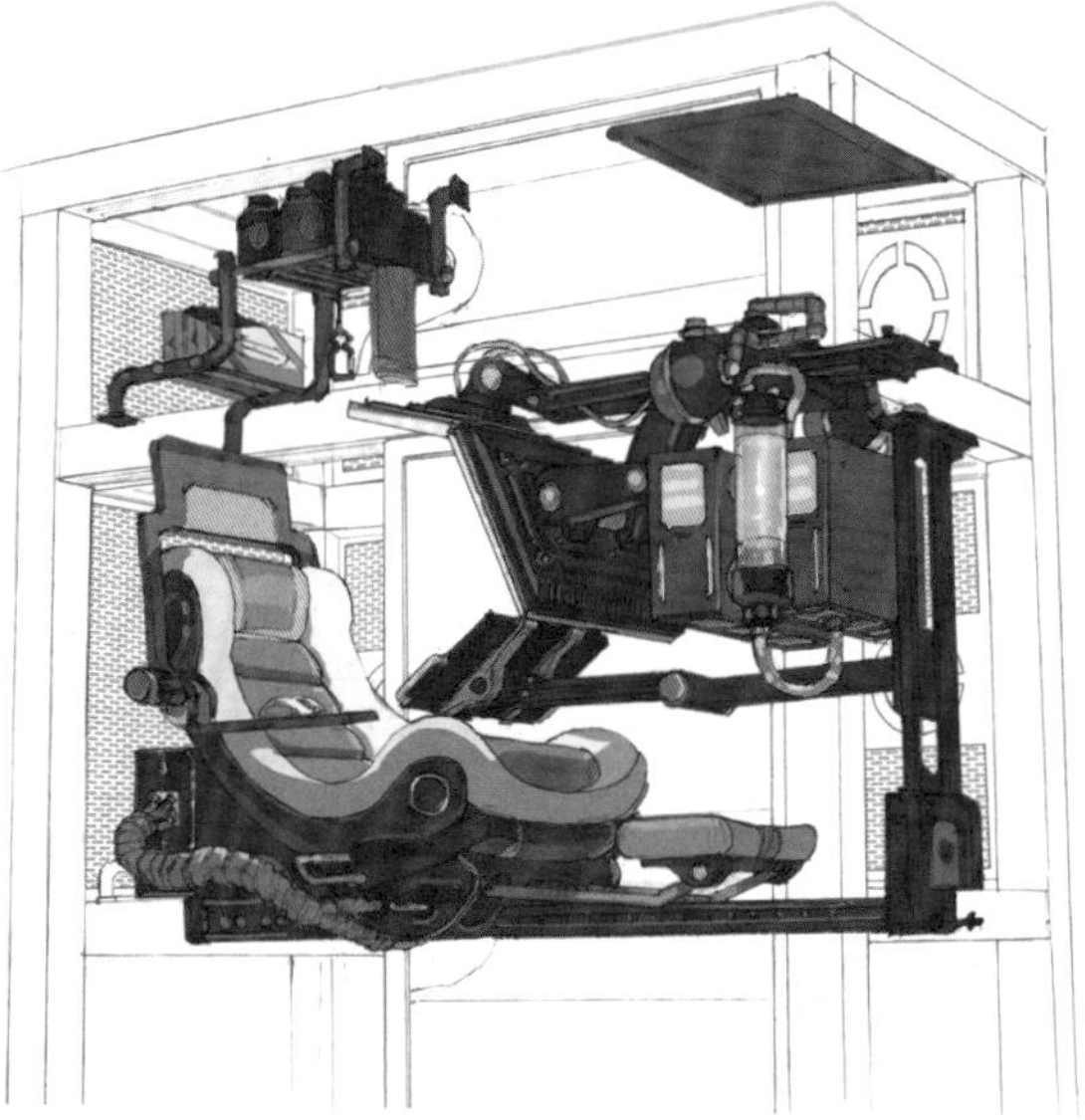

住居側

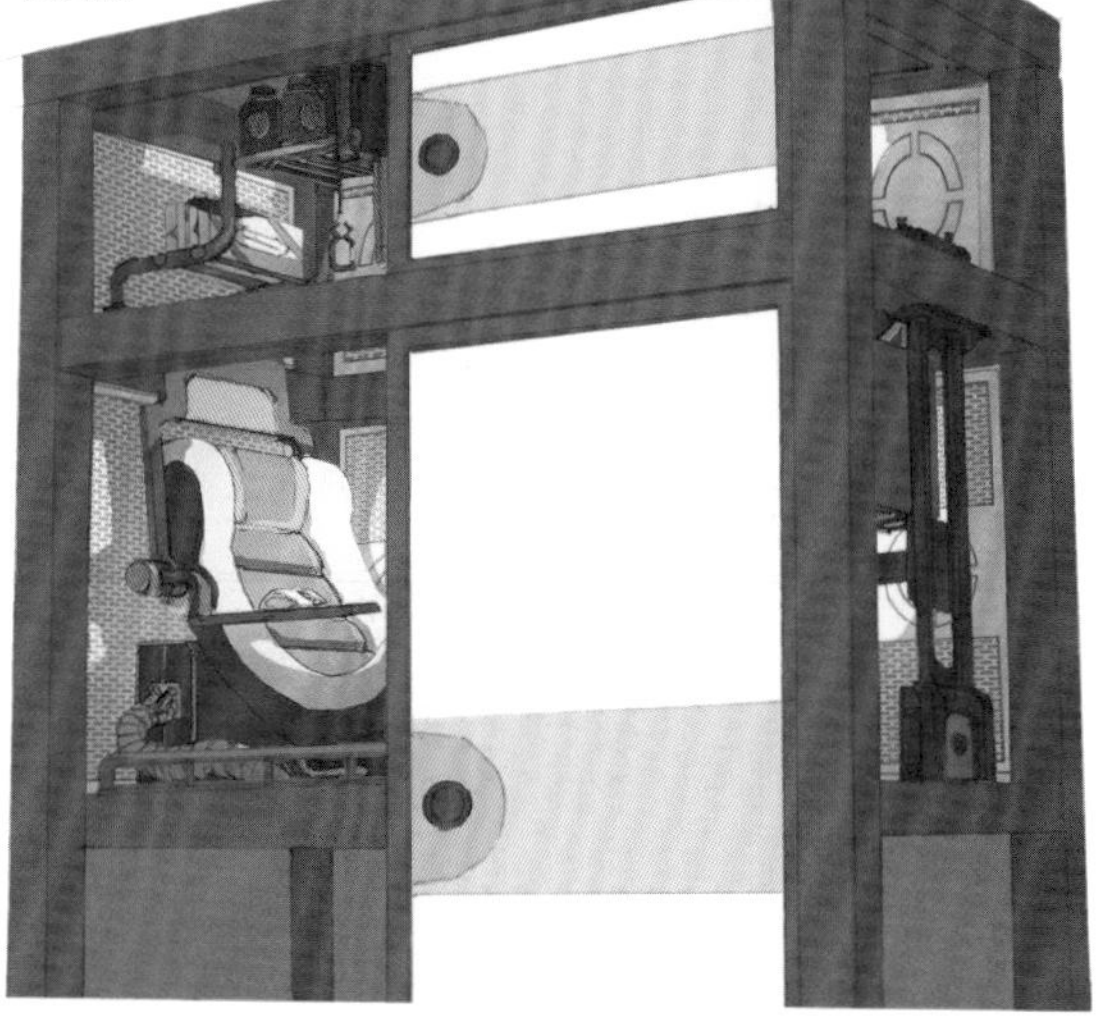

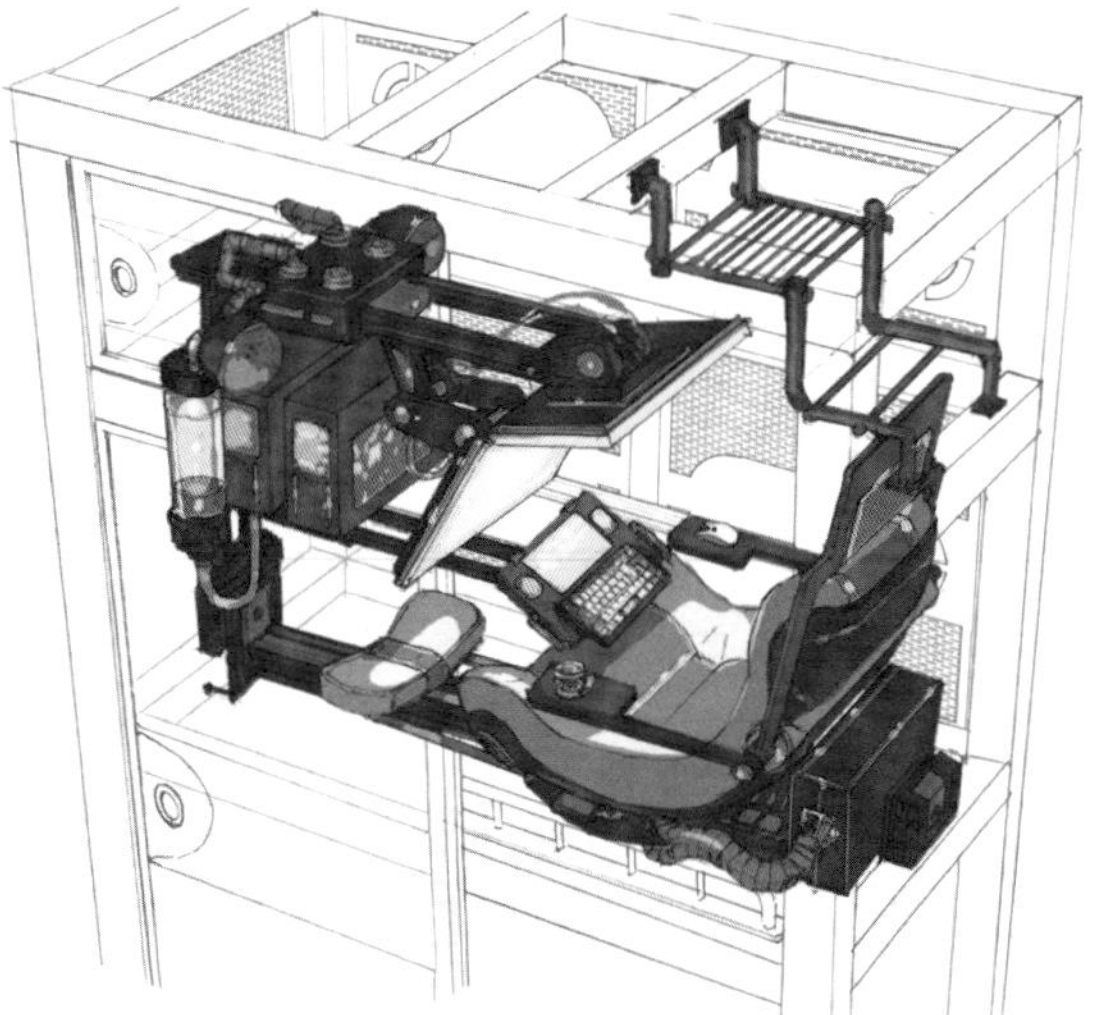

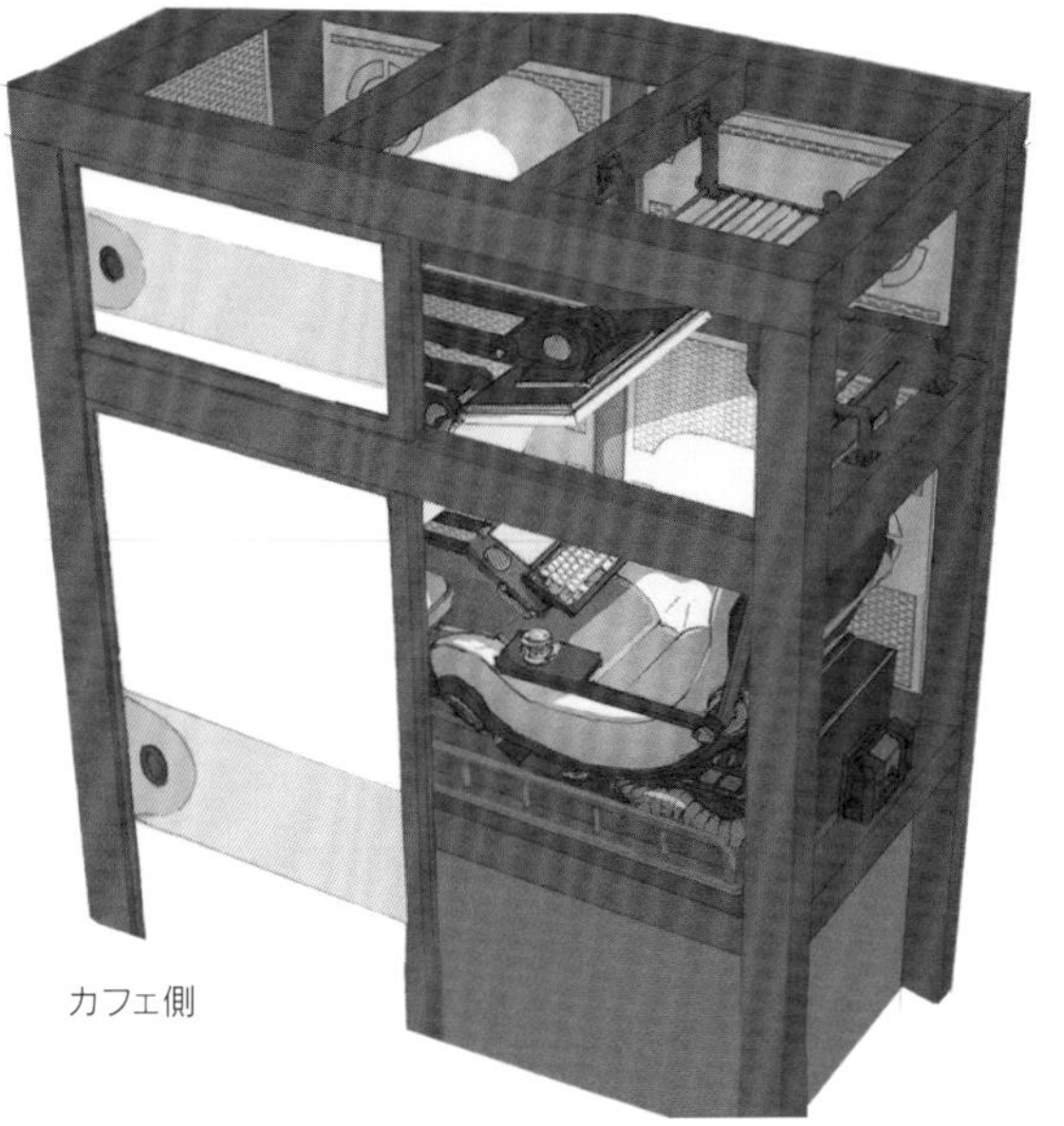

カフェ側

押し入れとクルミのコンピューター

居住スペースの中にある押し入れは居候となったクルミのコンピューターが設置され、専用スペースのようになっている。まるであつらえたようにすべての機器がピッタリと収まっており、クルミは一日のほとんどをここで過ごしている。

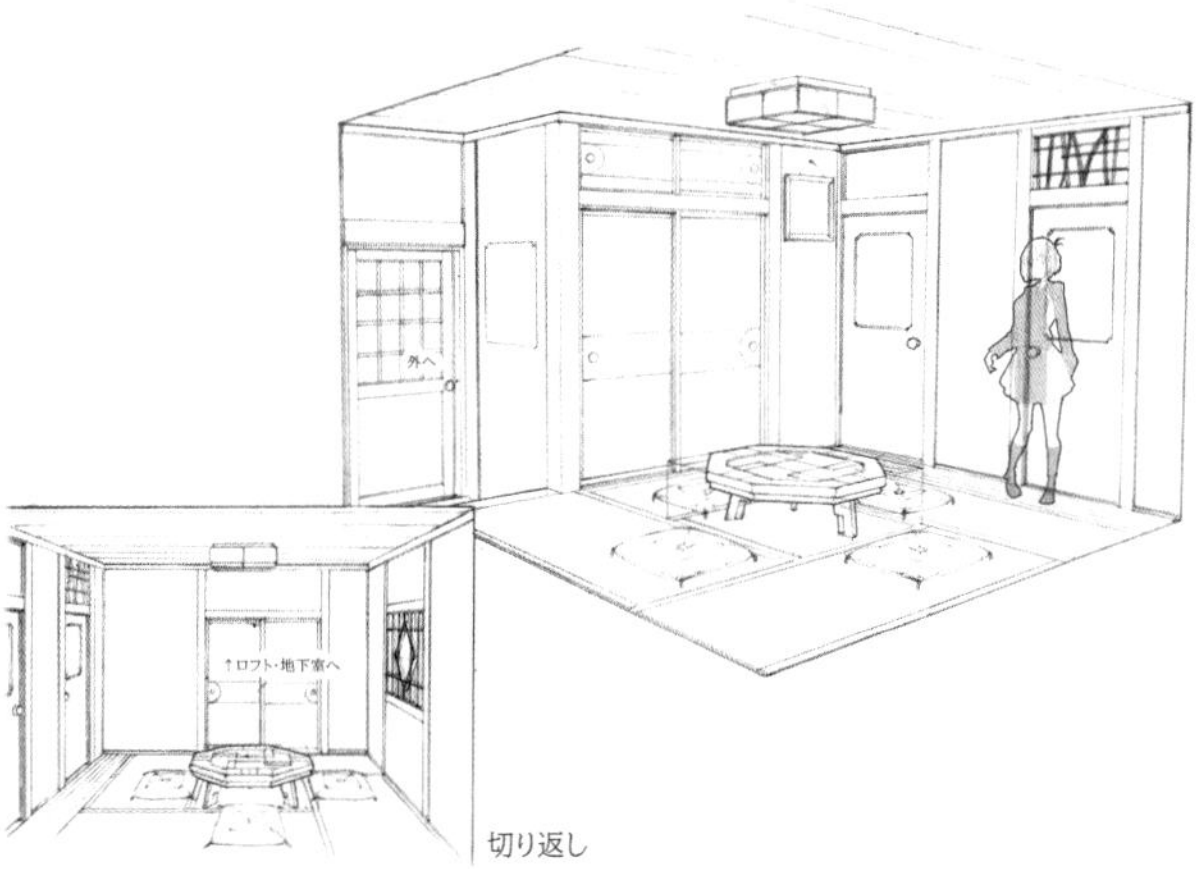

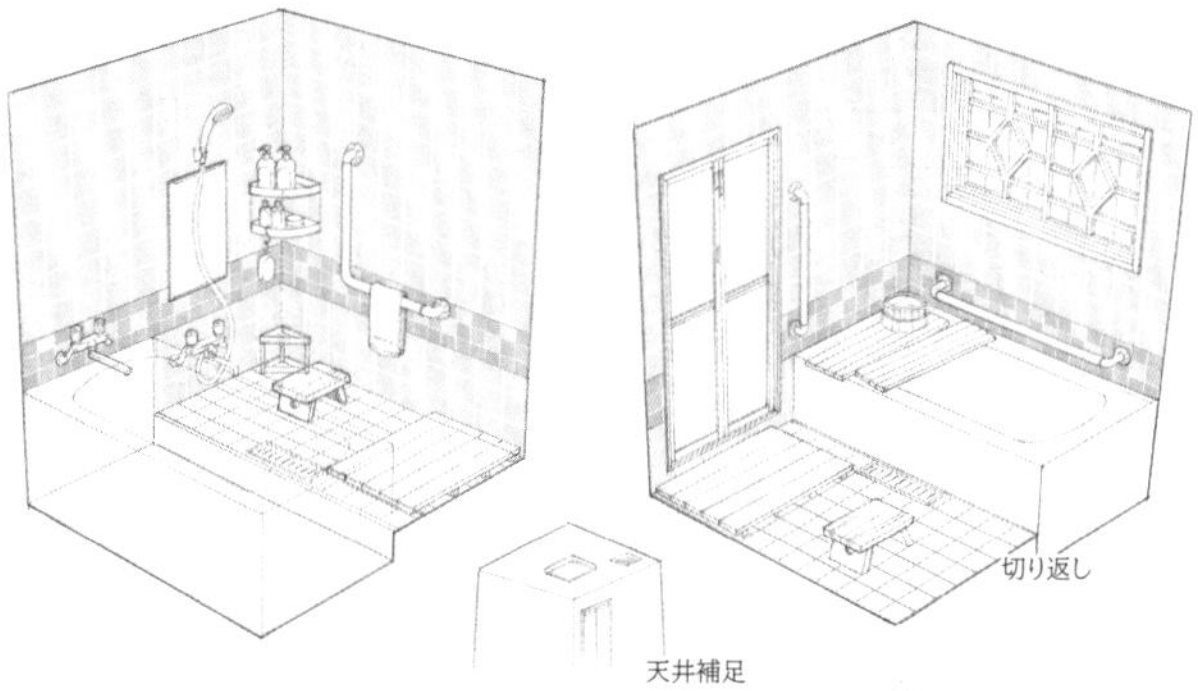

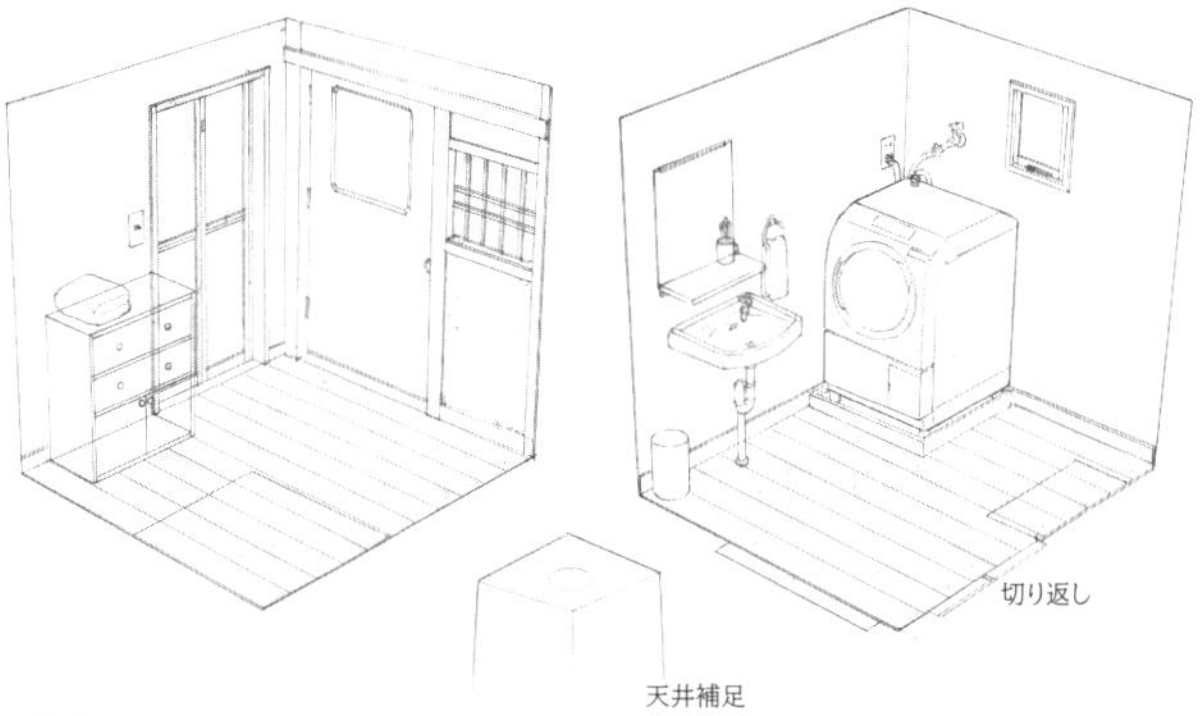

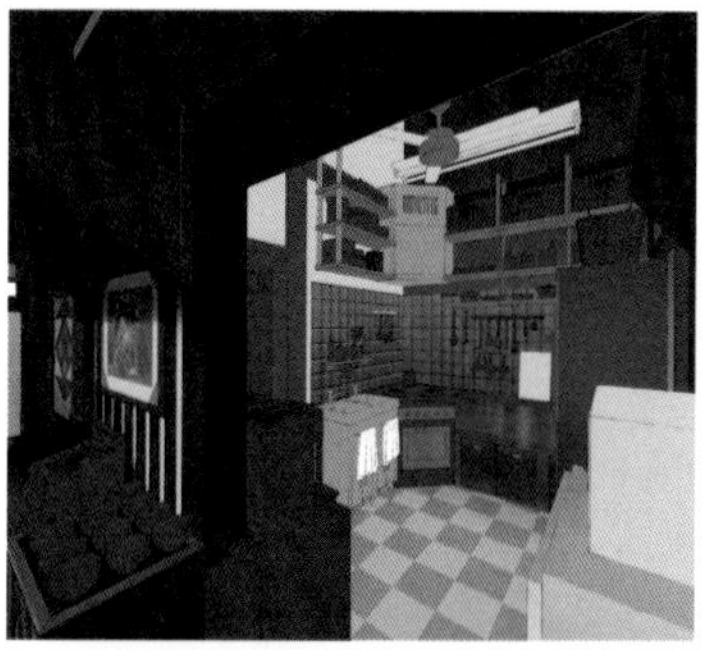

居住スペース

居住スペースにはお風呂やトイレなども設置されているが、千束やたきなは住み込みではないので、主に使用するのは居候であるクルミとなっている。

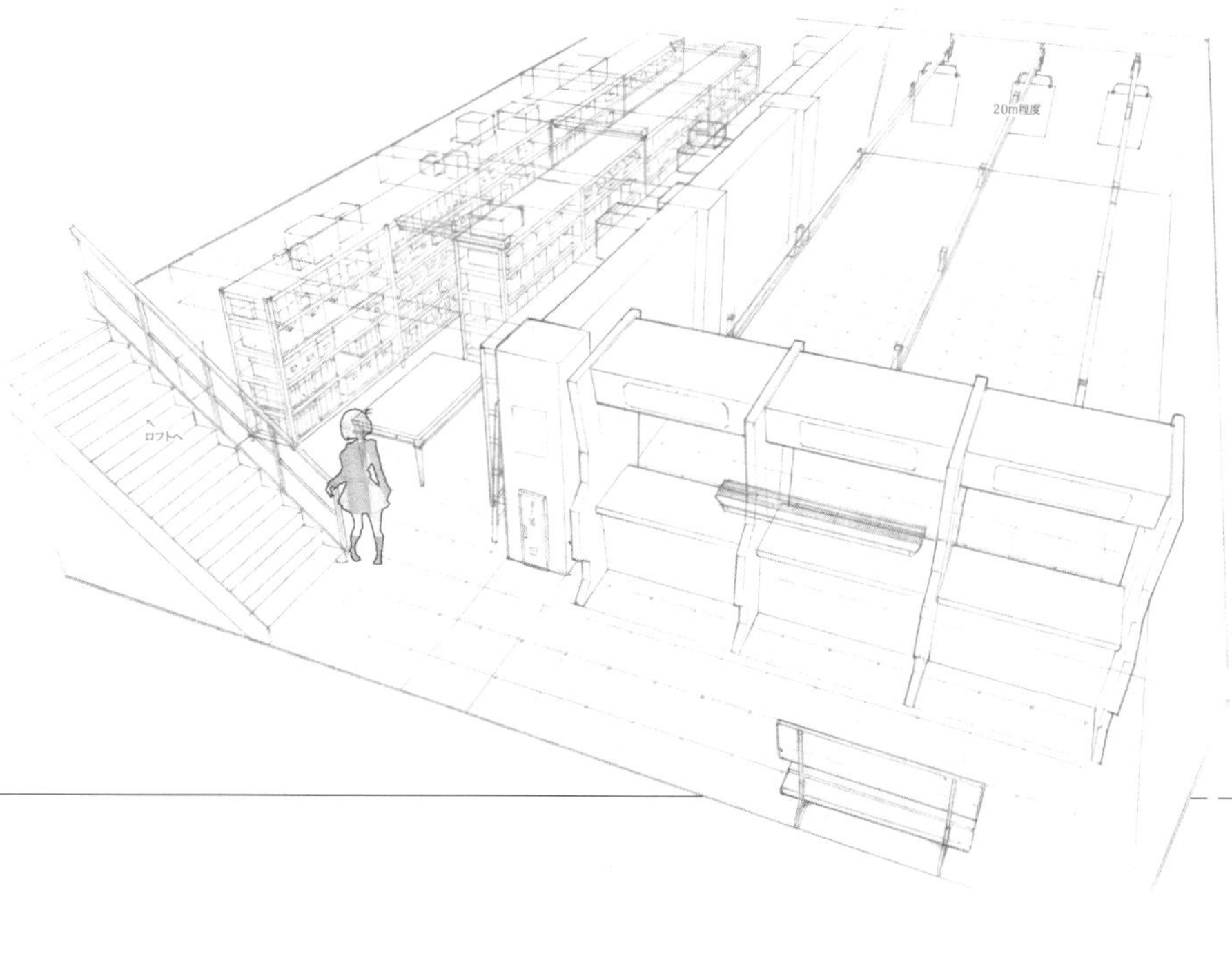

地下射撃場

店の地下は射撃場と武器倉庫になっており、射撃訓練や新しい武器の試射などに使われている。また、倉庫には武器弾薬の他に、千束のためにミカが用意していた晴れ着も長らく保管されていた。

旧電波塔

東京の象徴的存在だった電波塔。真島たちテロリストによって破壊されかけたが、幼少時の千束によってテロリストは壊滅させられ、完全なる倒壊は免れた。半壊状態のため、急造した補強によって現状をなんとか維持しているが、電波塔としての機能は失われており、新たに延空木が建造されることとなった。

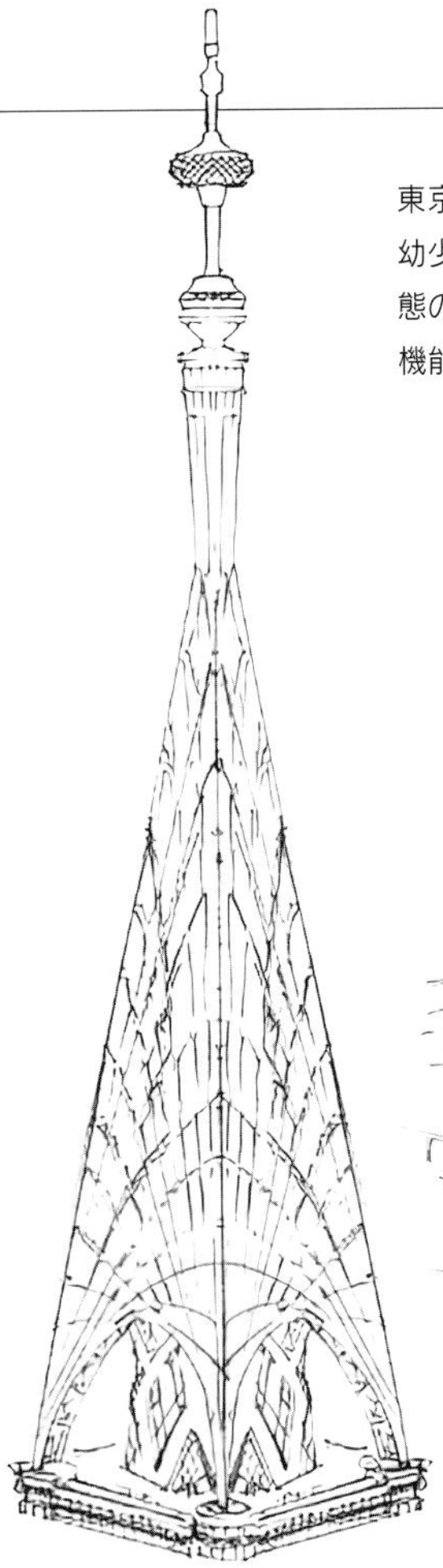

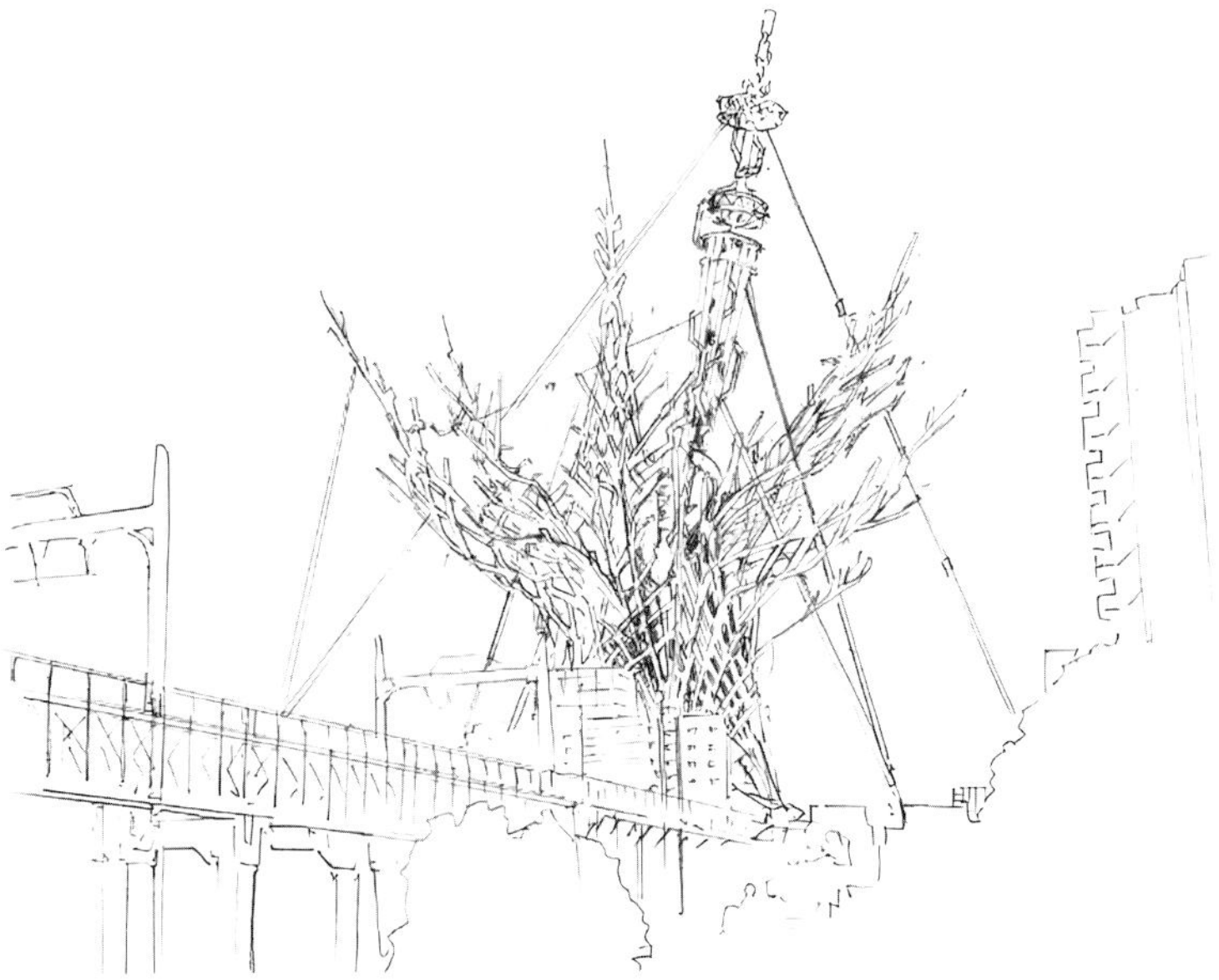

（旧電波塔外観）

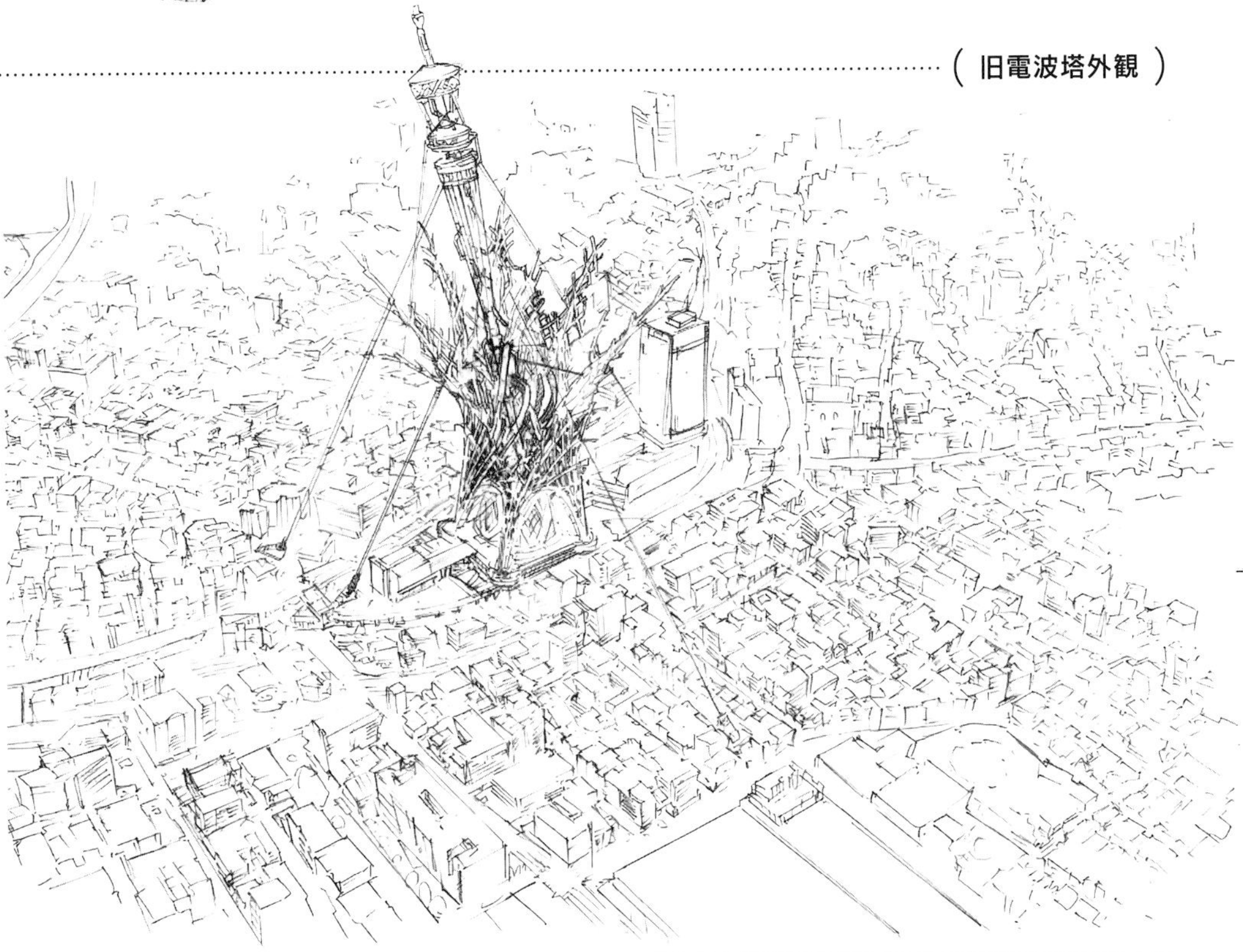

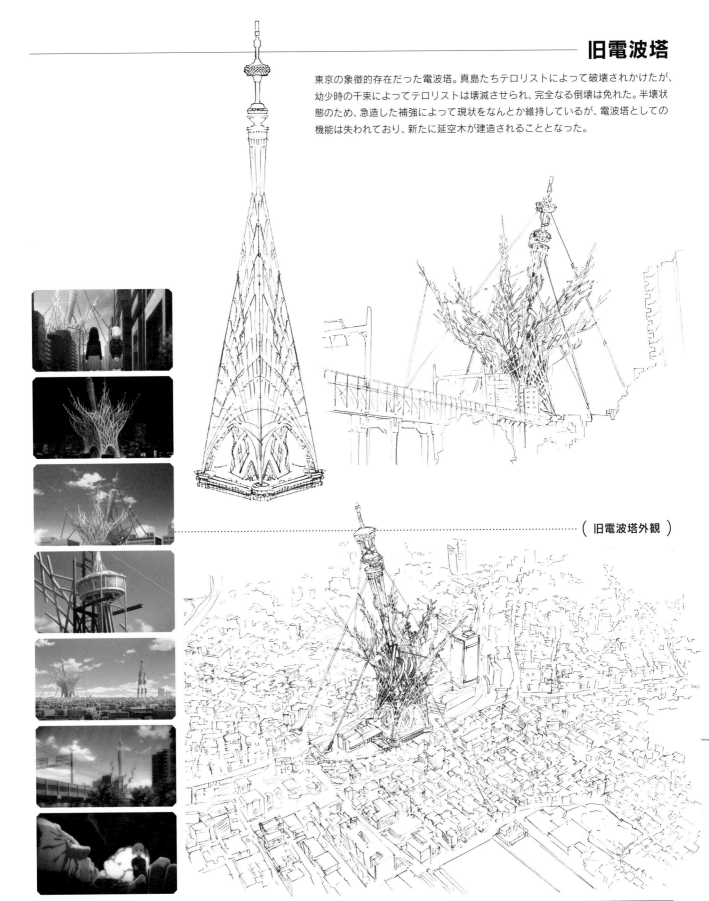

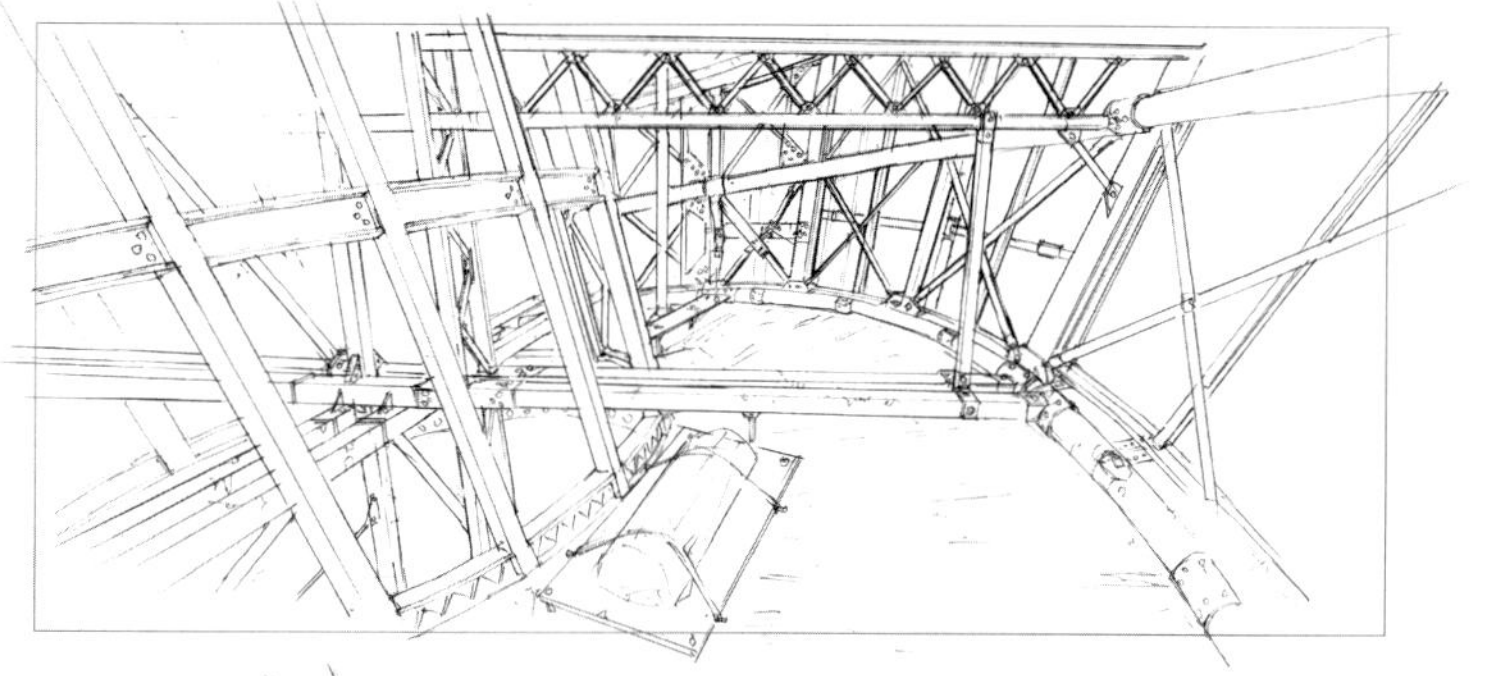

(第一展望台／第二展望台)

塔上部に配置された展望台。下層を第一、頂上付近を第二展望台と呼ぶ。塔の崩壊後は展望台内部にも補強用の鉄骨が設置されており、かつての整然とした姿はもはや見る影もない。

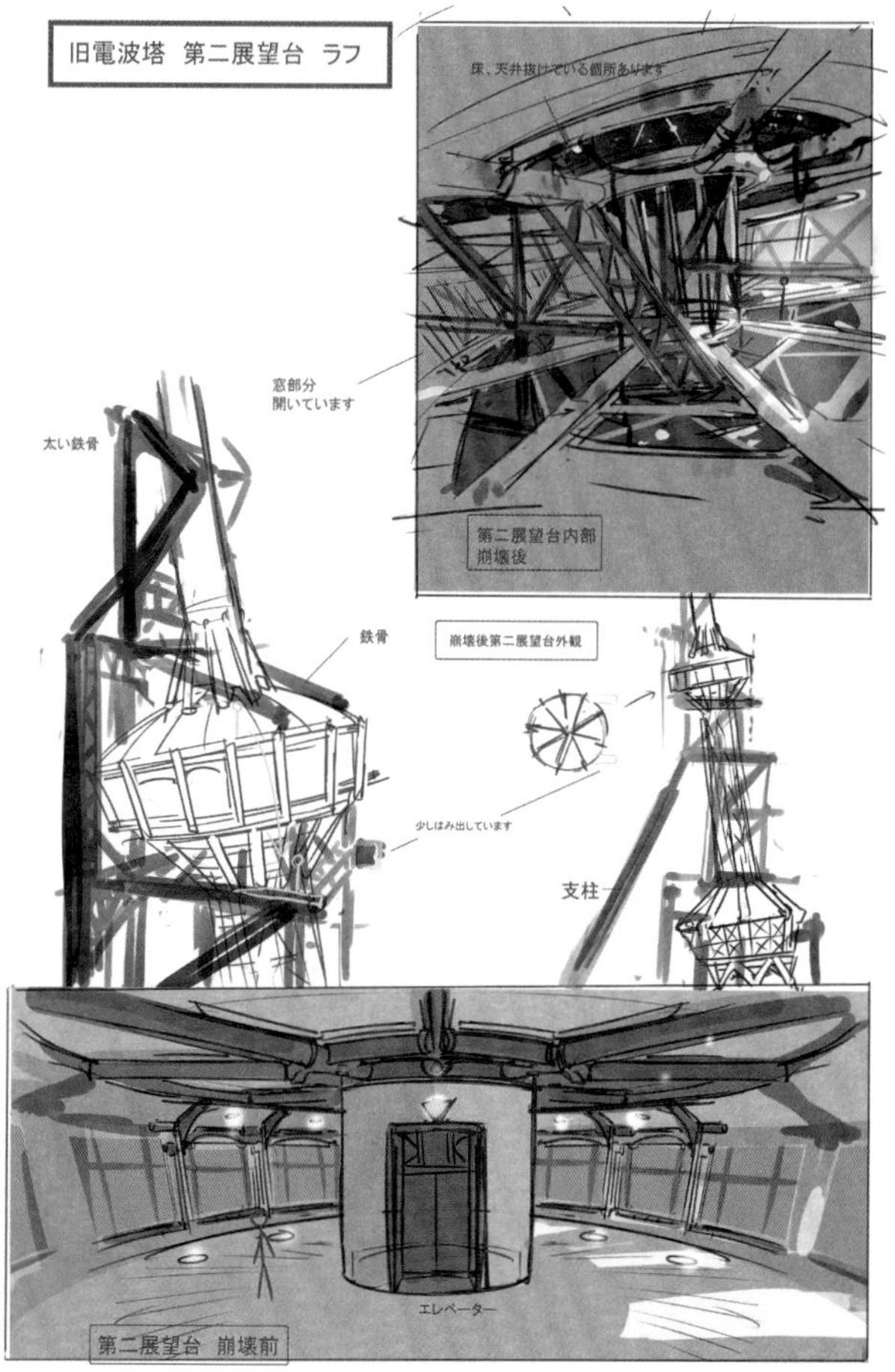

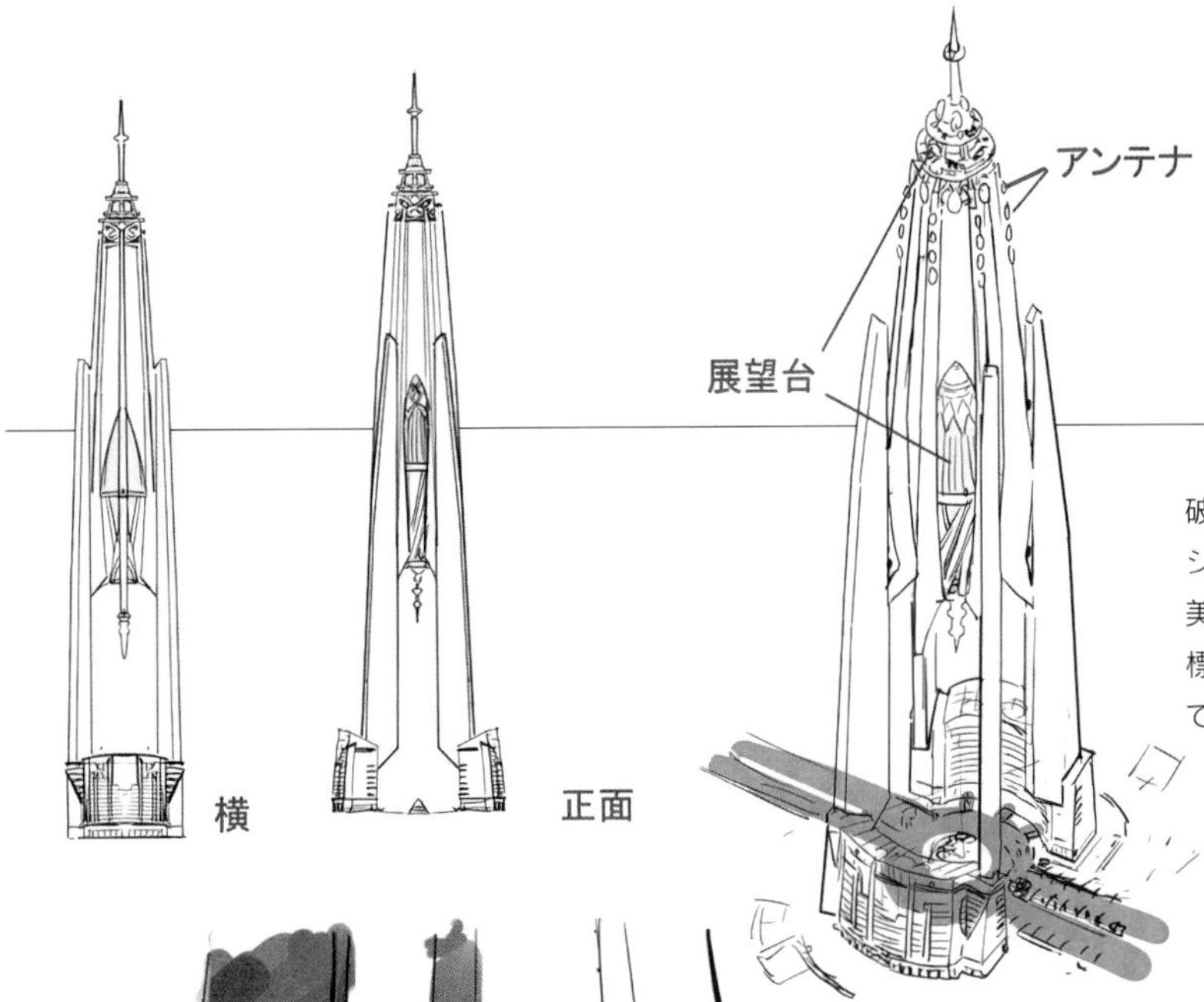

延空木《えんくうぼく》

破壊された旧電波塔に代わって建造された、新たな東京のシンボル。旧電波塔を上回る大きさで、その外観もより優美な造形となっている。真島はこの延空木を新たなテロの標的にすると見せかけてリコリスを誘いこみ、本当の目的であるリコリスやDAといった影の存在の暴露に利用した。

(延空木外観)

四本の柱を土台にして、さらにそれを重ねる二重構造となっている。地上の中央部にはガラスドームが配置されており、地下街へとつながっている。

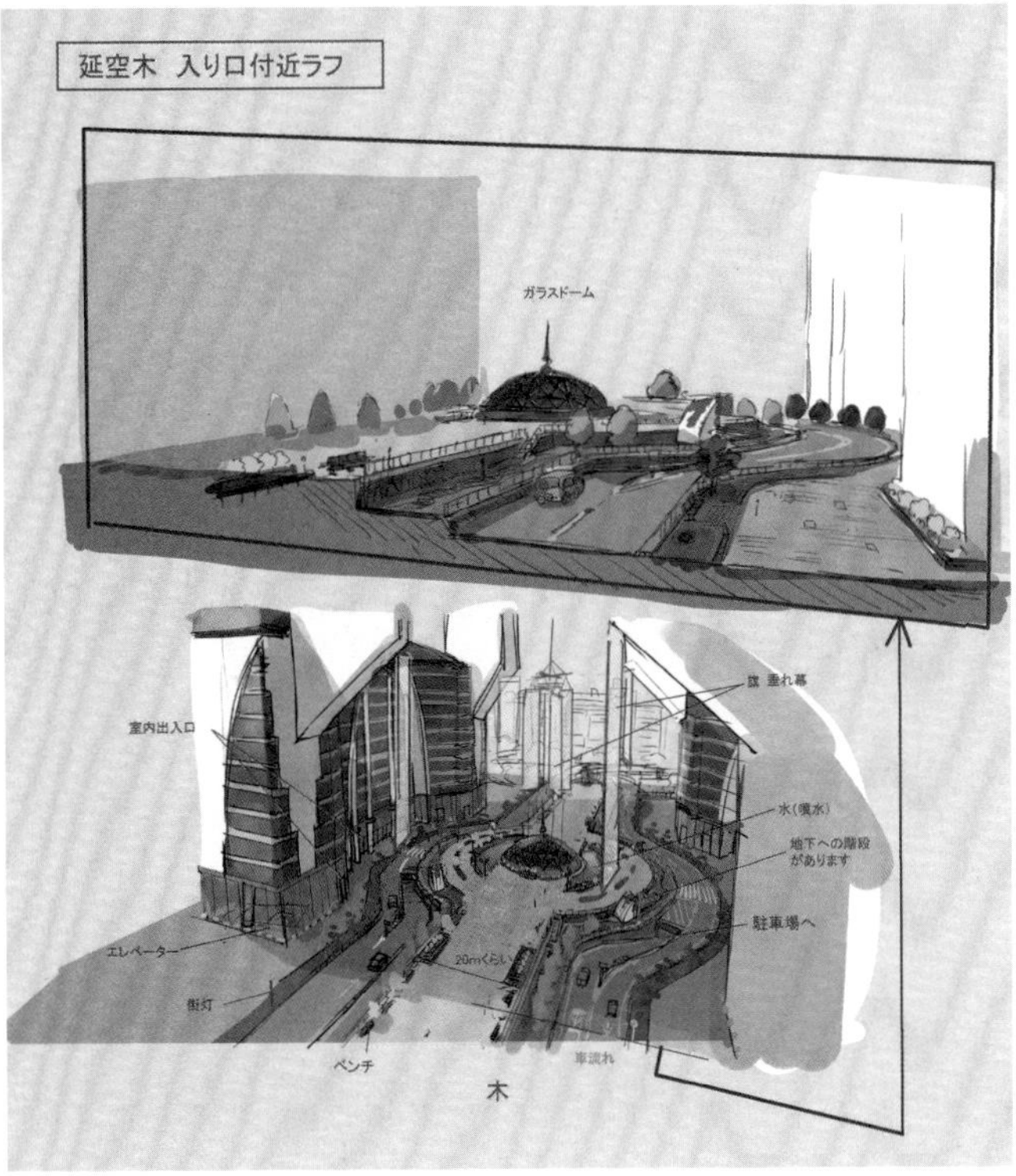

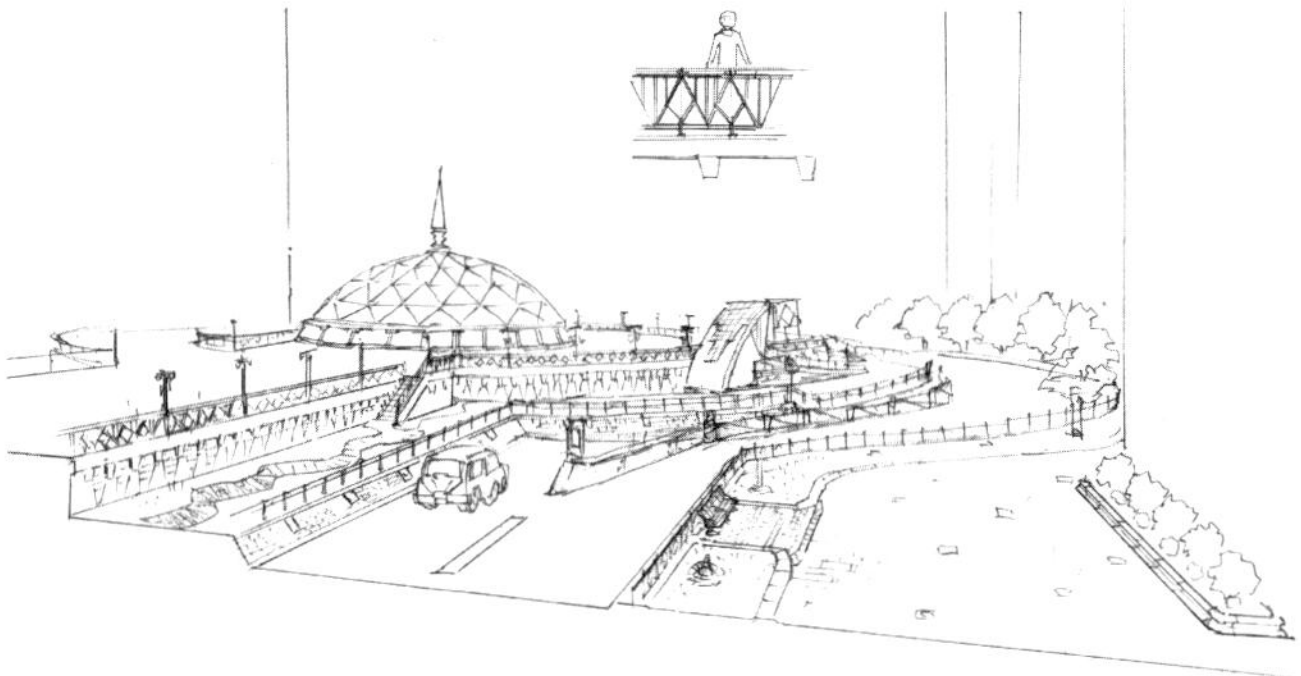

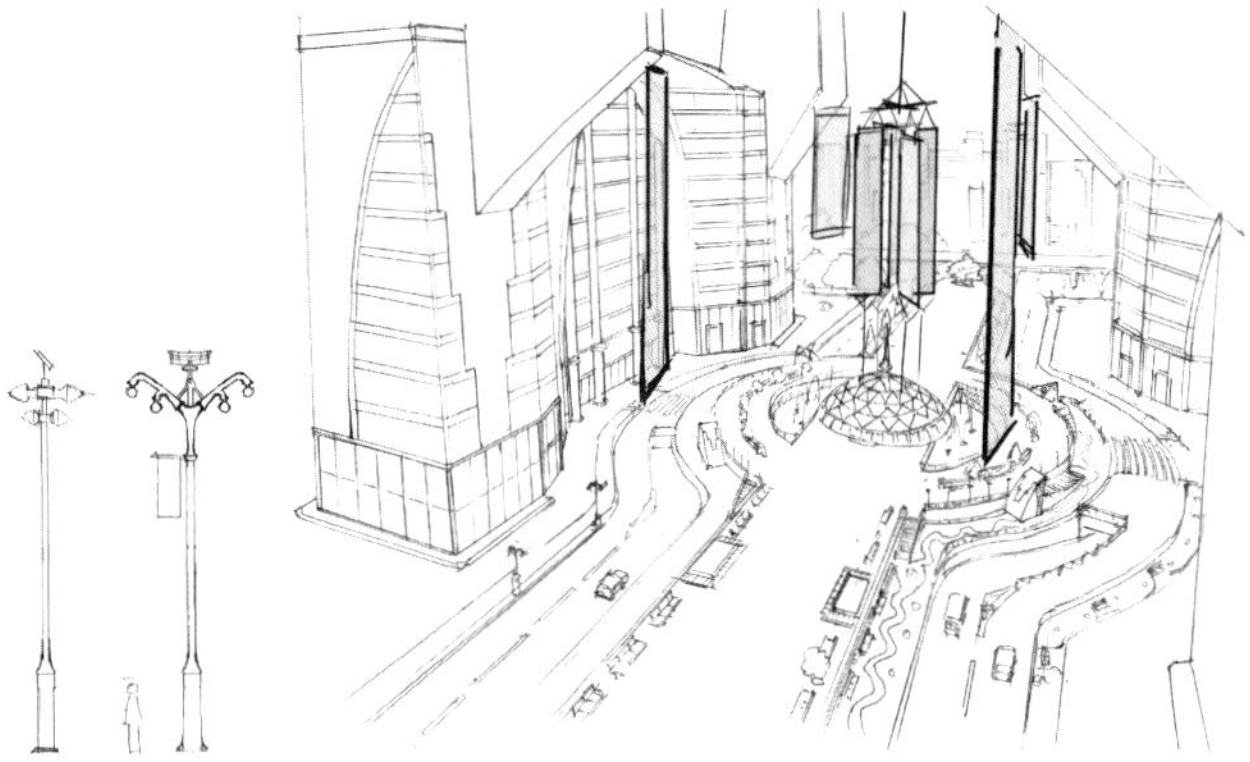

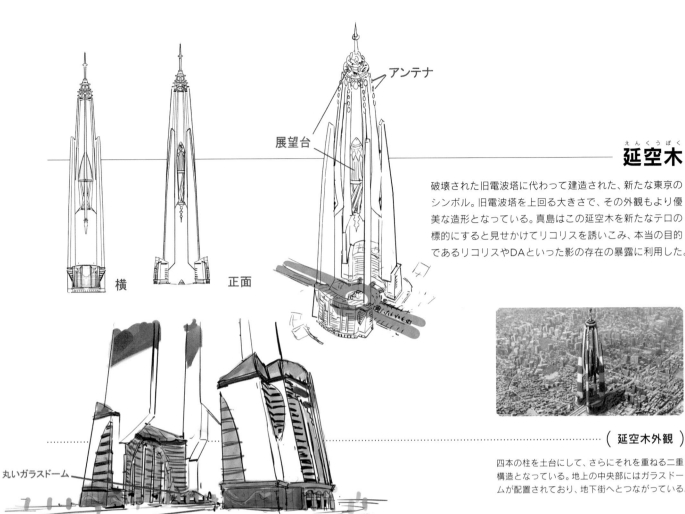

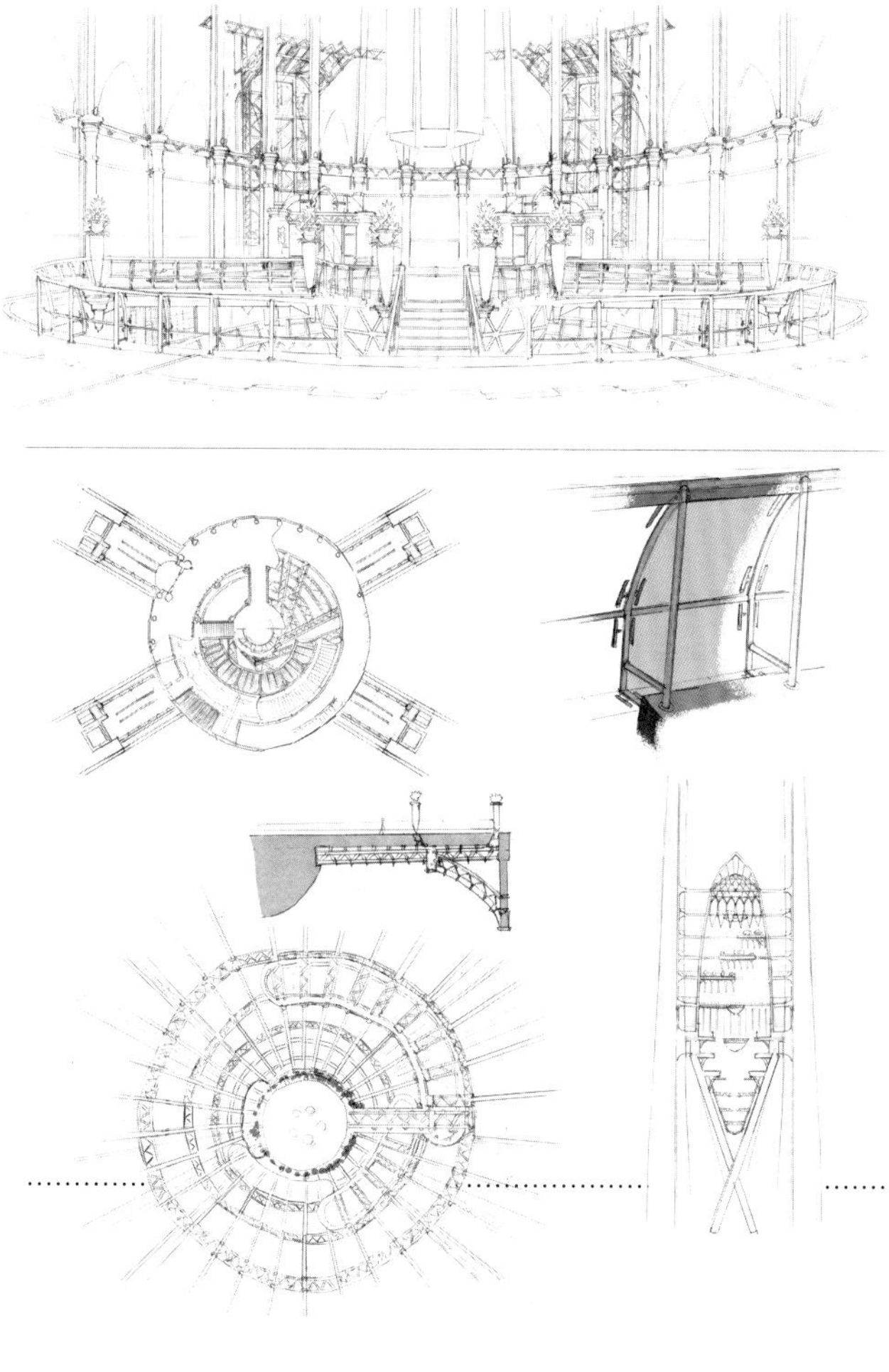

第一展望台／外階段

エレベーターが止められたため、リコリスたちは非常用の外階段で上階へと向かうことになった。第一展望台は塔の中央付近にあり、多層構造となっている。

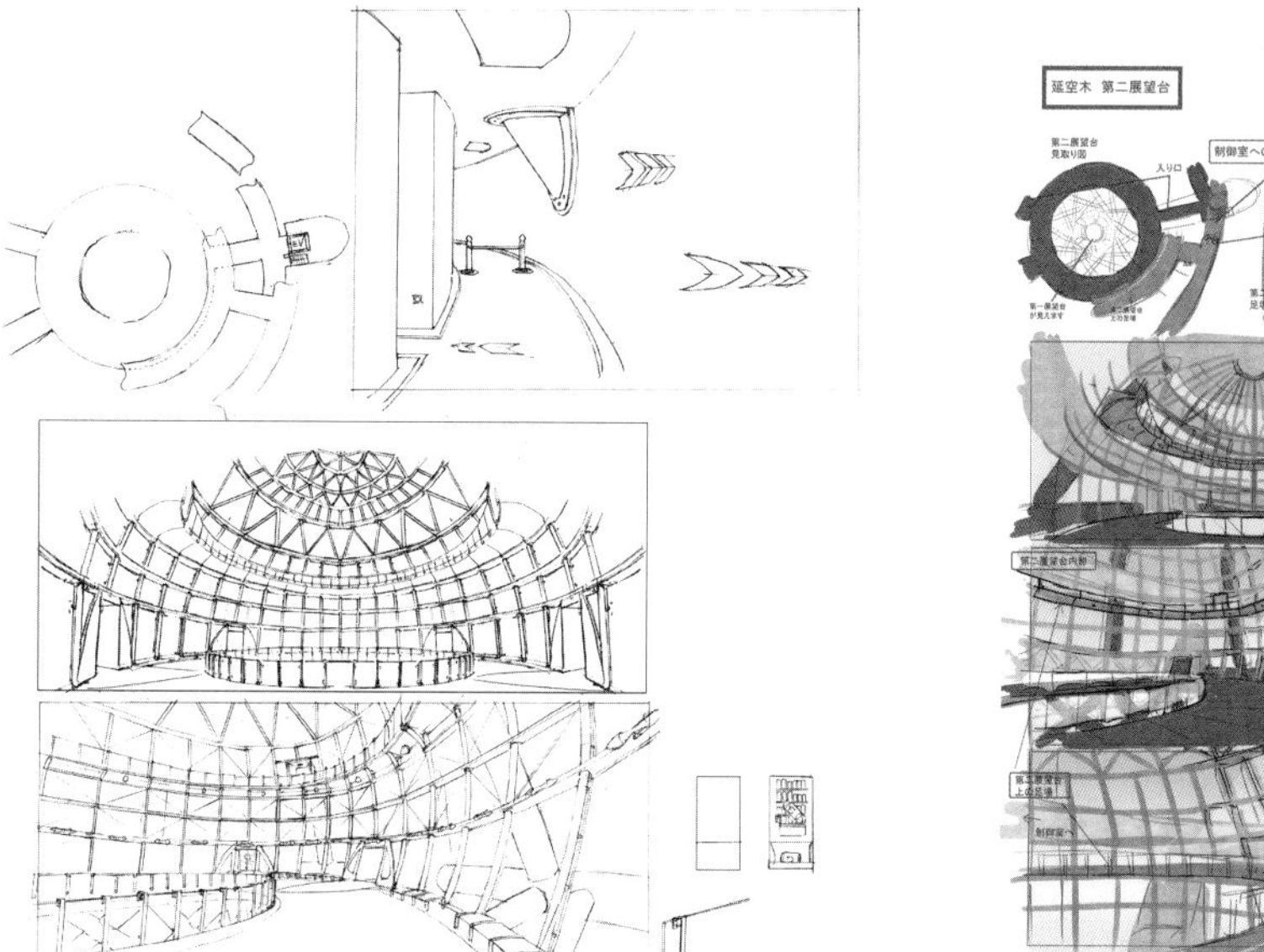

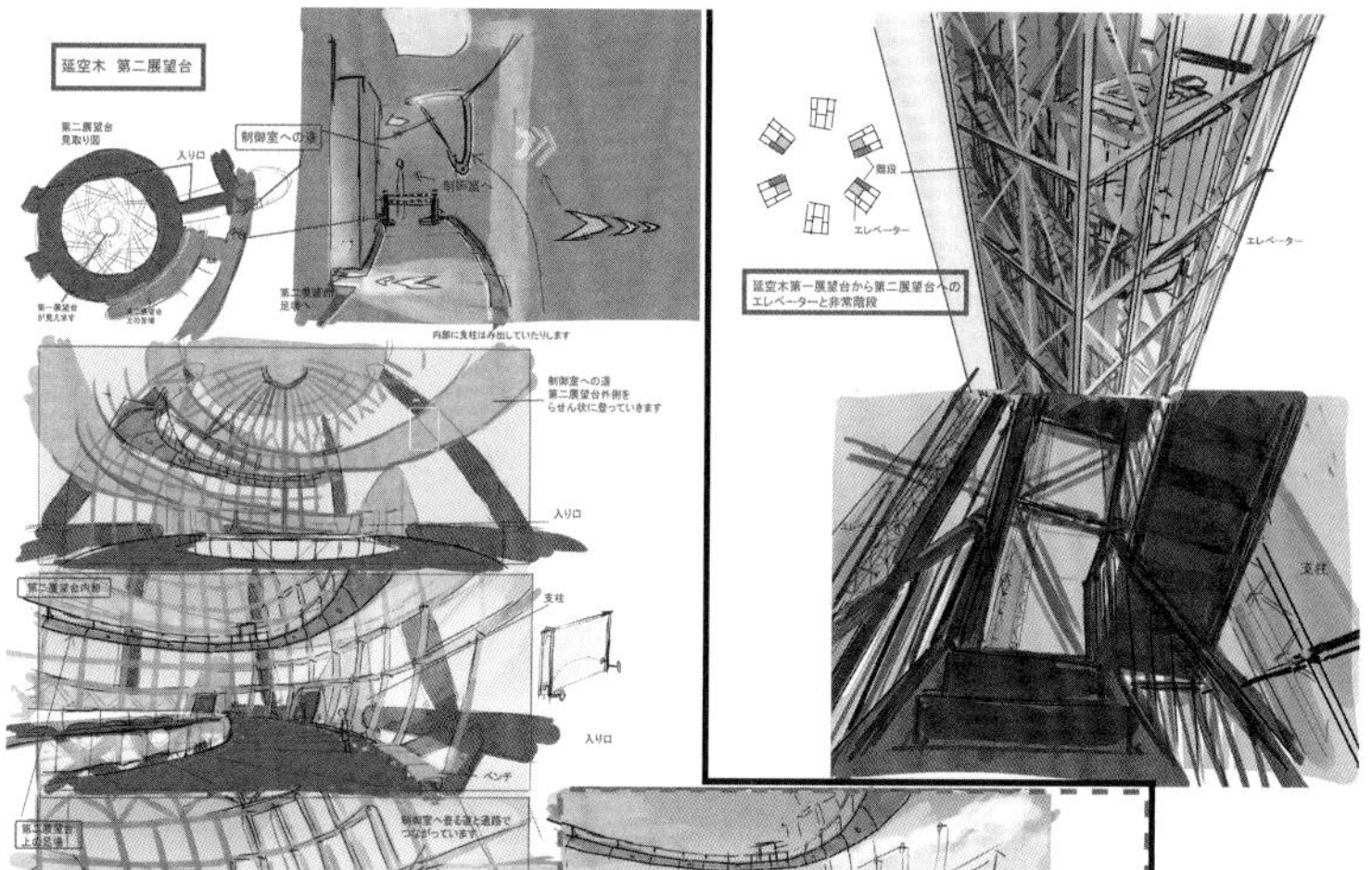

第二展望台

塔の先端付近に設置された第二展望台。巨大な施設である第一展望台とは異なり、限られたスペースしかない。全面がガラス張りとなっており、全周囲の壮大な展望を楽しめる。

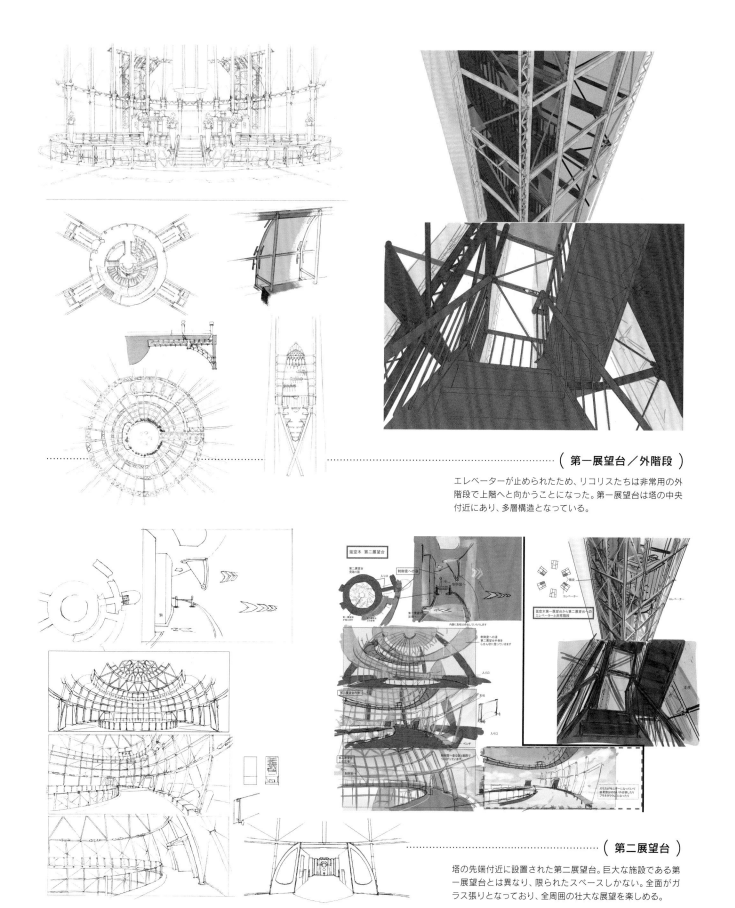

沖縄・ハワイ

人工心臓を再度移植されて一命を取り留めた千束だが、自分の死期が近いと思ったのか突然姿を消す。偶然発見されたのは、沖縄の石垣島だった。そこで再会を果たした千束とたきなは、ふたりで言葉を交わし、ハワイ行きを計画するのだった。

(沖縄の砂浜)

再会した千束とたきなが波打ち際でこれからの人生について語り合うシーンのBG。夕日がふたりの時間を美しく演出している。

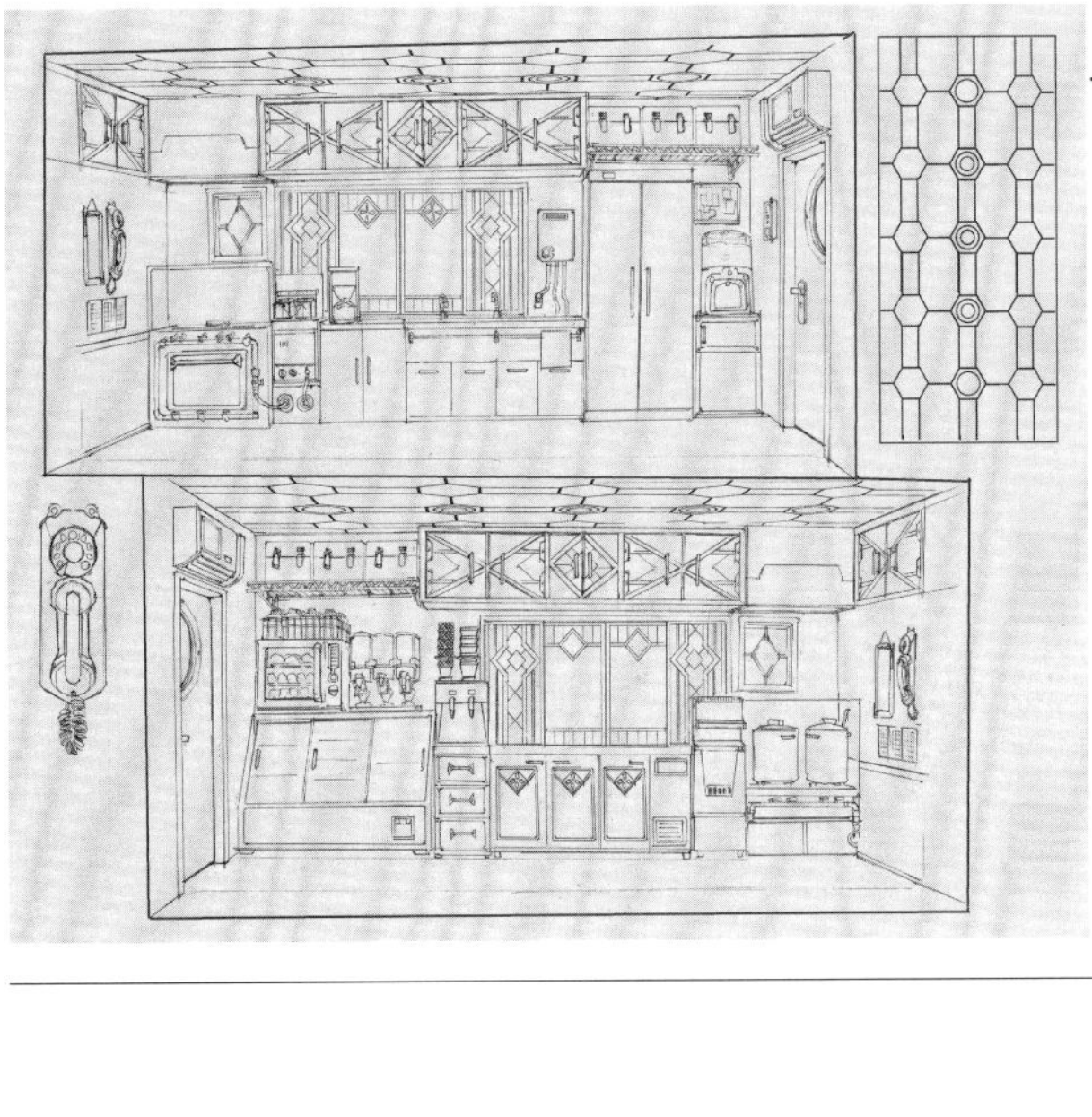

(キッチンカー 喫茶リコリコ)

ハワイで新規オープンしたキッチンカーの喫茶リコリコ。店長のミカをはじめ、千束やたきなはもちろん、ミズキやクルミもキッチンカーの店員として働いている。

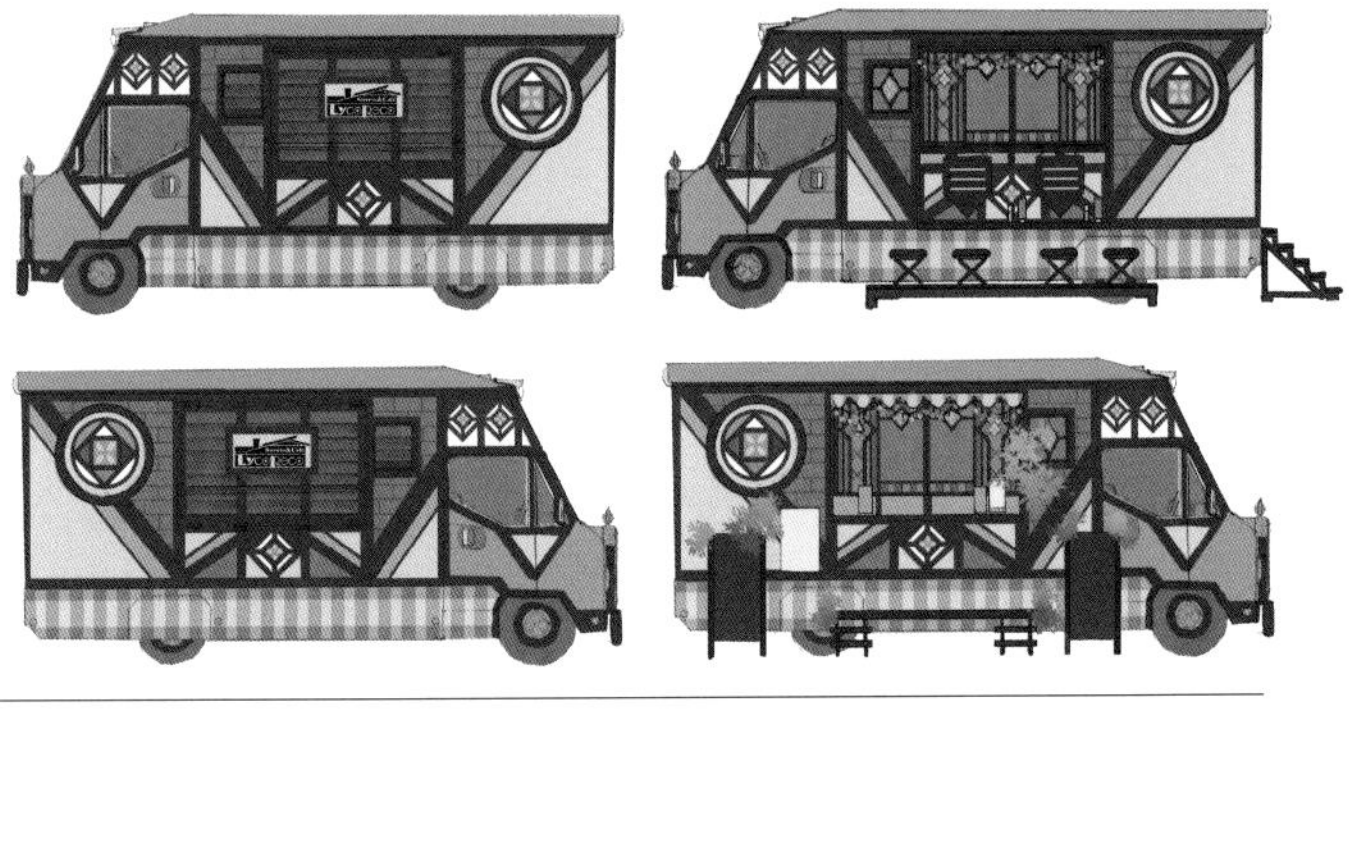

ストーリー解説

Act.5 **Story** Digest

#01 Easy does it

SIDE: **CHISATO**

喫茶リコリコの店員としてマイペースに暮らす錦木千束。旧電波塔をたったひとりでテロリストから守ったという「伝説のリコリス」にはとても見えない千束は、新入りのたきなを無条件に受け入れる。

大規模な銃火器の闇取引の現場に派遣されたリコリスたち。仲間を人質に取られた膠着《こうちゃく》状態を打破すべく、井ノ上たきなは現場にあった機関銃を乱射して敵をせん滅する。しかし、その独断専行は命令違反であるとしてDA本部から左遷されてしまう。東京支部の喫茶リコリコに転属となったたきなは「伝説のリコリス」と呼ばれる錦木千束と出会う。マイペースに日常を送る千束の能力を信じられないたきなだったが、取引現場を偶然撮影した女性の護衛任務中に、その驚異的な戦闘力を目の当たりにする。

「いのちだいじに」の真意

元ネタはゲーム『ドラゴンクエスト』シリーズに登場するコマンドのひとつ。自分や仲間の命を大事にして行動しろという意味のように受け取れるが、千束の真意は「敵の命も大事に」だった。

ベンチに座る姿勢の違い

足立監督のコメンタリーに出てくる「座り方の違い」で、千束とたきなのキャラクター性を描いたシーン。日常描写の中でそれぞれの性格の違いを表す演出で、ふたりが正反対の性格なのがよくわかる。

SIDE: **TAKINA**

命令違反によって治安維持組織DA本部から左遷された井ノ上たきな。
転属先の喫茶リコリコで出会った「伝説のリコリス」と呼ばれる千束は、とてもそうは見えないお気楽な少女でしかなかった。

director's commentary
ディレクターズコメンタリー

第1話というのは一般的に舞台設定と登場人物説明の情報が重くて、面白くするのは本当に難しいです。作品情報の提示だけで終わらない満足感と期待感をあわせ持つ導入にすることが、オリジナル作品にとってもっとも大事な命題だと考えていたので、思いつく限りいろいろな映像作品の第1話の構成を集めて、自分の好みの中から「本作にベストな構成」を模索することから始めました。近年の視聴者の視聴スタイルの変化や趣向も自分なりに考えた結果、舞台設定は「簡潔」に、展開は「スピーディ」で会話の「楽しさ」に全振りする方針を選びました。序盤、視聴者にはたきな視点で「本当に千束は優秀なのかな……？」と疑念を抱いてもらって、カウンターとなるような千束の実力を見て興味を持ってもらいたかった。千束の場合、昼行燈《ひるあんどん》とはちょっと違うんだけど、こういう「第一印象とは正反対の底知れない雰囲気を纏《まと》った主人公」が私は好きなんですよね。好きな主役で作品を作りたいですからね（笑）。公園で話すシーンでのたきなとの座り方の違いや、自分の置かれている立場や世界観の差で、リコリスとしては異端である千束の魅力をなんとか表現したかったです。

#02 The more the merrier

SIDE: **CHISATO**

伝説的ハッカー、ウォールナットの護衛任務に就く千束。多勢に無勢という状況下で、千束は敵の銃弾をすべて避け、反撃をするという驚異的な戦闘力を見せる。だが、彼女の使う弾丸は非殺傷弾だった。

伝説的ハッカー、ウォールナットの護衛任務が喫茶リコリコに舞い込んできた。リスの着ぐるみ姿で現れたウォールナットを敵の襲撃から守りつつ、なんとか反撃に転じる千束とたきな。しかし、ウォールナットは敵の銃撃を受けてハチの巣にされてしまう。

失敗に落ち込む千束とたきなだったが、防弾仕様の着ぐるみに入っていたのはミズキだった。ミカとミズキが仕組んだ作戦によってウォールナットの死は偽装され、喫茶リコリコにはクルミという名の少女が新しく住み込みで働くことになった。

スーツケースを盾にする

防弾ベストにアサルトライフルを装備した敵に対して、ウォールナットのスーツケースを盾にするたきな。ちょうどいい弾除けだったのだろうが、その中身こそが護衛対象のクルミだったのだ。

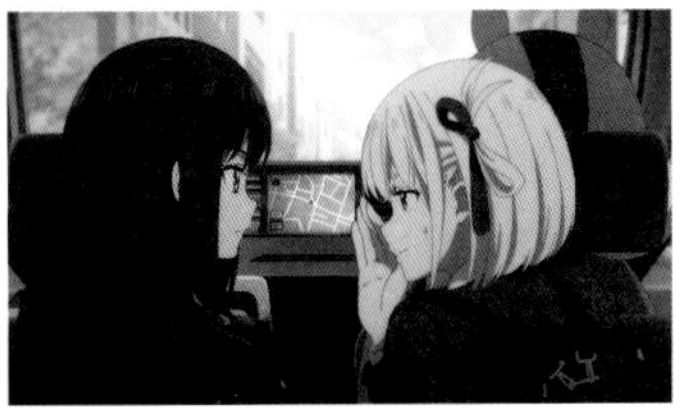

逃走車両内で流れる演歌

千束、たきなと合流したウォールナット（ミズキ）が乗ってきた車の中では、演歌がかかっている。第12話で流れる映像でも演歌が使われていたが、やはり依頼人（クルミ）のリクエストだったのだろうか？

SIDE: **TAKINA**

ウォールナットの護衛任務中、敵の圧倒的な火力に押される千束とたきな。
そんな状況下でも千束は非殺を貫き、たきなはその情けこそが任務遂行の邪魔になるのではないかと疑問を隠せない。

director's commentary

ディレクターズコメンタリー

このエピソードで印象的なのは、ウォールナットが着ぐるみの中身だと見せかけつつ、実際にはトランクに入っていた女の子だったというオモシロですよね。それとは知らず、たきなが護衛対象が入っていたトランクを盾にしていたというのがシャレがきいていて、アサウラさんからプロットをもらったときに面白いと思いました。ミスリードという点では第5話も同じなんですけど、コメディとサスペンスという違いがあって気に入っています。

アクションものとしては、この第2話で魅力を伝えないといけないし、千束の能力の異常さも含めて、ここはリソースを投入する必要がありました。三浦貴博さんにコンテをお願いできて、とても素晴らしい絵コンテに作画スタッフも応えてくれました。ウォールナットがハチの巣にされるカットがあの迫力だからこそ、ミズキが中から出てきたときの驚きがあると思う。悲壮感から瞬間的に抜けたコメディになる感じが、曲調も相まって作品らしさを提示できたかと……。敵の傷を手当てしながら聞くことが「夕飯は誰と食べるのか？」というのも面白いでしょ？ 同じような緩急でもあり、千束らしさも出ていて好きなシーンですよ。

#02 | 大勢のほうが楽しい

SIDE: **CHISATO**

#03 More haste, less speed

頑《かたく》なにDA本部への復帰を望むものの、そこに居場所がないと知って傷つくたきな。千束は失敗が原因であっても、自分はたきなと出会えたことが心からうれしいと優しく抱きしめるのだった。

健康診断と体力測定のため、DA本部に呼び出された千束。それを知ったたきなは、上司である楠木に本部への復帰を直訴すべく同行する。本部では命令違反をおかして左遷されたたきなに対して同僚たちから冷たい視線が向けられるが、千束はそんな仲間たちの嘲笑に対して模擬戦で決着をつけてやると意気込む。

たきなにとってDAとは居場所であり、自分を認めてくれる唯一の場所だった。だが、千束はたきなとの出会いを「うれしい」と言葉にすることで、たきなに新しい居場所があることを示したのだった。

たきなの新しい場所

DA本部と東京をつなぐ電車の中、行きは向かい合っているが、帰りは隣の席に座っている。これは千束との距離が近づいた証拠とも受け取れ、たきなが喫茶リコリコに自分の居場所を見つけた瞬間とも言える。

千束の特殊能力

楠木によって語られる千束の特殊能力。卓越した洞察力により、相手の射線と射撃タイミングを見抜き、その弾丸を避けることができる。「しかし、それ以外は生意気なクソガキだ」と笑う姿も印象的。

SIDE: **TAKINA**

孤児としてDAに育てられたたきなにとって、DA本部に所属することは夢だった。
だが、独断専行の責任を問われて左遷されたたきなの居場所はそこにはなく、自分の存在理由を見失いかけてしまう。

director's commentary
ディレクターズコメンタリー

千束にたきなの変化を促す言葉をかけてほしいけど、説教臭くはしたくない。千束のキャラクターに照らし合わせたとき、その塩梅《あんばい》が難しかったです。千束は「自分はこう考えているけど、お前は好きにしていいんだぜ」という人間で「こうするべき」とは言ってほしくない。だけど、シーンとしてはたきなを変化させないといけないから、噴水シーンは悩みました。たきなが自らの意思で変化を選ぶ必要があって、千束の言葉はその判断材料のひとつであってほしいんだけど……。千束がいろいろな言葉をかけても絶望しているたきなは簡単には動いてくれないし、言葉を尽くすほど千束らしさが失われるしで……。そんなとき、突然、千束さんがあんな動きを（笑）。

あとエリカとヒバナのシーンはシナリオにはなくて、絵コンテ時に作りました。エリカのたきなへの心情を追うためと、リコリスの日常描写を少しでも入れたいというふたつの理由からです。一般的なリコリスの考えを代表する立場として、フキは千束ともっとも時間をともにしているリコリスでもあり重要な人物です。ノールックで撃たないと万が一にも当たらないというのは、千束をよく知るフキだからできることですよね。

#04 Nothing seek, nothing find

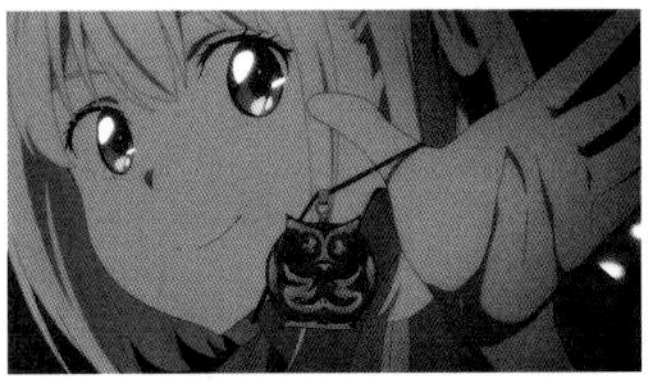

SIDE: **CHISATO**

ふとしたきっかけに、たきなのパンツを見てしまった千束。
機能的という理由で男物のトランクスをはくのが許せない千束は、可愛い下着と私服を着せるために、たきなを買い物デートに誘う。

たきなが喫茶リコリコでの生活にも慣れてきたある日、たきなの下着が男物のトランクスだと知った千束は、自分のことに無頓着なたきなを強引に連れ出し、買い物デートを楽しむ。リコリスの制服と訓練用の服しか持っていないたきなのためと称し、自分好みの可愛い服や下着を選ぶ千束。それは過酷な任務を忘れさせる平穏な日常だった。その頃、重火器で武装したテロリストが地下鉄を強襲する。襲撃を事前に察知していたリコリスに制圧されて事件は隠蔽されたものの、その主犯の男は逃げおおせていた。

初めての笑顔

機能的だというたきなの言葉を受けて、自分もトランクスをはいてみた千束。それをミズキに暴露され、たきなは思わず笑顔を浮かべる。これが、彼女が喫茶リコリコに来て初めての笑顔だった。

非殺傷弾の欠点

通常の弾丸と異なり、非殺傷弾は飛距離や命中精度が著しく劣る欠点がある。それゆえに千束は必中の距離まで相手に近づき、ほとんど格闘戦と呼べる距離での銃撃戦を仕掛けるようになった。

SIDE: **TAKINA**

自分の服装に興味がなかったたきなだが、男物のトランクスを着用するのはさすがにどうかと言われ、千束との買い物デートに応じる。だが、平和な日常を満喫するふたりをよそに、大事件が起きていた。

director's commentary

ディレクターズコメンタリー

パンツネタは「ヒーローものが好きな女の子が男の子に憧れてトランクスをはいている」みたいなキャラが足立の大昔のアニメ企画にいたことを脚本会議の雑談で話して、それを面白いと思ってくれたアサウラさんが、実直なたきなの表現として採用してくれたと記憶しています。やってみて思ったことですが、地上波では女性の下着描写はナイーブなわけですが、男性下着ならOKっていうのも変な話ですよね。パンツはパンツだし……(笑)。

真島の初登場シーンですが、初期の脚本では地下鉄の中は一般市民が満員状態だったんです。ただ、ここ数年でいろいろな事件があって、テロの恐怖をより身近に感じる世の中になってしまった。そういう状況でアニメの中の、しかも悪役のヘイトを上げるためとはいえ、なんの落ち度もない人が一方的に殺されていくさまを描くのは躊躇《ためら》いがあったんですよ。直感ですが、本作が想定している視聴者には合わないと思い変更しました。この辺りは監督によって違うと思うし、良いか悪いかの話じゃないですかね。悪役も含めた各キャラのヘイト管理にはけっこう気を使ったつもりではありますが、難しいですね。

#05 So far, so good

SIDE: **CHISATO**

生命維持装置で延命している松下の望みを叶えるため、千束は護衛と観光案内を請け負う。千束自身、アラン機関から与えられた人工心臓で生きながらえているので共感をおぼえたのだった。

サイレント・ジンへの対抗策

ジンの防弾処理された服は銃弾をほぼ無効化してしまう。千束は対抗策として銃の先端に装備したストライカーで殴りつけ、そのままゼロ距離で何発も撃ち込むことで、ようやく倒すことができた。

ミズキ頑張る

第2話ぶりに千束、たきなと任務で連携をとるミズキ。サイレント・ジンに蹴り飛ばされたりとさんざんな目に遭ったものの、抵抗するフリをしつつ発信機を取りつけるナイスアシストを見せる。

リコリコに舞い込んだ任務は、ある人物の護衛と観光案内だった。身体の自由を失い、車椅子と生命維持装置につながれた男、松下。残された時間も少ない彼のため、千束はいつも以上に張り切って任務に臨む。千束は自分も人工心臓を使っていることをサラッと公言するが、たきなにとって、それは千束の知らない側面でもあった。その松下を暗殺すべく、通称サイレント・ジンが千束たちを襲う。これまでとは違う凄腕の暗殺者に苦戦するたきなと千束。しかし、この松下の暗殺指令には隠された真の目的があった。

SIDE: **TAKINA**

千束が人工心臓を移植されていると知り、衝撃を受けるたきな。
同じく機械によって生かされている松下を守ろうと過剰に感情移入してしまう千束を心配するたきなは、単独でジンに立ち向かう。

director's commentary
ディレクターズコメンタリー

浅草観光のお話ですが、シナリオと絵コンテを担当した鹿間貴裕くんが歴史や観光名所についてきっちり調べてくれて、自分も勉強になりました。作品を見て、少しでも知識が増えるってちょっとうれしいことかなあと思います。

この回で初めて千束が心臓のことに触れます。でも、まだ悲劇的なニュアンスには取られたくなくて、あくまで千束の個性に留めたかったです。この第5話に限らず、なるべく千束に「人工心臓」というワードを言わせたくなくて、他の表現を使っていました。口語的じゃないですからね。

サードリコリスが車で吹っ飛ばされたあとに囲まれて撃たれるシーンは、PAN UP後にオフで銃声を入れる変更をしたつもりだったんですけど、放送を見て気がついて……。エピソードの最後のたきなが千束の胸の音を聞いているシーンの印象で終わりたかったので、ああいうショッキングな画を見せると、その続きのシーンが視聴者の頭に入ってこない気がして……。気にしすぎですかね?

それはそうと、今思うと真島相手にはジンを雇うのがいちばん効果的かもしれないですよね。なんといっても「サイレント」・ジンですから(笑)。

#06 Opposites attract

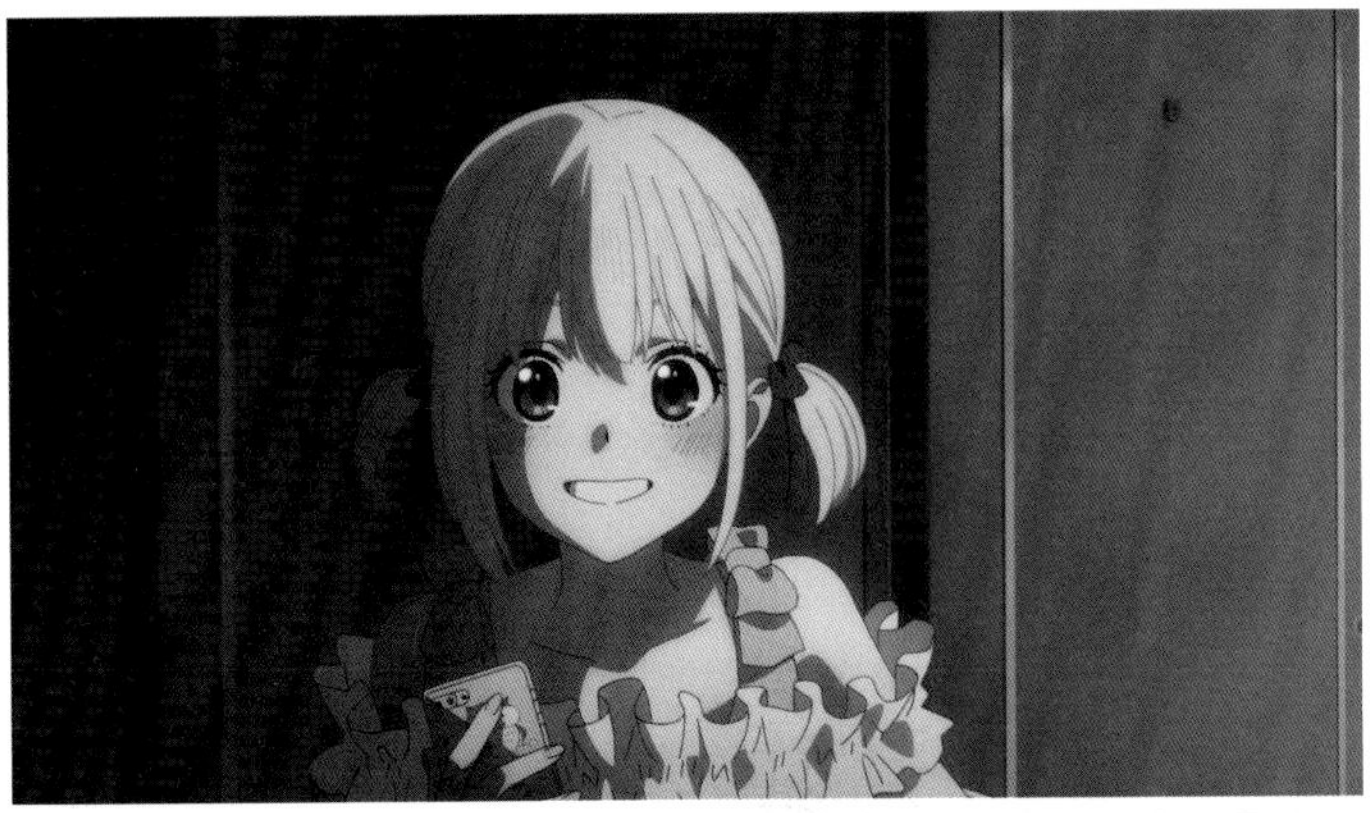

SIDE: **CHISATO**

たび重なる襲撃を受け、リコリスたちは単独行動を禁止される。
千束はたきなとセーフハウスで同居することになって喜ぶが、一連の事件が自分を狙った作戦の一部であるとは知る由もなかった。

リコリスが何者かに襲撃される事件が続発したことで、千束とたきなも単独行動を避けることになった。たきなは千束のセーフハウスに泊まり込むことになったが、初めてのふたり暮らしに喜ぶ千束とは正反対に、たきなは戸惑うことばかり……。その一方、リコリス襲撃事件の裏で糸を引いていたハッカーのロボ太は、目的であったDA本部を見つけ出せず、真島の怒りを買う。追い詰められたロボ太は、偶然ドローンで撮影した千束の映像を見せ、それに興味を持った真島は、千束を襲撃するために動き出す。

しかたないなぁ！

こう言いながらドローンを操作し、千束たちのピンチを救ったクルミ。タイミングは間一髪だったものの、どこか余裕を感じさせる様子で、千束たちとは戦うフィールドが違うことを意識させる。

プロの部屋だ……

千束のマンションを訪れ、家具も何もない部屋を見たたきなが発したセリフ。生活感が皆無の室内を「プロの部屋」と称したものの、実際に千束が暮らしていた部屋はたきなの想像の斜め上をいくものだった。

SIDE: **TAKINA**

千束との同居を始めたたきなだが、なぜかじゃんけんに勝てず、すべての家事を押しつけられる。
クルミの情報から真島が千束を狙っていると気づいたたきなは、彼女を救出すべく追跡を開始した。

director's commentary
ディレクターズコメンタリー

千束とたきなのじゃんけんは、アクション以外の部分で千束の能力を表現したいという理由で作ったシーンで、くだらないほどいいと思っていました（笑）。エピソードの最後でたきなが勝つシーンは、インターネットで見かけた居合いをする女の子が巻き藁《わら》を斬ったあとに喜ぶ可愛い動画があって、あんな感じに内なる喜びが思わず外にあふれてしまう芝居がいいよねーと演出の佐久間貴史さんと話していました。

真島に捕まった千束を助けに入ってきたたきなの銃撃、その後の千束の射撃シーン、カーチェイス、ロケットランチャーの爆破もありますし、第2話以来の重めのアクション回でした。

じつは当初、クルミの土下座から「さっそくだが、ヤツの名前がわかったぞ」のシーンはなかったんです。でも、そのままいくと、真島の名前を千束たちが知るタイミングがないんですよ。第7話の冒頭で、普通に千束とたきなが「これが真島です！」と知っていますからね（笑）。千束たちが真島の名前を知るシーンが必要だった。クルミの「まーじまさーん」ができましたし、結果オーライ。

#07 Time will tell

SIDE: **CHISATO**

ミカのスマートフォンに着信したメールを偶然見てしまった千束。「千束の今後について」とあったことから喫茶リコリコ閉店の危機と思い込んだ千束は、たきなやクルミ、ミズキの協力を得てミカを尾行する。

ミカのスマートフォンに着信したメールを偶然見てしまった千束は、リコリスが自分を本部に引き戻すのではないかと心配になる。ミカを尾行することにした千束は、たきなと会員制高級バーにたどり着くが、そこに現れたのは吉松だった。吉松はアラン機関の一員であり、人工心臓をもらった千束にとって彼は「救世主さん」だった。真実を知ってショックを隠せない千束だが、嘘をついていたことを詫びるミカに「気にすんなよ」と笑いかける。一方、吉松はたきなに「期待しているよ」と言い残し、店を去っていく。

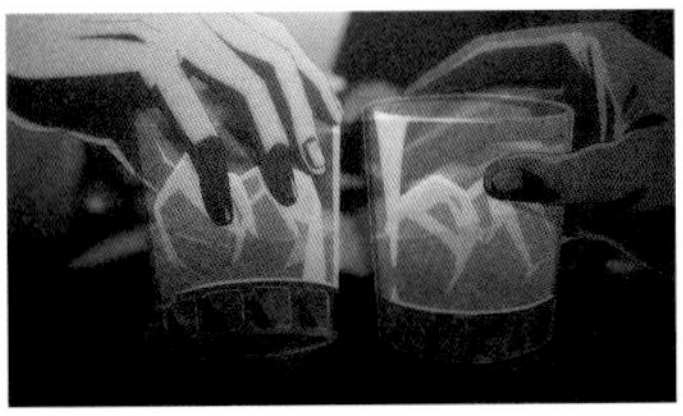

BAR Forbidden

「禁じられた」という意味の名前を持つ会員制高級バーでの密会。ミカと吉松はお互いの立場上、個人的な関係があってはならないのだが、連絡の内容から察するにこうして会うのは初めてではないのがわかる。

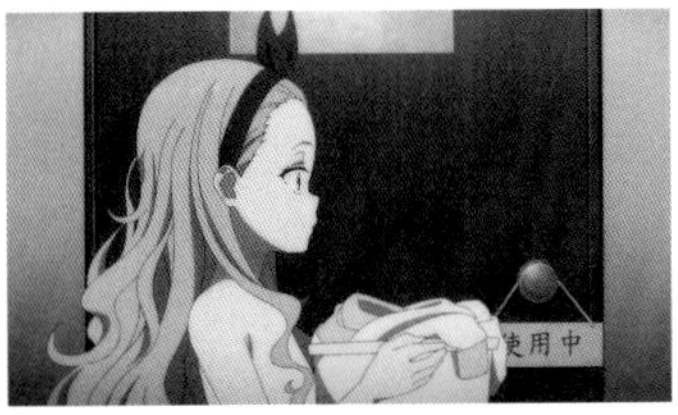

硬いのかな

ミカに届いたメールの意味について思い悩む千束がトイレにこもって唸った瞬間、ドアの前を通り過ぎたクルミが言ったセリフ。勘違いもやむなしだが、瞬時にそれを連想するクルミの想像力も豊かすぎる。

SIDE: **TAKINA**

千束に言われるままにミカを尾行するたきな。会員制のバーに潜入したはいいが、ミカの密会相手は吉松だった。かつて千束の命を救ってくれたのが吉松だったと知って、たきなは店を後にする。

director's commentary

ディレクターズコメンタリー

バーの入り口で名乗る偽名「山葵海苔《わさびのり》子《こ》と「蒲焼太郎《かばやきたろう》」のネタがじつは最初はわからなくて、アサウラさんに聞くまでわからなかった（笑）。久野さんがアフレコのときにたくさん持ってきてくれたから、一生分食べました。「データしか信じない。人はどんどんアホになるなあ。おまえも気をつけろー」というクルミのセリフが気に入ってる（笑）。「そんな偽名があるか！」ってクルミの後頭部を叩いたり、「こう見えてハタチ」からクルミの「お前のことじゃねえよ！」とか。ボケとツッコミの間《ま》は何度も調整した記憶があります。数コマ遅くても早くても、笑えなかったりするんですよね。

ミカを尾行する前のやり取りのワチャワチャ感は大好き。出かけたと思ったミカが急に戻ってきたときの4人のリアクションで笑ってほしいなーと思っていました。こういうシーンでのミズキの役割は重要で、会話を書くのが本当に楽しかったです。

ミズキは登場シーンやセリフも多いけど、クルミほどの活躍が描けなかったのは我々の力量不足だと思います。それでも存在感を残せたのは、声をあててくれた小清水亜美さんのお芝居があってこそですね。

#08 Another day, another dollar

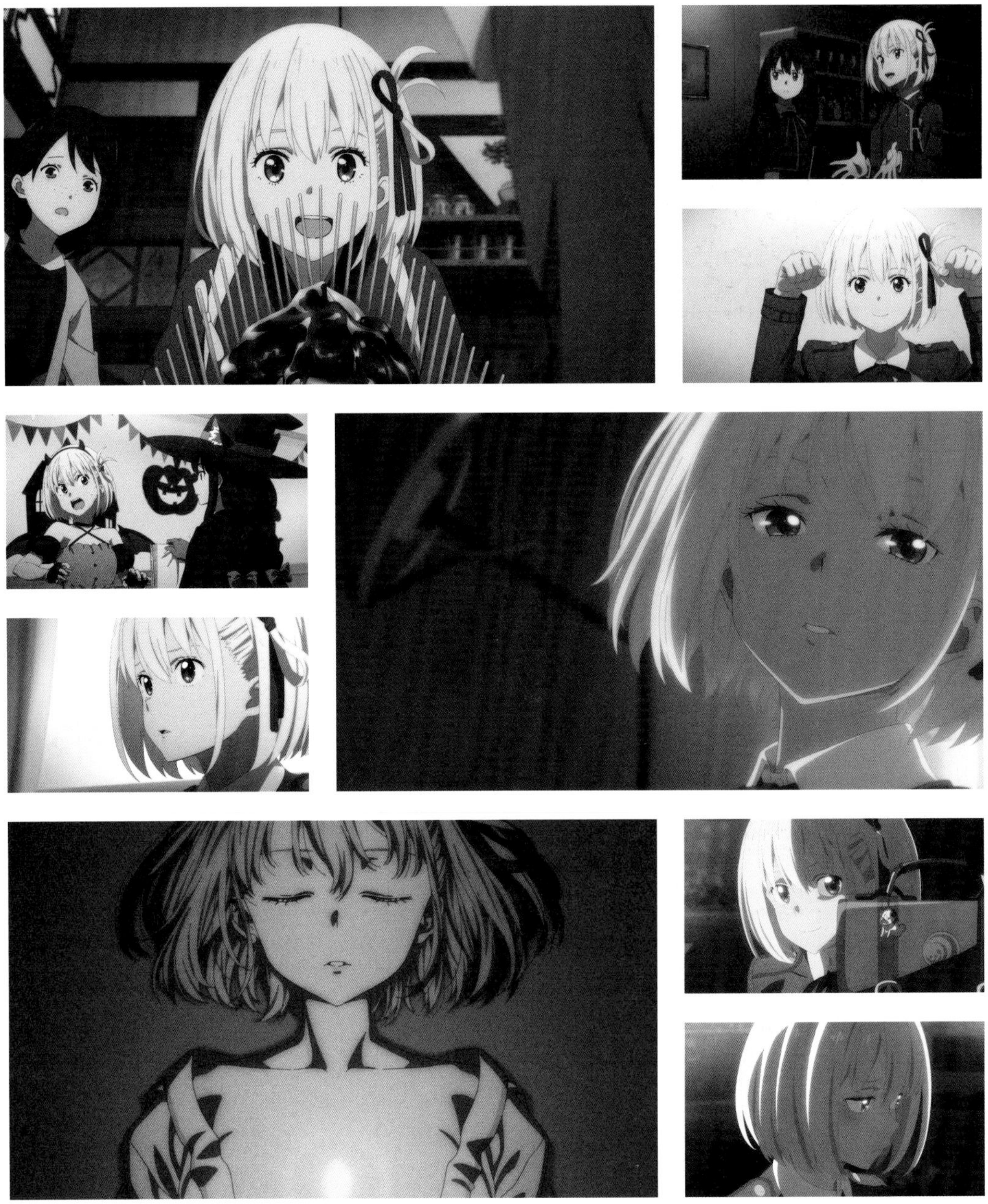

SIDE: **CHISATO**

大繁盛の喫茶リコリコで忙しい日々を送る千束たち。幸せな日常の中に突然、真島が現れる。
自分も千束と同じくアラン機関に認められた者であると告げた真島は、それ以上は何もせずに立ち去る。

喫茶リコリコは放漫経営だったため、店の内情は赤字続きだった。喫茶店だけでなく、リコリス案件の売り上げを入れてもDA本部からの支援金がなければ成り立たない。売り上げ向上のため、たきなは店の経理担当として腕を振るい、新商品のインパクトもあって店は大繁盛となる。そんなある日、千束のセーフハウスに真島が現れる。かつて電波塔を破壊しようとした真島の前に現れた幼いリコリス――圧倒的な強さを誇ったその少女が千束だと気づいた真島は、自分もアラン機関の印を持っていると告白する。

映画の趣味

千束のセーフハウスに上がり込んできた真島は、卓上にあった映画のブルーレイを見てストーリーや登場人物について話し出す。どうやら千束と真島は映画の趣味が似ているらしく、じつは話が合うようだ。

う〇こパフェの経済効果

売り上げ向上のためにたきなが開発した新メニュー。見た目は完全にう〇こだが、味は最高と評判を呼び、すぐに大人気商品となった。その驚異のビジュアルはSNSで拡散され、たきなは巷での呼び名に衝撃を受ける。

SIDE: **TAKINA**

真島が現れたことで、たきなは千束の身を案じて着信から3コールで出なければ緊急事態とみなすと宣言する。定期健診に行ったはずの千束と連絡が取れないと気づいたたきなは、病院へと急ぐ。

director's commentary
ディレクターズコメンタリー

初期の第8話は病院を抜け出したロシア人の少年と政治家の父親の話で、いわゆる捕物《とりもの》的な（悪人を捕らえる）エピソードでした。構成上、千束の具合が悪くなるのは同じなので、そういった急展開を効果的に演出するためには、直前までを「喫茶リコリコがうまくいっている」という状況、つまり、たきなもリコリコで居場所を得て、赤字だったお店の経営も上向きになってみんなが幸せになっていく。喫茶リコリコの仲間たち最高！っていうところまで持っていく必要がありました。物語の落差を作るため、第8話はもっともおかしくて楽しいエピソードを作ることにしました。

Bパートの千束の部屋に真島が現れる場面で、千束がキッチンで真島にコーヒーを淹れるシーンのコンテを描いていて。「仲間にすげえのがいるんだよ。ウォールナットを殺したんだぜ？」ってキッチンの千束に真島が言うと、千束が小さく「ロボ太か……」とつぶやく。すると「そうだ、ロボ太だ」と真島が返し、千束がハッと振り返る。真島の耳のよさをしっかり視聴者に伝える意味でも気に入ってたんですけどね。優先しないといけないシーンがあったのでやむなく……。

SIDE: **CHISATO**

#09 What's done is done

人工心臓に過剰電流を流されたことで、千束の余命はあと2カ月となってしまう。
もともと心臓病で寿命が短かったと達観する千束は、それまでと同じ生活を送ろうとするのだが……。

千束の人工心臓を破壊した真犯人が吉松だと疑うクルミは、当人をよく知るはずのミカに直接問いただす。ミカは重い口を開き、自分と吉松、そして千束の過去を語り始めた。かつてふたりは、特殊な才能を持つ千束に人工心臓を与え、DAの殺しの道具として生きながらえさせたというのだ。一方、真島と吉松を追うと決めたたきなは、DA本部に復帰する前に千束と過ごす休日を作る。タイムスケジュール通りに休日を過ごそうとするたきなに、千束はハプニングを楽しむのがワタシ流だと答えるのだった。

私たちの娘じゃないか

アラン機関では、救済の対象者と接触することは許されない。正体を知られていなかったとはいえ、吉松は千束と会い続けた。その真意はミカと交わした「私たちの娘」という言葉に込められているのだろう。

千束のデジカメ

心臓の移植手術を受けた頃に千束が使っていた古いデジカメ。本人にその自覚はなかったが、アラン機関の人物である吉松を撮影していたため、情報漏洩を恐れたDA上層部によって没収されていた。

SIDE: **TAKINA**

ミカの口から語られる千束の過去。かつて千束を救った吉松が、千束の寿命を縮めた張本人であると知ったたきなは、吉松への手がかりとなる真島を追うため、DA本部への復帰を決意する。

director's commentary

ディレクターズコメンタリー

第9話はいろいろな情報を開示していくエピソードなんですが、中でも人工心臓については実際に研究されていることですから、最新の情報を学者や専門家の方に取材しました。

DA本部に向かうミズキの車での千束は、いつも通りのようで違う。たきなの自分への接し方の変化に対するとまどいを、なるべく表情とセリフを用いずにやりたかったですね。

エピソード終盤の千束とたきなのデートと雪の中の別れは、第3話以来の難しいシーンでした。ここでたきなが感じる「理不尽」は、自分のことのみだった第3話のときの「理不尽」とは違う。そうしたたきなの変化を同じ言葉を用いて表現できたらと思っていました。階段を挟んでのふたりは互いに辛い感情を持っている、でも千束とたきなは笑っている。この回は、視聴者の感受性に任せる作り方をしていると思います。わかりやすさを重視してきたのですが、こういうシーンでは視聴者に読み取る領域を残しておきたい。言外にふたりがどんな気持ちを持っていたのか?みたいなことは、自分が視聴者だった場合、自分なりに想像したいって思うものだし、それが観劇の楽しさだと思う。自分はね(笑)。

#10 Repay evil with evil

SIDE: **CHISATO**

ミカから過去に吉松が自分を救った理由を聞いた千束は、自分を殺しの道具としてしか見ていなかったという事実に衝撃を受ける。千束は吉松に真意を聞くために、彼が囚われている旧電波塔へと急ぐ。

喫茶リコリコを閉店すると決めた千束。国外へ行くというミズキとクルミを見送り、千束とふたりだけになった店内で、ミカは保管していた晴れ着を千束に贈る。成人式の前ではあったが、千束の晴れ着姿を見たミカは、ずっと隠してきた吉松と自分が過去に下した冷酷な決断と、その許されざる行為が千束に間違って伝わっていることを告白する。

一方、真島を追うDA本部のリコリスたちは、楠木の指示のもとで延空木周辺を封鎖。真島とその勢力を追い込もうと画策するが……。

千束のための晴れ着

ミカが用意していた千束の晴れ着。あきらかに成人式を意識して準備したものであるが、千束の人工心臓が成人まで持つかどうかは不確定だったことから、ミカの希望が込められているとも受け取れる。

千束とミカとリキの写真

喫茶リコリコのアルバムに残されていた写真の一枚には、ミカとまだ幼い千束と一緒にいる犬・リキの姿がある。「可愛かったなあ」という千束の言葉からも、リキはすでに虹の橋を渡っているようだ。

SIDE: **TAKINA**

真島を追うことで吉松へとたどり着けると信じて行動するたきな。
楠木の作戦によって延空木に真島の一味を追い込んだはずだったが、待ち伏せをしていたそこに真島が現れることはなかった。

director's commentary
ディレクターズコメンタリー

Aパート、楠木と真島が互いの考えをぶつけ合うシーンのセリフを書くのは楽しかった。真島が「修学旅行か？」とか「引率の先生」と揶揄《やゆ》したりね（笑）。本作は千束たち子供の視点で世界を観測しているので、大人たちの会話は少ないですからね。

彼らはお互いに自分こそが正しいと思っている。人は自分が悪側だという認識にはたぶん耐えられないんじゃないですかね……。リコリコとDA、真島、アラン機関の4勢力あるので、終盤に向けてそれぞれがどういう理念でぶつかっているのかを明確にしていく段階ですね。だけど、大人たちが話している内容を、若い視聴者がただちに理解する必要はないかな。頭の片隅にセリフがあって、これからの日常の中でちょっと思い出す機会があったらうれしいですね。

Bパートは千束とミカですね。シーンを通して本作開始前のふたりの時間を感じてほしいし、ミカの苦しい立場を感じていただけたらと思います。僕のまわりでも40～50代にこのシーンが好きな人が多いみたいで、ミカに共感できたのかもしれないですね。10～20代の視聴者も20年後くらいに本作を思い出して見たりして、ミカに共感してくれるといいな……。

SIDE: **CHISATO**

#11 Diamond cut diamond

吉松を救うべく、旧電波塔に単身で乗り込んだ千束。音の反響で空間を把握する能力を持つ真島は、千束の卓越した洞察力の源である視覚を封じるべく、暗闇の中で戦いを挑んでくるのだった。

千束が吉松を助けるために旧電波塔に向かったことを知ったたきなは、延空木のリコリス部隊から離脱し、単身で旧電波塔へと急ぐ。その頃、真島は一〇〇〇丁の銃を街中にばら撒き、リコリスの正体を暴露することで混乱を引き起こそうとしていた。旧電波塔に潜入した千束は、真島の手下たちと戦いながらも捕らわれた吉松を追う。だが、やっと見つけた吉松の前に、真島が立ちふさがる。視覚を封じれば千束の洞察力は発揮できないと気づいていた真島は、暗闇を利用して千束に襲いかかる。

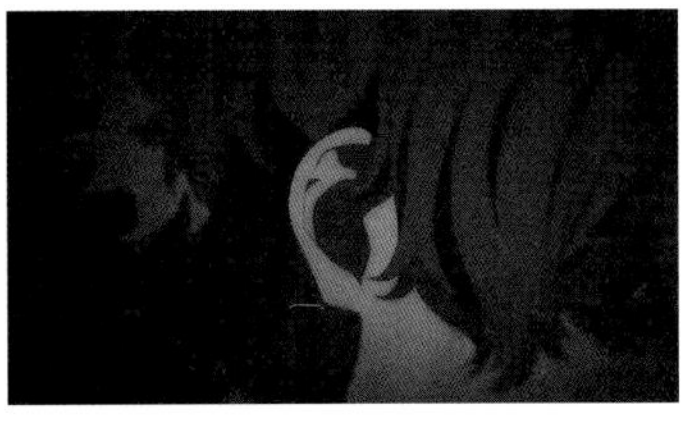

真島の特殊能力

千束と同じくアラン機関に認められたチルドレンのひとりである真島は、聴力が異常に発達している。音の反響で周囲の空間を把握することが可能で、暗闇の中でも自由に動き回ることができる。

リコリスの人員輸送車

一見するとただの観光バスだが、その車体には八咫烏（やたがらす）のエンブレムがあり、リコリス専用の車両であることがわかる。このような大規模な人員の動員は珍しく、たしかにこれだと修学旅行に見えなくもない。

SIDE: **TAKINA**

解析した千束のスマートフォンから、捕らえられた吉松の写真を見つけ出したたきな。

千束の行き先が旧電波塔だと知って、リコリスの任務を放棄して千束のもとへと向かう。

director's commentary
ディレクターズコメンタリー

リコリスやモブがたくさん出てきますし、作画カロリーの高いエピソードでした。

　クルミが人工心臓から吉松へと手がかりを追っていくシーンは、シナリオ段階ではどうなるのかイメージが難しかったですが、絵コンテでカッコよく膨らませていただけました。クルミが使った振動解析で音声を再現する技術自体は実際にあるんですよね。現在の技術でウォールナットのように解析するのは難しいでしょうけど（笑）。

　旧電波塔での戦闘シーンに限らず、千束の戦い方についていえば、ただ綺麗なキャラクターにするのは避けたくて……。命は奪わないけど、悪いヤツにはめちゃくちゃ撃ち込むアブナイヤツくらいのイメージを持っています。コンプラ的に難しいところもあるんですけど、たとえば、第13話の冒頭、真島に対しては先んじて撃ち込んでいますよね。あれが本来の千束かもしれないです。

　エピソードの最後、たきながシャッターをブチ破って入ってくるのは理屈なしに好き（笑）。アサウラさんが小説に「リコリスの靴はコンクリートも破壊できるくらいの性能がある」って書いてたしね！

#12 Nature versus nurture

SIDE: **CHISATO**

たきなの援護によって真島を倒した千束は、直接、吉松に真意を問いただす。
だが、吉松の返答は冷酷なもので、千束に期待しているのは「殺しの才能をいかに開花させ得るか」という点のみだった。

たきなの援護もあって、なんとか真島を倒した千束。しかし、真島に対抗するための作戦指揮権はDA本部から剥奪され、事態収拾にリリベルが出動することになってしまう。人工心臓を自分に移植した吉松は、生き延びるために私を撃てと千束を煽《あお》るが、彼女は頑《かたく》なにそれを拒否。代わりに自分が撃つとはやるたきなを説得した千束だが、そこに延空木内部に残されたリコリスの救出依頼が届く。延空木での戦闘は真島の策略によって市民に中継されており、クルミはDA本部をハッキングしたロボ太を追跡する。

心臓が逃げる！

吉松を逃がそうとする千束に、たきなが叫んだセリフ。千束を思うあまり、吉松を人間ではなく千束のためのパーツとして認識しているかのような言葉である。感情表現に乏しいたきなが激高する珍しいシーンだ。

少年だけの組織、リリベル

少女だけのリコリスに対し、少年だけで構成されるのがリリベル。リコリスよりも武力による制圧に重きを置いた組織で、世間に知られてしまった延空木のリコリスたちを始末する任務を請け負う。

SIDE: **TAKINA**

吉松を殺し、その身に移植した人工心臓を手に入れようと銃を向けるたきな。
しかし、人の命を奪ってまで生き延びたくないと言う千束の説得の前に、たきなは何もできない無力感でくずおれる。

director's commentary

ディレクターズコメンタリー

シナリオでは、たきなは千束と吉松の会話のあとに入ってくる段取りになっていたのですが、コンテチェック時にたきなの吉松へのヘイトを上げるためにも、ふたりの会話をたきなに聞かせることにしました。あの殺意のこもったたきなの表情も生まれましたし、たきなの感情の高ぶりに説得力が増したと思います。この辺りになると、作画、色彩、撮影の作品理解も深まってきているように感じます。熟してきた頃に終わっちゃうっていうのが1クール作品の悲しいところですが……。第12話はメインプロットである銃取引事件を中心に、複数のエピソードの収束を描く必要があるので、各勢力のシーンを並行して描いて終幕へ向けて突っ走るスピード感を重視しました。ミズキが運転するヘリから延空木へ乗り込むシーンもシナリオ上はあったし、絵コンテにもなっていたんですけどね。そもそも要素が多すぎる回なので、AパートとBパートそれぞれで1話数を使ってもいいくらいなのですが、ここを1話でクリアする異端さが本作のように思います。

世界から向けられる、たくさんの「～べき」論と戦う必要があるのは、千束も我々も同じなのかもしれません。

SIDE: **CHISATO**

#13 Recoil of Lycoris

真島と対峙する千束。延空木を停電させせることで介入できないようにし、決着をつけようとする真島。互いにアランチルドレンであることから、ふたりはそれぞれの行動原理について話し合う。

再び千束の前に現れた真島は、ようやく訪れた対決の時を楽しむかのように千束に襲いかかる。互角の戦いとなり、展望台から滑り落ちていくふたり。そのとき、たきなが撃った拘束ワイヤーが千束の身体に絡《から》みつき、なんとか救出に成功する。延空木を巡る事件は行政によるキャンペーンということで処理された。たきなは、事件後に行方不明となり、沖縄で見つかった千束を単身で連れ戻しに出かける。千束は死を覚悟して一度は姿を消したが、たきなと再会したことでこれからの人生に目を向け始めるのだった。

宮古島の千束

ネット環境や監視カメラのない場所として選んだはずの宮古島で、なぜか居場所が知られることになった千束。原因は旅行者の写真に写り込んだためだったが、撮影したのは第1話で真島の取引を撮った沙保里だった。

残された問題

真島がばら撒いた銃は1000丁あまりで、その多くが事件後も回収されていない。潜在的な危険が街に放置されている状態であり、真島は隠蔽された平和に疑問を持たせると同時に、大問題を残していった。

SIDE: **TAKINA**

延空木のエレベーターに取り残されたたきなは、真島と対決しているはずの千束を助けるために単独で延空木の梯子《はしご》を登り始める。千束が戦っている展望台を目指すが、たきなは間に合うのか。

director's commentary

ディレクターズコメンタリー

この世界は、相変わらずいびつなまま……。どの勢力も我こそ正義だと思い、客観的に見ると誰もが悪。それ故、特定の誰かが勝利するのもおかしいですし、誰もが1勝1敗。そんな幕引きだったでしょうか。千束ですらも、たきなを救うためとはいえ、不殺を破ってしまった。

罰を受ける人間も必要で、それが誰であるべきなのかはかなり難しい問題でした。吉松になるのは当然ですが、彼の死を主役である千束は喜べません。主役が喜べないようではハッピーエンドとは言えないので、悪役の処罰と主役の救済を両立するルートを探し出す必要がありました。この辺の話はひと言では語れないのですが……。

Bパートはすべてエピローグに割り振りました。物語の最後を清々《すがすが》しいものにしたいというのは初めから決めていたことなのですが、宮古島で終わるかハワイで終わるかはBパートの絵コンテ作業時にも悩みました。どっちで終わっても良かったとは思うのですが、ハワイのあの感じで終わるのが『リコリス・リコイル』じゃないです？（笑）OPをカットしてねじ込みました。千束と真島の最終バトルで「ALIVE」をかけることもできましたしね。

Opening

オープニングテーマ「ALIVE」

歌 = ClariS　作詞・作曲・編曲 = 重永亮介　絵コンテ・演出 = 足立慎吾　作画監督 = 山本由美子

ディレクターズコメンタリー
director's commentary

ＯＰに関してはストーリーとリンクさせるつもりはなく、どちらかと言えば、ミュージッククリップのようなノリで作っています。本編では尺の都合で入れにくかったカット、たとえば、千束たちの10年前の姿や千束とたきなの私服バリエーションなどを入れることで、飽きずに繰り返し見てもらえるものにしたいなと考えていました。

ＯＰオリジナルの戦闘シーンではたきながエアバッグを使っていますが、この装備って第11話のラストにしか登場しないんですよね。そこで初登場となると「いきなり出てきたこれは何だ!?」とツッコまれてしまうので、先に見せておこうという魂胆です(笑)。

千束とたきながお互いのお尻を蹴り合うシーンは、ここまで反響があるとは思いませんでした。じつは絵コンテの時点では普通に歩いているだけだったんですけど、作画打ち合わせの際に「キックを足してほしい」と頼んだんです。イメージとして『スタンド・バイ・ミー』のワンシーンを伝えたんですけど、まさかの再現度で(笑)。でも、原画のデキがすごくよかったので「まぁいいか」と、そのまま採用しました。

No. 13

C	PICTURE	DIALOGUE	ACTION	TIME
		千束、たきなをくぐって敵との間合いを詰めながら射撃	手を取り合って	
		千束の銃弾を受け、よろけた戦闘員の間近に屈む千束がまた射撃 たきな、エアバッグをしまい始める	手を取り合って	
	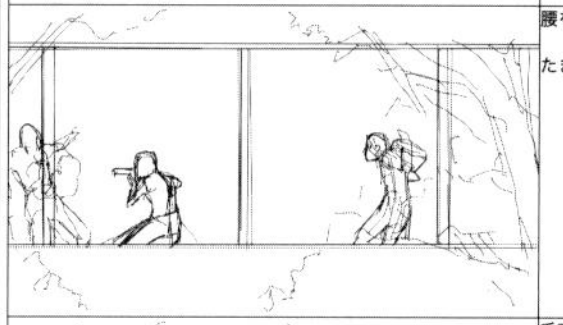	腰を上げてまた射撃 たきなバッグを背中に	手を取り合って	
		千束、マガジンを捨てながら翻って、左手をバッグに伸ばして	手を取り合って	
		新しいマガジンを取り出して銃に装填 たきなも銃を構える	手を取り合って	2+11

TOTAL(1+02)

No. 16

C	PICTURE	DIALOGUE	ACTION	TIME
	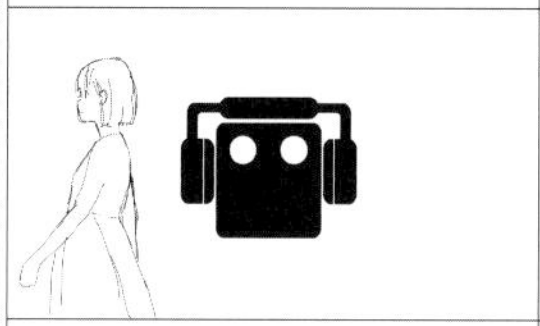	ロボ太エンブレム 千束OUTまで		
	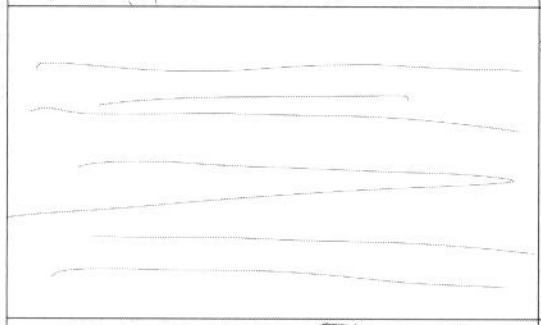	全体ノイズでワイプ	リズム	1+12
C27		衣装チェンジ 千束	示された答え選ぶより	
		街中を歩く		
		BGじわ引き →		0+12

TOTAL(1+06)

No. 17

C	PICTURE	DIALOGUE	ACTION	TIME
C28		たきな、駅ビル前風 壁に手をついてる		
		カメラ引いていって		
		壁の奥に隠れていく		0+12
C29		千束 後、路面電車？が通り過ぎている		0+12
C30		たきな 後、街並みを高速で引き →		0+12

TOTAL(1+12)

No. 23

C	PICTURE	DIALOGUE	ACTION	TIME
C39		たきなポン寄り カミテ（千束）を意識した目線、ワンアクション たきなは表情変えずクールに		0+16
C40		青空、良い天気 露出オーバーから絞って どこかの街並み望遠 奥に旧電波塔が見える PAN↓ 千束とたきなが並んで歩いている	眩しい道を歩いて行こう	5+15
C41		画面分割2Dで各コマを動かして 中央の千束の窓が次第に大きくなる		

TOTAL(7+19)

絵コンテでは「千束とたきなが並んで歩いている」という記載のみで、お尻を蹴り合う指示がなかったことがわかる。

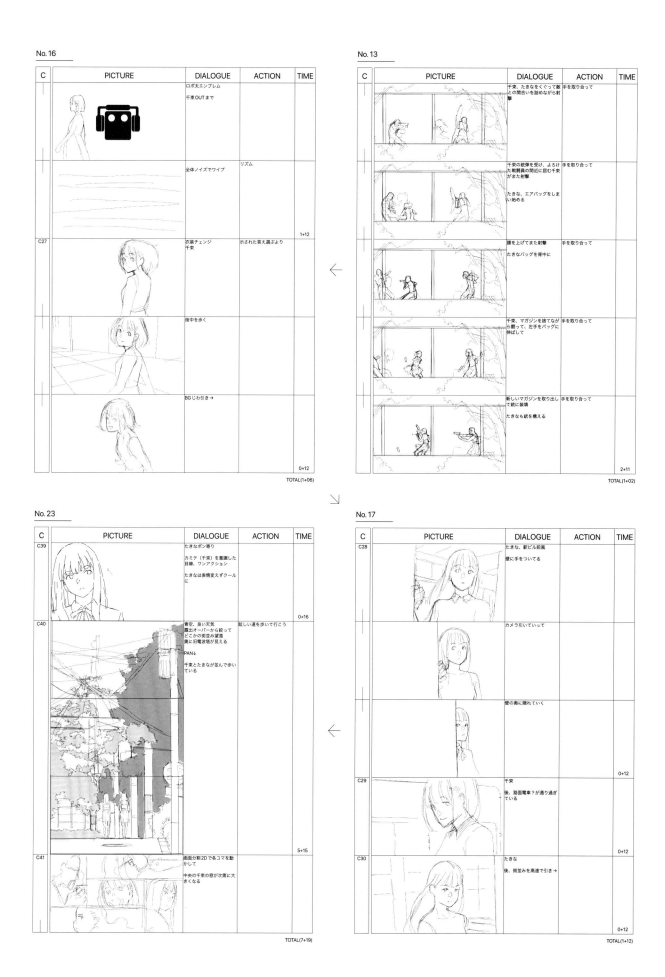

Ending

エンディングテーマ「花の塔」

歌＝さユり　作詞・作曲＝さユり　編曲＝宮田 'レフティ' リョウ　絵コンテ・演出＝足立慎吾　原画＝山本由美子

director's commentary ディレクターズコメンタリー

とくに説明があったわけではないんですけど、歌詞を読んだときに「これはたきな目線の歌なんだな」と感じたので、EDはそれをベースに作っていきました。たきなは服やモノに無関心なので、部屋にあるモノはほとんど千束が持ち込んだという想像です。なぜダンシングフラワーを選んだのかは不明ですが、たきなにとってはいい迷惑でしょうね（笑）。

サビのターンテーブルを走るたきなの映像は、ヴィネット（小型のジオラマ）をイメージしていて、『ガリレイドンナ』の頃からジャケットイラストなどでよく描いているシリーズなんです。今回はそれを動かしてみたら面白いんじゃないかと思い、やってみました。走るたきなはリピートですし、背景もスライドしているだけですが、コストをかけずに雰囲気のある映像が作れたのでよかったですね。

EDでその話数のダイジェストを流す仕掛けは珍しいと思うんですけど、毎回映像が変化しますし、「今回はどのカットが使われるかな」と予想する楽しみを作れるんじゃないかと思ったんです。本編とEDで2回見せることでシーンを印象づけられますし、これもコスト的にお得な仕掛けだったなと思います。

No. 1

C	PICTURE	DIALOGUE	ACTION	TIME
C1		イントロ（本編）		13+12
C2		自室で漫画読むたきな	君が持ってきた漫画 くれた知らない名前の	
		ダンシングフラワー前に	花	
	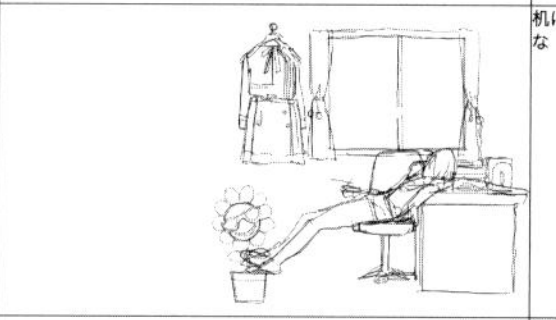	机に寄りかかって寝るたきな	今日はまだ	
		漫画を重ねて腕に持ってるたきな 窓の方を気にしてる	来ないかな？	

TOTAL(22+15)

No. 5

C	PICTURE	DIALOGUE	ACTION	TIME
	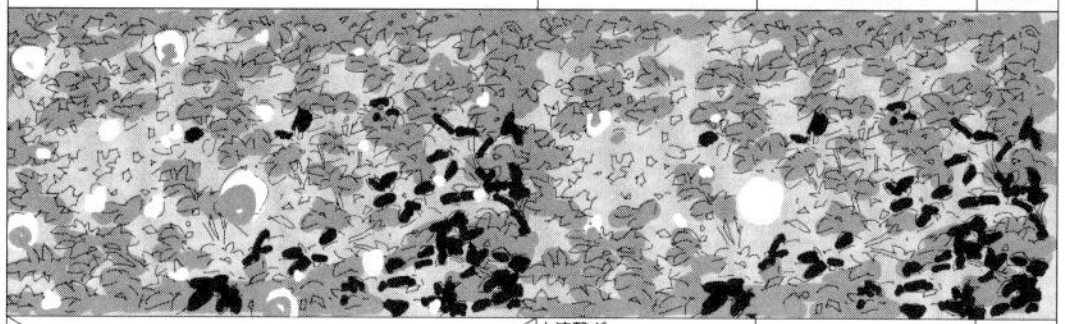			
		水滴繋ぎ 木々のBGをPANしながら高速F.I 木漏れ日がチカチカと差し込む		11+12
C4		走ってるたきなの足元 手前、芝を高速S.L←		0+09
C5		走ってるたきな 手前芝生BOOK引き← 奥に街並みと旧電波塔を単色、ハーフトーンで	君の手を握って	
		素材兼用で作成した ビネットの上を走るたきな	しまったら 孤独を知らない	10+00

TOTAL(10+18)

No. 6

C	PICTURE	DIALOGUE	ACTION	TIME
C6	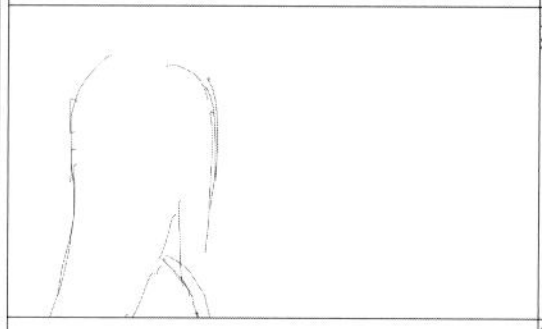	立ち止まるたきな S.L←で表現	この街には	
		カミテを見るたきな		2+00
C7		BG単色　ハーフトーンで 佇む千束、軽い髪なびき	もう二度と帰ってくることは	
		振り向きかけ	できないの	
		じんわり振り向く千束	でしょう	10+15

TOTAL(12+15)

No. 7

C	PICTURE	DIALOGUE	ACTION	TIME
C8		話数回想	君が手を差し伸べた　光で影が生まれる	10+14
C9		兼用 歩いてる2人 私服衣装	歌って聞かせてこの話の続き 連れていって	
		衣装がえ	歌って聞かせてこの話の続き 連れていって	
		衣装がえ	歌って聞かせてこの話の続き 連れていって	
		衣装がえ	歌って聞かせてこの話の続き 連れていって	10+00

TOTAL(20+14)

ひとりで走るたきなからその話数の振り返りを経て、千束とふたりで歩く場面に転換する。短い時間の中でドラマが作られている。

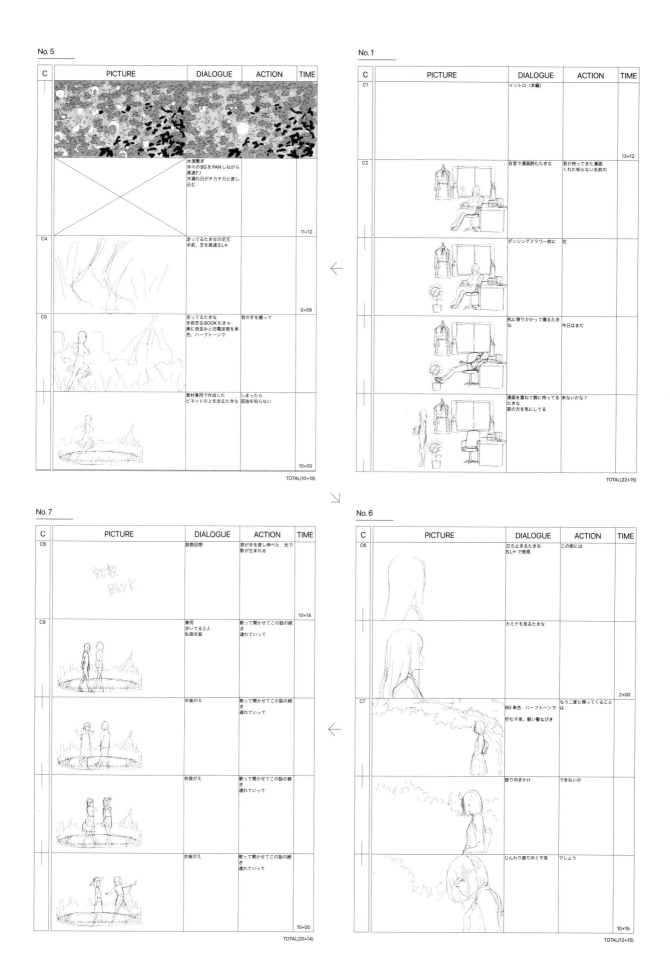

SD Illustration Gallery

クルミ ｜ 私服

ミズキ ｜ 私服

たきな ｜ 制服

千束 ｜ 制服

クルミ ｜ カフェ

ミズキ ｜ カフェ

たきな ｜ カフェ

千束 ｜ カフェ

公式Twitterの告知などで目にする千束たちのSDイラスト。グッズなどにも登場しているが、すべてのSDイラストを把握している人は少ないのでは？

サクラ ｜ 制服

フキ ｜ 制服

キャスト&スタッフインタビュー

Act.6 **Cast** & **Staff** Interviews

錦木千束役 ••• 安済知佳 × 若山詩音 ••• 井ノ上たきな役

Anzai Chika × Wakayama Shion

主人公とその相棒として『リコリス・リコイル（以下、リコリコ）』の物語を駆け抜けた千束とたきな。

他に類例のない生き生きとした掛け合いはどのようにして生まれたのか。ふたりを演じた安済知佳、若山詩音に尋ねた。

千束の「今を楽しむ」というスタンスに
みんなが共鳴したのかな

大ヒットの理由は「執念」

―― 大ヒット作となりましたが、放送時の反響をどのように捉えていましたか？

安済●多くの方々から熱い感想をいただいて、最初はたじろぎました（笑）。ここまでの反響をいただけるとは思ってもいなかったので。

若山●わかります！　収録からちょっと時間を置いての放送だったこともあって、出演者というより視聴者さんと同じ目線で楽しんでいる感覚なんですよね。

安済●そうそう。渦中にいる感じがしないので、余計にビビっちゃって（笑）。

―― ヒットの理由は何だと思いますか？

安済●正直、わかりません（笑）。でも、最初に『リコリコ』の資料を読んだ際に感じたのは「選択の大切さ」や「バランスの取り方」というメッセージでした。私自身、「仕事のために生きるんじゃなくて、生きている中に仕事があるべきだよね」という感覚があったので、そこはすごく心に刺さったんです。きっと多くの人が似たような思いを抱えていて、だから千束の「今を楽しむ」というスタンスに共鳴したのかなとも思います。

若山●そこは私もすごく共感できました。そのうえでもうひとつ感じたのは、足立（慎吾）監督をはじめとする制作陣のこだわりというか、執念のようなものですね。演出やお芝居、音響も、最後の最後まで微調整を重ねていて、どうすれば面白いと感じてもらえるのか、徹底的に探求している感じがして。もちろん、どの作品でもそれは同じだと思いますが、『リコリコ』はとくにその意識が前面に出ていたような気がします。

現場で求められたのは「新鮮さ」

―― 千束を筆頭に、生々しいお芝居も特徴的でした。

安済●オーディションのときから会話の心地よさを大事にしたいとは聞いていましたけど、現場では「とにかく楽しく会話してください」と言われましたね。

若山●事前に詳しい説明があったりしたわけではないので、その場で生まれた雰囲気がそのまま皆さんに届いていたんだと思います。たきなは受けの芝居が多いので、千束から来た球をどうやって返すかに集中していたんですけど、知佳さんからはいつも予想外の球が来るので（笑）、「こう来たか！」と思いながら夢中で返していた気がします。現場ではずっと知佳さんに引っ張ってもらっていましたね。

安済●そんなことないでしょ〜。

若山●いやいや、そうですよ。

安済●新鮮さを重視した現場だったのはたしかですね。「テストのほうが新鮮だったので、そっちを使います」ということもありました。

―― 生々しいお芝居には、何かコツのようなものはあるのでしょうか？

安済●それが、本当にないんですよ……。あえて言うなら私は「技術」がないので、今回はそれが吉と出たのかなって（笑）。

若山●そんなこと言わないでください！

安済●いや、ホントに（笑）。もしも『リコリコ』の現場が、感情の流れよりも音の響きを重視する現場だったら、きっと私は起用されていなかったと思います。

若山●私が言おうとしたことを全部言われちゃいました（笑）。私は声優のキャリアがまだ短いこともあって、どうしても自分を軸にして役作りをしがちなんです。お芝居に関しても私自身がセリフを発している感じで、キャラクターとして音を作る技術がなかったからこそ、結果として生々しさが出せたのかもしれないなとは思います。

ラジオでは
ふたりとも千束っぽい？

―― 安済さんは千束のセリフが自分に刺さったとのことでしたが、やはり似ている部分が多いんですか？

安済●ラジオ番組（『リコリコラジオ』）のリスナーさんからもそういうメールがときどき届くんですが、私自身はあまり似ていないと思っていて。どちらかというと憧れですね。優しくて明朗快活で、自分や仲間、世界を愛していて、今という時間を楽しんでいる。憧れるからこそ、ラジオでは雰囲気が似てくるのかも。

若山●ラジオではただハイテンションなだけな気もしますけど。

安済●あ、それはそうかも（笑）。

若山●私まで千束っぽいって言われることがあります。たきな役なのに。

―― 若山さんもたきなより千束に共感する感じですか？

若山●私の性格は完全にたきな寄りだと思います。たきなほど合理的ではないですが、一度こうと決めたらそこしか見えなくなるんです。型にハマりやすくてそこから抜け出せなくなるのも同じですし、かと思えば、何かのはずみで一歩踏み出すと、今度はどんどん枠から外れていったり（笑）。なので、たきなは私の延長線上にあるキャラクターですね。

第9話の収録で見た幻（?）

―― おふたりの掛け合いで印象に残っているシーンを挙げると？

安済●どこだろう？ エモとか日常とかシリアスとか、ジャンルごとに分かれている感じなんですよね（笑）。

―― では「エモいシーン」だと？

安済●私は第8話でベンチに座って話すシーンです。「あれから……ヨシさん来ないね」という、千束にしてはかなり弱気なセリフは、相手がたきなじゃなければ出てこなかったと思いますし、千束の根っこのところが垣間見えたような気がするんです。全体の演出もすごくよくて、収録しながら「これはエモいな」って思っていました。

若山●あのシーンは、一瞬だけですが千束とたきなが形勢逆転した気がしてうれしかったですね。

安済●それもあるかも。ふたりの距離がグッと縮まった感じもいいんですよね。

若山●私はいろいろなところで言っているんですけど、やっぱり第9話のラストシーンです。最初に収録したとき、私の中では微妙に腑に落ちない感じがあって、それで足立監督にこのシーンの背景について詳しくうかがったんです。それからもう一度収録したら、個人的には渾身の一撃が出せた気がして。

安済●そんなことあったっけ？

若山●私はめっちゃ印象に残っているんですよ。足立監督はここのセリフを知恵熱が出そうになるくらいに考え抜いたとおっしゃっていて。それをうかがったときに、たきなの言葉と自分がとてもシンクロした気がしたんです。

―― じつは少し前に足立監督にも聞いたのですが、おぼえていないと……。

若山●もしかして、すべて私の幻想？（笑）

安済●いや、私と足立監督の記憶力の問題な気もする（笑）。

若山●とにかくこのシーンがいちばんエモいと感じたのは事実なんです。たとえ幻想だとしても（笑）。

千束っぽさが増していったたきな

―― 本編を振り返って、まず序盤のお気に入りのシーンはどこですか？

若山●第1話のAパートの最後は素敵ですよね。

安済●わかる！ 音響が最高なんです。

若山●ふたりが握手をしながら千束が「何か質問ある？」って聞いて、たきなが「ありすぎますね」って答えるんですが、その直後に背後の公園で遊ぶ子供の「キャー!!」という声が入って。

安済●そうそう、「キャー!!」からアイキャッチまでのテンポが最高に心地よくて、これを見たときに「この作品はただものじゃないぞ」と思いました。あと、やっぱり第3話の噴水は外せないですね。

若山●うれしい！ ここは千束が説教くさくないのがいいんですよね。たきなを通じて私自身にも届きましたよ。

安済●じつは私も（笑）。「誰かの期待に応えるために悲しくなるなんてつまんないって」というセリフは、自分にも思い当たる節があって勇気づけられました。

―― 中盤の話数ではいかがですか？

安済●個人的に収録を楽しみにしていたのは第6話で、たきなが千束の家にやっ

第9話のラストシーンでは
たきなの言葉と自分がシンクロした気がした

てきたシーンです。家事分担を公平に決めようとするたきなに対して千束が「つまんない」って言うと、たきなが「つ、つまらない?」って返すんですけど、そのニュアンスが今までと違って、ちょっとだけ千束に似てきたと言うか（笑）。

若山●気づいていただけてうれしいです。知佳さんのお芝居を間近で見てきて、あまりに素敵なので私もちょっとやってみたいなと（笑）。

安済●ホントに? 私もうれしい。

若山●ここを転機に千束っぽさが増していって、足立監督からも「どんどん千束に似てくるね」と言われました（笑）。一緒に生活するうちに、たきなも千束に影響されたんだと思います。

求む! 真島との共闘

――第9話からはまさに怒涛の展開でしたが、演じていていかがでしたか?

安済●真島とのバトルは印象深いですね。あれだけ激しく戦っていたのに突然ブレイクするのもいいですし。バトル中はずっと緊張すべきだなんて誰が決めたんだ、と言われているみたいで（笑）。

若山●真島と千束の関係性ってすごく絶妙で、もし、出会い方が違っていたら友達になれていたかもって思わせてくれる描写が好きですね。

安済●たしかに。私たちはふたりとも真島推しなので、生き残ってくれたときはすごくうれしかったですね。

若山●包帯グルグル巻きの真島さんが登場したときには「キャー!! 包帯姿も素敵!」って大喜びしていました（笑）。

安済●たきなのシーンでなら、第11話のラストでシャッターを破壊して登場した姿はやばかったです。カッコよすぎ。

若山●あの瞬間はヒーローでしたね。私としては、第12話の「心臓が逃げる!」からの「千束が死ぬのは嫌だ」を演じられたのがうれしかったです。たきなの人間っぽくて柔らかいところが表現できたかなと思っています。

――続編への期待も高まりますが、おふたりはどんな物語を見てみたいですか?

安済●喫茶リコリコの日常はもちろんなんですけど、リコリスたちの普段の生活も見てみたいですね。5分アニメでもいいので、彼女たちのナイトルーティーンとかやってくれないかな（笑）。

若山●まだまだ知りたいキャラクターがたくさんいるんですよね。足立監督自身もじつはいろいろな裏エピソードがあるとおっしゃっていましたから。

安済●なんだかんだで千束以外はまだ謎に包まれたままですからね。京都時代のたきなのエピソードとかも見たいですし。

若山●私は千束と真島が一緒に戦うシーンが見てみたいです。「目」と「耳」の天才がコンビになれば最強じゃんっ!と思うので。戦ったあとはまた離れていく展開でもいいんですけど、とにかく一瞬だけでも共闘してほしいです。

安済●見たい見たい! 背中合わせになりながら、松岡さんの声で「ここは一時休戦だ」って言ってくれたら絶対に「キャー!!」ってなります（笑）。

――それはたしかに盛り上がりますね。

安済・若山●ぜひお願いします!

安済知佳（あんざい ちか）

福井県出身。エイベックス・ピクチャーズ所属。
主な出演作は『響け！ユーフォニアム』（高坂麗奈役）、『クズの本懐』（安楽岡花火役）、『SSSS.DYNAZENON』（飛鳥川ちせ役）など。

若山詩音（わかやま しおん）

千葉県出身。劇団ひまわり所属。
主な出演作は『空の青さを知る人よ』（相生あおい役）、『SSSS.DYNAZENON』（南夢芽役）、『明日ちゃんのセーラー服』（古城智乃役）など。

中原ミズキ役 ●●●

小清水亜美

Koshimizu Ami

LYCORIS RECOIL

Cast Interview 02

『リコリス・リコイル（以下、リコリコ）』本編ではコメディリリーフとしての活躍が印象的だったミズキ。彼女を演じた小清水亜美に、数々の名アドリブが生まれた背景を尋ねながら、ミズキと千束との関係性についても語ってもらった。

ミズキの第一印象は「ダメな大人」

――ミズキというキャラクターの第一印象について教えてください。

小清水●ダメな大人なんだなと（笑）。オーディションで用意されていたセリフの中に、酔っ払ってクダを巻いているセリフがあったのですが、詳しい世界観やバックボーンを知る前に「ああ、これはダメな大人だ」とピンときたんです。ひと口に「ダメ」と言ってもいろいろなパターンがあるじゃないですか。そこまではいただいた資料からではわからなかったので、そうであれば自分なりに好きにやってみようと思ってオーディションで演じた結果、ミズキ役として採用していただけました。

――『リコリコ』は生々しいお芝居が特徴ですが、そこはどう感じましたか？

小清水●足立（慎吾）監督が生っぽいお芝居を求めていることは理解していましたし、それは私以外のキャスティングを見てもわかりました。ただ、中でも安済（知佳）さんのお芝居は本当にスペシャルで、ああいう自然な抜け感のある千束だったからこそ、ミズキのニュアンスも決まったような気がします。安済さんのお芝居が少しでも違っていたら今のミズキにはなっていなかったと思いますし、それは他のキャストの皆さんもそうだと思います。あくまで千束を中心に作り上げていったことで出来上がった雰囲気なのかなと感じています。

――作品的にはシリアスな展開もありますが、ミズキが登場すると途端にコメディな雰囲気になるのが面白いですね。

小清水●そうですね。『リコリコ』ってシリアスとコメディのバランス感覚が絶妙ですよね。普通の作品であれば、真面目なシーンでふざけたセリフの言い回しをすると一気に雰囲気が壊れちゃったりしますけど、『リコリコ』の場合、命や正義に関わる問題を扱っているなかでも、そこにコメディが調和してもいい雰囲気があったんです。なので、私としても積極的に乗っかれたのかなと思います。

――結果的に、ミズキはいちばんアドリブがきいたキャラクターになりましたね。

小清水●そうかもしれません。でも、台本にあるセリフから大きく変えたところはほとんどないんです。意識していたところだと、たとえば、みんなが同じ部屋にいて、ミズキとクルミが話しているカットから千束とたきなの会話に変わった際、背後でミズキたちの会話が続いているというシーンが多かったので、そういうところは逃さずに入れていこうとか、あとはセリフやリアクションをどこまでコメディっぽく見せるかの塩梅《あんばい》ですね。そのあたりはテストでおうかがいを立てながらスタッフさんと相談して作り上げていきました。

クルミのおかげで ミズキのセリフが引き立つ

――足立監督はじめスタッフの方からは、ミズキは小清水さんが演じたことでようやく完成したという声をよく聞きます。

小清水●本当ですか？　それはめっちゃうれしいです。ミズキは主人公やヒロインではなく、まわりで支える役どころだったのが大きかったなと思います。お話の本筋には大きく関わらないので、ある意味でやりたい放題というか（笑）。私のプランやアイデアに対してスタッフの皆さんが「やってみましょう」と受け入れてくださったので、ノビノビと演じることができました。クルミもわりとそうで、主人公チームである千束とたきなよりも自由度は高かったように思います。

――ミズキとクルミは、いつの間にかいいコンビになっていましたね。

小清水●そうなんですよ。自分より圧倒的に優秀なクルミに対して、最初こそちょっと嫉妬する気持ちもあったんですけど、それ以上に気が合うというか、一緒にいて心地いい相手だったと思うんです。私とクルミ役の久野（美咲）ちゃんが掛け合いをした際も「これは相性抜群だわ！」って最初からピンと来たんですよね。クルミが加入したことで、ミズキの輝きが増したっていう感触があります。

――どんなところが相性がいいなと感じましたか？

小清水●ミズキはわりと嫌味だったりキツめなことを言うタイプなんですけど、それを聞いてもクルミは微動だにしないどころか、ガンガンに言い返してくるじゃないですか。もし、ミズキの言葉を真剣に受け止めたり、あるいはそれに傷ついてしまうタイプだとミズキも気を使って言葉を選んでしまうと思うんですね。でも、クルミにはそういう遠慮が一切いらないですし、キチンとラリーしてくれるのがミズキにとってはたまらなく心地いいんだと思います。

――千束が相手だとクルミとはまた違ったニュアンスになりますよね。

小清水●ミズキは千束に対しても軽口は叩くんですけど、千束はミズキのことをデキの悪い姉のように思っている節があって、ミズキの言葉はわりと受け流したり、相手にしないことが多いんです。まあ、それはミズキのこれまでの振る舞いのせいですから自業自得ではあるんですけど（笑）。ミズキもミズキで千束のことは可愛い妹のように思っていますから、本音ではもっとチャンバラしたいなとは思いつつ、最終的にはお姉ちゃんとして我慢する一面もあったと思うんです。だからこそ、クルミの存在はミズキにとって心地いいんですよね。おそらくですけど、ミズキが本当の意味で嘘偽りのない本音を言える相手は、きっとクルミなんじゃないかなって思います。

――千束とたきなについては、どんなところが魅力だと感じますか？

小清水●見た目と内面のギャップがいちばんの魅力かなと感じます。ふたりは一見すると同年代の仲よしバディですけど、精神的にはお婆ちゃんと孫くらいの開きがありますよね（笑）。千束は長く生きられないことを自覚しているので、すでに余生を送るような感覚で、『リコリコ』はそんな千束がDAで凝り固まった価値観に縛られていたたきなに新しい世界を見せてあげるお話でもあると思うんです。そんな特殊な関係性が、多くの方々を魅了したのかなと思っています。

たくさん用意しても足りない アドリブのパターン

――ミズキの出番で思い入れのあるシーンはどこですか？

小清水●たくさんあって難しいんですけど、第5話はミズキのいろいろな面と向き合えたので印象深いですね。ジンと一瞬だけバトルになってあっさりと負けちゃうんですけど、同じ負けるにしても、お芝居でわりと戦える雰囲気をつけることもできるんです。だからそのときに「ミズキの身体能力ってどのくらいなんだろう？」って考えたんですよ。ミズキもDA出身なので、子供時代はリコリスを目指して戦闘訓練を受けていたと思うんですが、おそらくはまったく適性がなくて情報部に回ったんじゃないかと。DAを辞めた今ではさらに衰えているはずですから、そうなるとほぼ一般人レベルなのかなと想像しました。ジンに殺されなかったのも、非戦闘員で脅威ではないと見なされたからということであれば納得できますしね。まあ、ミズキ的には「こんな美女を殺すのは惜しかったんでしょ！」って言いそうですけど（笑）。

――ヘロヘロになりながら走るシーンも印象的でした。

小清水●もともと体力がないうえに自堕落な生活を送っていますから、息は乱れるだろうと思いました。千束のもとへ到着した際の第一声は、ミズキ的には「お待たせ」って言っているつもりなんですけど、息が上がりすぎていてなんて言っているか聞き取れないですよね（笑）。こういうお芝居って、他の作品だとNGが出ることも多いんです。でも、『リコリコ』はセリフをしっかりと伝えることよりもニュアンスを重視してくださる現場で、そのセンスに感動しました。

――コメディ面では第7話～第8話がピークで、ミズキも大車輪の活躍でした。第7話ラストシーンの「野良イッヌ」などはアドリブなんですか？

小清水●あれは台本では「野良イヌ」と表記されていたんですけど、収録直前に足立監督から「『イヌ』ではなく『イッヌ』にしてください」とオーダーがあったんです。そのあとに続く「メスじゃねーか！ メスはいらねえ！」っていうセリフは私から提案して、何パターンか収録して最終的に決めていただきました。

――何パターンも収録するんですね。

小清水●そうですね。これは『リコリコ』に限らずですが、私はアドリブが入れられそうなところはだいたい3つくらいの方向性であらかじめ用意しておくことが多いんです。でも、『リコリコ』はアドリブへのこだわりが尋常ではないので、つねに5～6個は用意していました。それでも監督から「もうひと声！」と言われたりして、そんな現場は他かにはなかなかないので、とても楽しかったです。

ミズキが結婚にこだわるのは千束が原因？

――第9話以降は一気にシリアスな展開となりました。それに合わせてミズキの印象もまた少し変化しましたね。

小清水●千束の気持ちを察して、あえてサバサバと振る舞うミズキは「なんていい女性なんだろう」って思いました。ミズキだって悲しくないわけは絶対にないんですけど、それ以上に千束を心配させたくないんですよね。ただ、クルミだけはそんなミズキの心情をわかってくれていて、タクシーで空港に出発するシーン（第10話）では、自分の気持ちを押し殺しているミズキに対して「仕方ないだろ、千束の望みだ」って言ってくれるんですよ。「わかってくれてる！ うれしい！」って感動しました。

――第11話の空港シーンでは一転してコメディになるのもミズキらしいです。

小清水●やっぱり最後は涙で終わらせたくないですから。「いつも通りのノリで最後まで行ったるでーー！」という、ミズキとクルミのプライドですね（笑）。

――第13話の「浮かれてんじゃねえぞ、てめえら」というミズキの言葉で物語が締めくくられるのも意外でした。

小清水●これはこれで綺麗にオチがついていますし、まったく不満点はないんですけど、個人的にはミズキが最後のセリフを担当した時点で『リコリコ』はこれでは終わらないな」と思いました。本当にグランドフィナーレを飾るのであれば、それを言うべき人は他にいますから。もちろん、現段階では続編があるかどうか本当にわからないんですけど、できることならばもっともっとミズキを演じてみたいなという気持ちがあります。

――ミズキの恋愛関係や婚活エピソードなども見てみたいですね。

小清水●4クールくらいあれば、そんな話も描けるかもですね（笑）。これは私の個人的な解釈なんですけど、ミズキが婚活に必死なのって、千束が原因だと思っているんですよ。ミズキにとって千束はかけがえのない家族で、そんな千束がそう遠くない未来に死んでしまうとしたら、喪失の大きさは計り知れないですよね。おそらくミズキは無意識のうちに、新しい家族を作ることでその穴を埋めようと思っているんじゃないかなって。それに、千束も自分がいなくなったあとのミズキのことが心配だと思うんです。そのとき「ミズキは結婚して幸せに暮らすことが夢」ということにしておけば、そこまで心配をかけることもないじゃないですか。ミズキが男性を求める理由には、そういう二重の意味があるのかなと思っています。そうすると第13話で男性の依頼人に対して「I don't speak English.」って返す超塩対応にも納得ができるんです。千束を失わずに済んだミズキは、もう男に媚びる必要がなくなったんじゃないかって。私の妄想であって、もちろん本当のところはわからないですけどね（笑）。

――なるほど。では、最後にファンへのメッセージをお願いします。

小清水●ここまで応援してくださって本当にありがとうございます。私にとってもとにかく楽しい現場で、絶対にもう一度このメンツで集まりたいって強く思っています。少し時間はかかるかもしれませんが、ぜひ皆さんも長い目で、ゆるりと支えていただけたらなと思っています。今後ともよろしくお願いします。

小清水亜美（こしみず あみ）

東京都出身。オフィス リスタート所属。
2003年に『明日のナージャ』のナージャ役で声優デビュー。
主な主演作は『交響詩篇エウレカセブン』（アネモネ役）、『スイートプリキュア♪』（北条響／キュアメロディ役）、『キルラキル』（纏流子役）など。

LYCORIS RECOIL

クルミ役 ••• 久野美咲

Kuno Misaki

Cast Interview 03

伝説のハッカー「ウォールナット」の正体でありながら見た目は幼女、それでいて精神年齢は喫茶リコリコ最年長という謎だらけのキャラクター・クルミ。作中最強のジョーカーを演じた久野美咲に、クルミや千束たちはどのように映ったのか。

「大人の女性」を演じる新鮮さ

――以前、別のインタビューで「これまでにやったことのない演技をやらせていただいた」と答えていましたが、具体的にはどのような部分でしょうか？

久野●いちばんは年齢感のことで、これまで自分の声質を活かして幼い役をやらせていただくことが多かったのですが、足立（慎吾）監督から「クルミは見た目は幼いけれど大人の女性としてお芝居をしてほしい」とディレクションがあったんです。それがとても新鮮でした。今まで大人の役を演じたことがなかったわけではないのですが、お芝居をするうえで前提としてよくあった「精神年齢を幼くする、拙《つたな》くしゃべる」といった基盤がない状態でイチからお芝居ができたので、自分の中ではこれまでとまったく違う演技の組み立て方ができたと思っています。

――たしかに見た目は幼くて声も高めですが、クルミが話している内容は大人っぽいですね。

久野●見た目が小柄なので、体型に合わせて聞こえは高めの音にするけれど、中身は大人、ということを意識して演じました。

ミカやミズキとの距離感

――クルミの見た目は子供ですが、「ウォールナット」は30年以上前から活動していたハッカーという設定です。このあたりの関連について、足立監督から説明はあったのでしょうか？

久野●具体的な年齢の説明はなくて、年齢不詳として表現してほしいと言われました。「喫茶リコリコの中で唯一ミカと対等に話せる」という情報は教えていただいたので、40代後半の男性と落ち着いて話ができる精神年齢をイメージしながら、お芝居をふくらませていきました。

――同じ「大人組」でも、ミズキとのやりとりはまたちょっと違った印象に見えますね。

久野●ミズキとの関係は、なんでも言い合える友達というか、相棒ですね。ミカとの距離感とミズキとの距離感は、自分の中では全然違うものとして捉えていました。ミズキとは友達みたいな感覚でじゃれあうような間柄でありながら、どこかクルミのほうが年上というか、お姉さん的なイメージを心がけていましたね。

――喫茶リコリコで、人と交流するのをいちばん楽しんでいたのがクルミのようにも思えました。それだけ新鮮だったのかなと思ったのですが。

久野●ハッカーというと、モニターを通してしか他人と関わらないで、とっつきにくかったりするのかな？という勝手な印象が自分の中にはありました。ですが、クルミに関しては数字やデータだけではなく、ちゃんと他人にも興味を持てる人なんだな、と最初から感じていました。（実質的な初登場回の）第2話から千束やたきなとスーツケース越しに軽快な会話を交わしていましたから。

クルミはバランスの取れた大人の女性

― ミズキとのやりとりなどを見ていると、中性的なキャラクターにも見えます。一人称も「ボク」ですし。

久野● 中性的に演じようという意識はしなかったですね。ただ、彼女のバックボーンはいろいろと想像しました。年齢不詳ということもあって、「クルミは恋愛をするのかな？」ということも気になりました。どんな人を好きになるのかな、そもそも人を好きになるのかなとか、いろいろ考えましたね。

― 結婚への執着が強いミズキに対して、クルミは達観していますよね。

久野● クルミはデータや数字を信じるタイプではあるのですが、人間相手にはあまり定義づけをしない子だと思っているんです。さっきの恋愛の話でいうと、自分が女性だから男性を好きになるんだという決めつけもしないし、自分の感覚だけでなく、まわりの人たちの感覚も大事にできる、バランスの取れた女性なんだろうなって。だから、まわりからは達観しているように映る、広い視野を持った大人を演じようと思っていました。……そういう風に見えちゃいましたか？（笑）

クルミが喫茶リコリコに居続けたのは
千束への興味が尽きなくて
知的好奇心を刺激されたからかも

― ひょっとするとミズキを見て「自分にもあんな頃があったな」と思うくらいの年齢感なのかと思っていました。

久野● ミズキよりは年上に映るようにお芝居をしていましたが、そこまでは考えていなかったですね（笑）。クルミは性別や年齢は関係なく、自分や他人の本質を合理的に見る子なんだろうと思っていて。一人称が「ボク」なのもそういうところなのかなと。これは監督やスタッフさんにうかがったわけではなくて、全部自分の中で考えたものですが、そのうえでお芝居したことを現場で受け入れていただけたので、それが本当にうれしかったですね。

クルミから見た千束とたきな

― クルミは千束をどう見ていたと思いますか？

久野● 最初はつかみどころがないと感じていたと思います。発している言葉と思っていることが違うといいますか……。安済（知佳）さんのお芝居でそう感じる部分が大きかったですね。クルミとして千束と会話していると、「本心では何を考えているんだろう？」と感じる瞬間が何度もありました。だからこそ、クルミにとって千束は、すごく興味深い対象になったんだと思います。喫茶リコリコに居続けることは、もちろん身を隠す目的もあるんですが、千束への興味が尽きなかったことも理由のひとつだと思いますね。表情もコロコロ変わりますし、一緒にいると何が起きるかわからないから、知的好奇心が刺激されたのではないでしょうか。

― たきなに対してはどうでしょうか？

久野● たきなは最初の頃はみんなと壁を作っていましたが、千束が能動的にグイグイと距離を縮めて壁を取り払いましたよね。それに対してクルミは、相手に合わせて距離感を大事にする印象があります。たきなに繊細な部分があると早い段階から理解していたと思いますし、その分、たきなとのやりとりではクルミの大人の部分が出ているなと感じていました。たきなが千束と関わることで、どんどん表情豊かに明るくなっていったのは、クルミも近くで感じていたでしょうし、ほほえましくふたりの関係を見守っていたのではないでしょうか。

― 安済さんと若山（詩音）さんのお芝居はいかがでしたか？

久野● 安済さんとは第2話のみ、若山さんとは第2話と第11話で一緒にアフレコをしました。ご一緒できる回数は少なかったですが、先に収録された音声を聞きながらやらせていただきました。おふたりのお芝居はとてもナチュラルで、キャラクターが実在するかのような、ものすごい説得力があるんですよね。おふたりがこの作品の雰囲気を作り上げて、まわりのキャストを引っ張ってくださったと思います。

ミカの千束に対する愛情の理解者

――ミズキ役の小清水（亜美）さんとは一緒に掛け合いをすることも多かったと思うのですが。

久野　足立監督も音響監督の吉田（光平）さんも「ナチュラルな会話を大事にしてください」とおっしゃってくださったので、ミズキとの会話はとくに自由なテンポ感でやらせていただきました。セリフを言っている感覚がなくなるほどでしたね。本当にその場でミズキがしゃべって、クルミがしゃべっている。そういう感覚を味わえたのがとても楽しかったです。ふたりの会話に臨場感を出すためにアドリブも積極的に入れさせていただきました。いつも小清水さんが率先してアドリブを入れてくださったので、私もクルミとして返すことが多かったです。クルミのキャラクターも、ミズキとのやりとりのおかげで出来上がっていった感覚がありますね。

――具体的なシーンでとくに印象深いものはありますか？

久野　第4話のラストで千束のトランクスをからかうシーンがあるのですが、ミズキとクルミで「ププッピドゥ」と一緒に言おうと小清水さんが提案してくださったんです。

――ミカが楠木と電話で話している裏で聞こえますね。

久野　まだ前半の話数なので、クルミはそこまでノリノリになるのかな、と一瞬迷ったのですが、あの状況でミズキと一緒にだったら、面白がって言うかもしれないなと思えたんですよね。クルミのノリのよさというか、お茶目な部分をそのときに発見できたので、すごく印象に残っています。

――残る喫茶リコリコのメンバーのミカはどのような存在でしょう？

久野　唯一対等に話せる関係なだけあって、お互い遠慮も忖度《そんたく》もなく自然に接していましたね。千束やたきなのこと、そして喫茶リコリコを守ってくれているので、ミカに対しては安心感があるんじゃないでしょうか。

――第13話でミカに「お前がいちばん怖い」と言うシーンが印象的でした。

久野　じつは足が悪くないこととか、そういう周囲に内緒にしていることは、千束のためであったりもするんですよね。クルミはそれをわかったうえで秘密を共有しているので、ミカの千束に対する愛情を理解している存在なんだと思います。

ミステリアスなままでいてほしい

――本編とは別にWEBで公開された次回予告も好評でしたが、担当した話数で印象深いものはありますか？

久野　第4話の、ミズキとクルミの掛け合いの予告が印象に残っていますね。「全体の尺だったり、会話のテンポ感はおまかせします」と言っていただけただけなので、自由にやらせていただきました。小清水さんのアドリブが面白すぎて、笑いを堪《こら》えるのに必死でしたね（笑）。

――もし、続編があるとするなら、どんな話を見てみたいですか？

久野　喫茶リコリコのみんなで、何か事件を解決するお話が見てみたいですね。5人のチームワークがすごくいいので、依頼を受けて各々が得意分野でそれぞれ解決にあたったり。たとえ大きな事件が起こらなくても、常連さんやリコリスのメンバー、真島さんたちとの日常のやりとりをもっと見たいですね。

――喫茶リコリコに来る前のクルミがどんなことをしていたのかも、いっさい明らかになっていないですよね。

久野　クルミの過去を見てみたい気持ちは個人的にものすごくありますが、一方で知りたくないな、という気もしていて。彼女のいちばんの魅力は「謎が多い」ところだと思うんですよね。想像の余地があるからこそ惹かれるといいますか……。でも、ちょっとしたこと、たとえば、押し入れの中で普段どうやって寝ているんだろう？とか、どうして演歌が好きになったんだろう？など、日常生活の疑問が明らかになったらうれしいですね。私はこの作品も、関わっているスタッフさんもキャストさんも大好きなので、またクルミを演じられる機会があったら、なによりうれしいです。

久野美咲（くの みさき）

東京都出身。大沢事務所所属。
主な出演作に『世界征服～謀略のズヴィズダー～』（星宮ケイト役）、
『ひそねとまそたん』（甘粕ひそね役）、
『咲う アルスノトリア すんっ！』（アルスノトリア役）、
『メイドインアビス 烈日の黄金郷』（ファプタ役）など。

ミカ役 ●●● # さかき孝輔

Sakaki Kosuke

LYCORIS RECOIL

Cast Interview 04

**千束を守り導く師としての心と、10年間音信がなかったかつての恋人への想いに揺れる心。
物語の中でもっとも重大な決断を迫られることになった
ミカ役・さかき孝輔から見た『リコリス・リコイル』を語ってもらった。**

キャスティング理由は怖くて聞けない!?

―― ミカ役に決まったのはどういう経緯だったのでしょうか?

さかき● オーディションではなく、「この役を」と指定でお話をいただきました。役柄もお話も魅力的だと思ったのですが、僕は仕事の9割が外画の吹き替えなんです。アニメの出演経験もあるんですが、アニメファンにとっては無名なオヤジにまかせてもらっていいんだろうか、というのが最初の率直な感想でした。足立(慎吾)監督や音響監督の吉田光平さんには第1話のアフレコで初めてお会いしました。安済(知佳)さんとだけは別の現場で会ったことがあったのですが、吉松シンジ役の上田燿司さんや楠木役の沢海陽子さんなど、外画の現場での顔見知りは皆さん別録りだったので、完全にアウェーでしたね(笑)。だから非常に緊張して収録に臨んだおぼえがあります。

―― そのときにミカ役に決まった理由を教えてもらったりは……?

さかき● それは怖くていまだに聞けていないんです(笑)。あとで監督からは「年長組のキャストにはしっとり生っぽい演技がほしかったんです」とは言われたんですが。

吉松を忘れようとした10年間

―― 吉松との関係はどの段階で知らされたのでしょうか?

さかき● 最初に「このふたりは昔、付き合っていたんです」と足立監督から教えてもらったのですが、どのように明らかになるのかは台本をもらうまでわかりませんでした。

―― ミカ視点で考えると、吉松への恋慕がどこかのタイミングで千束の願いをかなえる方向に移っていったはずですよね。

さかき● 千束は作品の中で何度も「自分で選ぶ」と言いますよね。たきなにも「自分で選んだんでしょ」と言いますし、たきなも終盤、DA本部に戻れたにもかかわらず、命令に背いて千束のもとに向かおうとします。僕は「決心」がこの作品のキーワードだと思っているんですが、ミカはうじうじしてなかなか決めないんですよね(笑)。それが吉松への思いゆえなのかはわからないのですが。

―― 決断を先延ばしにした分、大きな代償を払うことになってしまったキャラクターのようにも思えます。

さかき● 第13話で「狂わされたな、お前も、あの子に」という吉松のセリフがありますが、千束は太陽みたいな存在だと思うんです。太陽のように明るい、という意味もありますが、まわりに光をあてる存在というか。たきなが彼女と出会っ

て変わっていったように、千束と接することで、その人が失っていたもの、忘れていたものを気づかせてくれる存在なんだと思います。ミカはもともと裏稼業の人間で、自分とは正反対に知的でスマートで夢も使命もある吉松に惹かれていったわけですが、吉松が去ったあと、日陰から日向に歩ませてくれたのが幼い頃の千束だったんじゃないでしょうか。ミカにとって吉松不在の10年間は、ずっと彼を思っていたというより、忘れようとしていた時間なんだと思います。

――そう考えると、第10話のミカと千束のやりとりは、まさに「日陰と日向」の関係そのものでしたね。

さかき●千束に与えられた人生が残り少ないと知ってあの晴れ着を出してきたとき、僕はてっきり吉松の真意まで打ち明けようとしているのだと思っていました。あそこで千束が「私のためにヨシさんを探してくれた」と感謝を述べたあとでミカが「そうじゃないんだ！」と言うんですが、このシーンは何度も録り直したんです。「言い放たずに、思わず言ってしまった形にしてください」と言われて。だから少し中途半端な言い方になっているんですが、つまりミカはこの段階でもまだ迷っていたんですよね。それから千束が「ふたりとも、私のお父さんだよ」と言うんですが、そこでようやくすべてを背負う決心がついたんじゃないかと思っています。

「優秀な教え子」に込められた意味

――一方でたきなのことをミカはどう見ているのでしょうか？

さかき●表面上は楠木に押し付けられた形ですよね。ただ、第12話でも延空木のリコリスたちを助けるようにミカを通じて千束に依頼していたりしますし、楠木は楠木なりにリコリスたちのことを慮《おもんぱか》っている。細かい部分なんですが、楠木とミカが話すとき、楠木は必ず敬語なんです。そういったことを理解してミカはたきなを受け入れたんだと思っています。たきなが最初に喫茶リコリコに来たときに、ミカが「想像と違ったか？」と聞くんですが、このシーンはアフレコ時に「たきなに対してウェルカムで」と言われました。だから、けっこう優しい言い方になっています。それでいうと、じつはミカは普段、千束に対してはあまり優しい言い方をしないんですよ。これは音響監督の吉田光平さんや足立監督とも話したことがあるんですが、親子に近い関係なので、それだけ遠慮もしていないんです。ミカは「親子ごっこ」と自虐的に言っていますが（笑）。

――たきなはＤＡの京都支部にいたから、おそらく喫茶リコリコに来るまでミカとも面識がなかったはずですよね。

さかき●そうですね。ただ、第10話の最後で、たきなやフキのことを「優秀な教え子だから」と言うんですよね。たきなは厳密には教え子ではないんですが、この時点でたきなもミカにとって大切な「身内」になっているんだと思いました。そうそう、たきなといえば、第8話で彼女が喫茶リコリコの経営改善に乗り出しますけど、となるとそれまではＤＡからの補助金で乗り切っていたわけですから、ミカには経営の才能はないみたいですね（笑）。

クルミに対する不思議な信頼感

――残る喫茶リコリコのメンバー、まずミズキの印象はいかがですか？

さかき●ミズキについてはストーリー上、バックボーンがあまり描かれないんですよね。それでいてこれだけ印象的なキャラクターになっているのは、小清水（亜美）さんのお芝居のたまものだと思います。アドリブもたくさん入れていましたね。ミカにとっては「心配な長女」というポジションだと思います。

――次にクルミですが、足立監督はミカと対等に話ができる精神年齢のキャラクターと言っていました。

さかき●不思議と、誰にも言えなかったはずのシンジとの関係を彼女にはすんなり話しているんですよね。喫茶リコリコの中ではいちばんの新参なのに。伝説のハッカーで、数字とデータの世界に生きている人間のはずなのに「データしか信じないヒトは、どんどんアホになるなぁ」とか言うんですよね。非常にバランスが取れているし、なにより彼女は積極的に他人に絡《から》んでいくんです。人間、誰しも他人との距離感をはかって生きているわけですが、クルミはそれが抜群にうまくて、まんまとミカの懐にも入っている。千束にすら言えなかったことをあっさりとクルミに話すのは面白いなと台本を読んだときに思いました。それだけクルミへの信頼は絶大で、最後の姫蒲との戦いもクルミから位置情報などをもらった共闘だったんじゃないかと思っています。

――姫蒲を圧倒するシーンはすごい迫力ですよね。

さかき●そうですね。千束の寿命を奪った実行犯ですし、吉松との決着をつける覚悟もできていたので、すべてをぶつけるつもりだったんだと思います。僕自身も、怒鳴ったりする芝居が全然なかったので「思いきりやってください」と言われて応えたんですけど、放送を見て「こんなに怖くなっちゃうのか⁉」とびっくりしました。

泣けてセリフが出てこなかった

――安済さんや若山（詩音）さんのお芝居にはどのような印象を受けましたか？

さかき●コロナ禍以来の分散収録で、僕は小清水さんや久野（美咲）さんと一緒になることが多かったのですが、第7話の吉松とのシーンや第10話の千束とのシーンなどは、配慮いただいて掛け合いで録らせてもらいました。アニメの現場が多くない僕が偉そうに言えることはないのですが……安済さんも若山さんもすごいですよね。彼女たちのお芝居で作品の魅力が何倍にもなっている。第1話は安済さんがずっとしゃべっていますが、それで心をつかまれますよね。一緒に収録した第10話では、ミカが懺悔《ざんげ》したあとの「ありがとう先生」からのセリフが、もう泣けて泣けて。ふたりきりで、本編のミカと同じシチュエーションですぐ横から安済さんの声が聞こえてくるので、次の僕のセリフがもうセリフにならないんですよ。たしか3回くらい録り直してもらったと思います。「安済このヤロー、オヤジを泣かすんじゃない！」と本気で思いました（笑）。軽妙な演技ももちろんですが、落ち着いたシーンでのセリフの説得力も素晴らしいですよね。

――若山さんのお芝居で驚かされたシーンはありますか？

さかき●第3話、DA本部に行って模擬戦をするエピソードがありますよね。それまでたきなは喫茶リコリコでも借りてきた猫のような感じなんですが、ここで自分の思いを発散するんですよね。アフレコは別録りだったので、放送を見たときに「こんなに強い調子になるんだ⁉」と驚きました。

――噴水で千束に話すシーンやフキに殴りかかるシーンなど、たしかにドキッとしますね。

さかき●全13話まで通して見ると、僕は「狂犬たきな」になる芝居が大好きで。千束に対する思いが強くなるときとか、第10話の留置場で真島の依頼主を問い詰めるシーン、吉松に対しても最初は「ヨシさん」とか「吉松さん」と呼んでいたのに、最後は「お前」って言うんですよね。そういう強さの片鱗を第3話の段階で出していたんだなと。若山さん自身が考えたのか、足立監督のディレクションなのかはわかりませんが、安済さんとはまた違うエンジンを持っていてすごいなと思います。

自由さを許容してくれる現場だった

――各話の予告編はどれも印象的ですが、とくにミカははっちゃけていましたね。

さかき●予告編は本編を録り終わったあとの収録でした。本編ではところどころアドリブを入れていたんですが、むしろ予告は台本通りだったんです。僕が言うのもなんですが、すごくしっかり書かれていて。本編では描かれていない日常のキャラクターの姿が見えますよね。でも、第10話予告の「萌え萌えきゅん！」はないだろうと（笑）。当然言ったことがないセリフだったので、ちょっと早口で言ったら、安済さんに「もっとゆっくり言うんですよ」と言われました。第13話の予告は千束とたきな、ミカ、シンジですが、もともとは千束とたきなのふたりだけで、僕と耀司さんは出番がなかったので台本も持っていなかったんです。最後、千束とたきなの掛け合いがグダグダになるのがおかしくて、耀司さんと大笑いしていたら、足立監督が「その笑い声、いいですね」とおっしゃって、みんなで録ることになったんです。この作品はそういう自由さを許容してくれる現場でしたね。

さかき孝輔（さかき こうすけ）

長野県出身。懸樋プロダクション所属。
俳優としてTVドラマ、映画、舞台に出演する他、
吹き替えとして数多くの外国映画、ドラマに出演。
主な担当俳優はヴィニー・ジョーンズ、レイ・リオッタなど。

真島役 ●●● **松岡禎丞**

Matsuoka Yoshitsugu

Cast Interview 05

千束と対になるアランチルドレンとしてリコリスたちの前に立ちはだかる真島。確固たる信念を持ち、ときには千束と意気投合するなど、一筋縄ではいかない存在感に満ちた「ラスボス」を演じた松岡禎丞に、その魅力を尋ねた。

初登場から数話で退場すると思っていた

— 真島というキャラクターの第一印象を教えてください。

松岡●オーディションではなくて、足立(慎吾)監督から指名をいただいた役なのですが、初登場回(第4話)の台本を読んだときには正直「この次か、もったとしてその次の話くらいには死ぬキャラクターだな」と思いました(笑)。描かれ方がチンピラどものお山の大将というか、かませ犬っぽい雰囲気だったんですよね。ただ、現場で足立監督から説明を聞くと、じつは最後まで残るということで、それならあえてミスリードを誘う感じのほうが面白いかなと思い、そういう方向性で演じさせてもらいました。

— たしかに初登場時の真島は小物感が漂っていました。

松岡●それが狙いだったんです。僕はもともと綿密にプランを練ったり算段を立ててお芝居をするほうではないんですが、真島についてはある程度、逆算していましたね。

— 真島は謎の多いキャラクターですが、役作りにあたってはどんなところを軸に据えましたか?

松岡●キーワードとして挙げるなら「信念」ですね。そこは最初から最後まで一切ブレていないというか、むしろ信念の塊のような存在だなと思います。

— 信念のためには犯罪もいとわない過激さを持ちつつ、思想そのものは共感できる部分も多い。ただの小悪党とは違うところですよね。

松岡●そうですね。まあ、彼からすれば善悪のものさしで測っているわけではなくて「バランスを取らなきゃな」が行動原理なんですけどね。でも、たしかにDAという組織が暗躍しているおかげで治安が保たれているのに、みんな「安心・安全で素晴らしい国、日本!」と思い込んでいる図には少し引いてしまいますよね。

— では、松岡さん自身も真島に共感できるところは多い?

松岡●いや、それがそうでもないんですよ。今言ったように、DAが暗躍しているヤバさは理解できるんですけど、僕個人の感覚で言えば、個人それぞれが楽しくて幸せを感じているなら、それでもいいんじゃないかなって(笑)。

— なるほど。千束の考え方に近いんですね。

松岡●だって人生は一度きりしかないですからね。真島の強い信念がどこから生まれたものなのかはわかりませんが、理解はできてもなかなか共感はできないなと思います。

延空木に仕掛けた花火の真意

――足立監督から真島に関してどのような説明を受けましたか?

松岡●僕が聞いていたのは、もともと目が悪い代わりに耳が異常にいい子で、それがアラン機関の援助によって視力を取り戻したという設定でした。どこまでが公式設定なのかはわかりませんが、少なくとも僕はそう認識していましたね。

――なるほど。初登場から第13話までのあいだで、真島の印象が変わっていったりはしましたか?

松岡●それはまったくないです。真島はずっと「リコリスの存在を衆目に晒《さら》す」ことを目的に動いていて、最後までブレていませんから。過激な手段は使うけど、一般人を虐殺したり、街を破壊するのが目的ではないんです。たとえば、第10話で楠木から「それが延空木を狙う理由か」と聞かれた真島が「そこまでお見通しかい」と答えていますが、「爆破する」とはひと言も言っていないんですよね。真島のことを「無差別破壊をするテロ犯」と認識しているのは、あくまでDA側なんです。

――実際には「爆破」ではなく「電波ジャック」が行われ、リコリスの存在が一般社会に晒されましたね。

松岡●この時点で真島の目的は遂行されたわけで、勝ちが確定していたんですよね。だから、真島としては「仕事も終えたし、飲みにでも行くか」という感覚で千束との対決に臨んだんだと思っています（笑）。

真島が千束に協力するなら
「一時的な共闘」くらいの距離感で
いてほしい気持ちがある

――千束との対決は、あくまで私的な楽しみということですね。

松岡●そうです。なので、爆弾ではなく花火を仕掛けたんです。あの花火は、ある意味で自分への祝砲だと思うんですよね。

真島の「不死身問題」

――とくに印象に残っているシーンはありますか?

松岡●いろいろとありますが、いちばん気になるのは「真島、頑丈すぎん?」ということで（笑）。非殺傷弾とはいえ、屈強な男性が気絶するほどの攻撃を何発食らってもピンピンしていますし、第6話なんか、ロケットランチャーを間近に撃ち込まれても生きていますからね。下手したら四肢が爆散してもおかしくないような攻撃ですよね。真島のロングコートには分厚い鉄板でも入っているんですかね……?

――第13話では延空木から落下したにもかかわらず生き延びました。

松岡●きっとあのコートにはムササビスーツ的な機能もついているんですよ（笑）。そのあと包帯でぐるぐる巻きの真島が登場して、銃を持った一般人に「慌《あわ》てることはねえ、しっかりな」と声をかけるじゃないですか。あそこは正直、「これは亡霊か残留思念か何かなのかな?」と思っていました。

――包帯がなく無傷であれば、その可能性も高そうですね。

松岡●アフレコの際は色がついていない仮の絵だったので、包帯をしているのかどうか、わからなかったんですよね。だから、余計にそう思ってしまったんです。まあ、エコーロケーションできる聴覚もありますし、すでに人外キャラの領域に片足を突っ込んでいますから、きっとなんとかなったんでしょう。さすがはアランチルドレンですよ（笑）。

芝居をしているという感覚がなかった

――千束とお茶をするシーンも印象的でした。テロリストとしての真島とはまたちょっと違う、オフな感じの雰囲気でしたね。

松岡●これは『リコリス・リコイル』（以下、リコリコ）の現場全体に言えることなんですけど、基本的にはどのシーンでもあまり「演じている」という意識はないんです。足立監督から「役としてそこにいてくれればそれでいい」と言われていて、滑舌や表現が多少甘かったとしても、それが役としていい雰囲気であればそのまま使うという方針だったんです。

――たしかに『リコリコ』のお芝居は、皆さん生々しいですよね。

松岡●そうですね。そのうえで僕がいちばんビックリしたのが安済（知佳）さんのお芝居です。これほどまでにナチュラルにお芝居をされる方には出会ったことがありませんし、本当の意味で「キャラクターが生きている」とはこういうことなんだなと感動しました。正直、『リコリコ』という作品は安済さんの力で成り立っている部分が大きいと思います。僕自身、真島として千束と掛け合うシーンでは、安済さんの芝居に引っ張ってもらいました。台本を読んではいるんですけど、いっさいお芝居をしているという感覚がなくて、なんだか不思議な気持ちになりましたね。

――お芝居の引き出しがひとつ増えた感覚ですか？

松岡●そうですね。『リコリコ』はとにかく肩の力を抜いて「何も考えずに作品の世界へ入ってやろう」と思いながらやっていたのですが、お芝居をしようとしなくても、勝手に言葉が出てくるんですよね。それってこれまでの経験の積み重ねが生きているからこそだと思うんですけど、相反する意識の中でまたひとつ面白い技法が生まれたなと思い、ワクワクしました。『リコリコ』に限らず、別の現場でこのやり方を使ってみても面白いのかなと感じています。

再登場するなら共闘シーンが見たい

――『リコリコ』は大反響のまま終わっただけに、続編の期待も高まっています。もし、続編があるとするなら、松岡さんはどんな物語を期待しますか？

松岡●ここまで綺麗な形で終わっているので、このあとどう展開すればいいのかというのはすごく悩みますね。キャストの僕が悩んでも仕方ないんですけど（笑）。

――純粋な続編もいいですが、日常回も見たかったりします。

松岡●そうなんですよね。ＯＶＡで追加エピソードを出すのか、劇場版なのか、ＴＶシリーズの第2期なのか。おそらくファンの皆さんがもっとも望むのはＴＶシリーズだと思いますが、足立監督の身体がもたないかもしれないなぁと思ったり（笑）。もちろん、これで終わるにはもったいない作品だという思いは僕にもありますし、何かしらの展開があればうれしいですね。ハワイに行った千束たちが、あのあとどうしているのかも気になりますし。

――続編が作られた場合、真島の再登場もありえますね。

松岡●どうですかね？　さすがにまた千束とガッツリ戦うという展開はないと思いますから、もし、登場するなら、すごくベタですけど「一時的な共闘」が見てみたいですね。千束のピンチの際に「よぉ、電波塔のリコリス。お前、なにこんなヤツに苦戦してんだよ」みたいな感じで登場して、そのときだけ仲間になって戦って、終わればまた去っていく、みたいな。

――それは見てみたいです。

松岡●完全に「お約束」ですけどね。でも、千束の「目」と真島の「耳」が合わされば無敵な気もしますし、なにより真島自身が第13話で「もし、ＤＡが劣勢なら、俺はお前らに協力するぜ」と言っているんですよね。

――たしかに！

松岡●それが何かの伏線だとまでは思いませんけど、セリフとして少し気になったんですよね。個人的に真島には千束の仲間にまではなってほしくないという気持ちがあるので、やっぱり「一時的な共闘」くらいがいちばんいい距離感なのかなと思っています。

――では、最後にファンの皆さんにメッセージをお願いします。

松岡●ここまで『リコリコ』を応援してくださり、ありがとうございます。僕も何かしらの形であと一本は続編を見たいと思っていますし、ファンの皆さんは一本と言わずもう1クールでも2クールでも見たいと思っていますよね。ただ、こればかりは足立監督をはじめとするスタッフの方々次第だと思いますから、ぜひ未来に希望を持って気長にお待ちいただけたらと思います。あらためてこの作品に関われたこと、真島というキャラクターを演じることができて光栄でした。これからも応援をよろしくお願いします！

松岡禎丞（まつおか よしつぐ）

北海道出身。アイムエンタープライズ所属。
2009年に『東のエデン』のAKX20000役で声優デビュー。
主な出演作は『ソードアート・オンライン』（キリト役）、
『東京卍リベンジャーズ』（三ツ谷隆役）、
『鬼滅の刃』（嘴平伊之助役）など。

Staff Interview 01

名アニメーターとして、数多くの作品を作画面から支え続けてきた足立慎吾による初監督作品。
「門外漢だからできた」と語る、これまでの常識を打ち破った制作の裏側に迫った。

「型破り戦法」が功を奏した

――今回は『リコリス・リコイル（以下、リコリコ）』制作の裏側に迫るロングインタビューなのですが……。

足立●以前の『Febri』でのインタビューでも答えたんですけど、本音を言えばこういう取材は受けたくないんですよね。初監督作を終えたばかりの自分に語れる演出論や監督論なんて、素人が言うのとそう変わりがないと思うんですよ（笑）。

――とはいえ、この書籍で監督にお話を聞かないわけにもいかないので……。

足立●ですよねぇ。困った（笑）。まあ、足立なりの考えは言いますけど、あんまり信用しないでください（笑）。どうやら『リコリコ』では非常識なことをたくさんやっているようだし、言わば「型破り戦法」みたいなものだから、よい子は参考にしないように。

――「型破り」というのは、結果的にそうなったのか、それとも最初から狙っていたのか、どちらですか？

足立●狙ってやった部分が多いですね。自分はアニメーターという肩書きで25年以上アニメーション業界を眺めてきて、その経験の中で「もっとこういう風にできないのかな？」と感じることがあったのは事実です。ただ、自分はあくまでアニメーターなので、その領分を超えることはできず、いろいろとアイデアが積もっていましたから。今回はせっかく監督というチャンスをいただいたこともあり、「この際だから、思いきり常識だったり、型を壊してみよう」と思ったんです。

――なるほど。あまりない肌感覚の作品になったのは、これまでの型を壊したからなんですね。

足立●そういう部分もあると思います。脚本畑や演出畑の人からすれば、かなり異質に感じることをやっていると思うんですけど、それは自分がシナリオや演出に関して門外漢だったからこそできたことだと思います。

――それは、たとえばどのようなことですか？

足立●普通のTVアニメの場合、シナリオはあくまで脚本家さんのもので、修正したい場合は、監督やプロデューサーの要望を伝えて、脚本家さん自身の手で直してもらうって考えが普通です。でも、『リコリコ』の場合は、私がシナリオに直接手を入れて。それを会議で皆の意見を聞いて……の繰り返しで決定稿にしていっています。さらに絵コンテ時にもアフレコ時にもセリフは見直すので、アサウラさんのプロットと脚本家さんのセリフを足立好みの味にブレンドしている感じだから、誰のものでもないかもですね（笑）。

「物語としての革新性」は難しい

―― シナリオやセリフを作る際に意識していたことはありますか?

足立●そもそもの話になりますが、自分が目指したのはストーリーの強度や面白さではないんですよ。「美少女×ガンアクション」というのは、これまでにさんざん作られてきたジャンルなので、アサウラさんと一緒にプロットを作っていたときから「物語としての革新性」は難しいと考えていました。大抵のオリジナルって、みんなそこばっかり考えているんですよね。ただ、物語がそれほど強いものでなくても、それをいかに魅力的に見せるかについてはまだ工夫の余地があるだろうと思っていました。我々は大ヒット作家じゃありませんから、身のほどを知ったうえで、持たざる者としての闘い方はあるんじゃないかなって。なので、最初から「視聴者をどうやって最終回まで連れていくか」ということをメインに据えていたんです。

―― 重厚な世界観だったり綿密で精巧なシナリオを作るというよりも、「どうやって見せるか?」にこだわった。

足立●そうです。今の若い世代って、視聴スタイルがどんどん変化しているじゃないですか。YouTubeでは10分以下のコンテンツが主流ですし、しかも彼ら彼女らはそれらを倍速で視聴していたりする。そんな世代に対して、自分たちは30分のアニメーションを見てもらわなければいけないわけです。それは、昔ながらのアニメの作り方では正直難しいんじゃないかと思っていました。

―― 生っぽい芝居だったり、一見、意味を持たない会話の応酬などは、その考え方からきているんですね。

足立●そうですね。『リコリコ』はもともと作画で勝負するつもりはなかったので、とにかく他のアニメ作品がやらない方向を突き詰めて、そこから何かしら異質な雰囲気を感じ取ってもらえたらいいなと思っていました。そのひとつが声優さんによる軽妙な会話劇です。「生っぽい」は目指していたし、そう感じてもらえたならうれしいけど。「生っぽい」って言語化が難しくないですか? でも、肌感覚としてたしかに何か感じますよね。

―― 感じます。そのことはキャスト陣にどう説明したのでしょうか?

足立●キャストさんには「家族と会話している雰囲気で」とは伝えましたが、キャストの芝居だけで成立するものでもないと思います。この作品を通してたしかめられた知見もあるので、今はそれについて言語化は可能ですけど、ナイショです(笑)。

拳銃をぶっ放すまでの過程を楽しめるものに

―― とくに千束を演じる安済知佳さんは本当に独特なお芝居で、大きな魅力となっています。

足立●安済さんを得られたのは作品にとって最高級の幸運でした。デモテープを聞いた瞬間に「これだ!」と感じました。ご本人は「アフレコが始まるまでは千束というキャラクターをつかめていなかった」とおっしゃっていましたけど、でも自分が求めていた「快活で、生意気で、先輩気質で、思慮深い」千束の雰囲気は最初の段階からすでに備わっていたと思います。これは安済さんの役者としての本質と言っていいのかわかりませんけど、とにかく技術の先にあるものを感じた。

―― 一方のたきなは劇中で激しく変化していくキャラクターで、求められるものがまた少し違いますね。

足立●おっしゃる通り、ブレない千束に対して変化するたきな。「真面目で、純粋で、冷酷」なたきなに求められるものはまた違うものだったと思います。若山詩音さんは逆にオーディションで確信した感じですね。と言うのも、当初たきなについては低い声質をイメージしていたんです。そのくらいでないと、終盤の感情が爆発するシーンでたきなの変化の表現が難しいかなと思っていて……。

―― 第12話の「心臓が逃げる!」のくだりですね。

足立●そうです。でも、スタジオオーディションでの若山さんの掛け合いの芝居が魅力的で、たきなの変化を十分表現してくれると感じました。当初の声質のイメージは吹っ飛んじゃいましたね(笑)。

―― このふたりの会話劇や関係性は、とても多くの視聴者を惹きつけました。

足立●なんとなくイメージしていたのはクエンティン・タランティーノ監督の『パルプ・フィクション』です。映画に登場するギャングの殺し屋コンビがいるじゃないですか。

―― ジョン・トラボルタ演じるヴィンセントと、サミュエル・L・ジャクソン演じるジュールスですね。

足立●そう。あのふたりって、組織を裏切った青年グループの部屋の扉を叩くまで、ずっと視聴者にはわからない話をしているけど両者の性格は伝わるんですよね。『リコリコ』も同じで、ガンアクションそのものでエンタメするのではなく、拳銃をぶっ放すまでの過程を楽しめるものにしたいと考えていて。物語を駆動させるためだけのセリフより、反射的に出る生きたセリフで埋め尽くす作品にしたかったので、あのふたりの雰囲気はわりと参考にしました。

―― 声優さんのお芝居もあいまって、素晴らしい空気感に仕上がっていますね。

足立●そう感じてくださったのならうれしいです。でも、脚本会議では疑問を呈されることもありましたけどね。

——それは意外です。

足立●たとえば、第1話で沙保里の自撮り写真を見た千束がたきなに「取引の現場写ってんじゃん」と言うカットがありますよね。それに対してたきなは間髪を入れずに「知らないですよ」と返すんですけど、それに対してスタッフが「これはどういう意味ですか？」と聞いてきたんです。いったいどのことについて「知らない」と返しているのかがわからない、と。

——言われてみればたしかに。写真に銃の取引現場が写っていることは、一緒にスマートフォンを見て確認しているわけですからね。

足立●自分としては、このときのたきなのセリフにそんなに深い意味は持たせていないんです。どの情報を知っているとか知らないとかではなく、肩でドーンとぶつかってこられたたきなが、とっさに千束の肩をぶつけ返して出た言葉がこれだったというだけです。関西弁で言うところの「そんなん知らんわ」みたいなノリですね。日常会話というのは必ずしも意味のある的確なやり取りをしているわけじゃないよなと思っていて。すべてのセリフに物語的意味を持たせると、情報過多になって見ているほうも疲れる（笑）。キャラクター同士の意味のない楽しい会話も必要だと思う。

セリフの「間」は徹底的に管理

——なるほど。『リコリコ』はコメディのテンポ感や間《ま》の取り方が秀逸で、これは足立監督の感覚によるところが大きいと思うのですが、もともとコメディはお好きなんですか？

足立●大阪の人間なので、もちろんお笑いは好きです。新喜劇のようなベタな笑いも好きですが、それよりも『ダウンタウンのごっつええ感じ』のような、ちょっと不条理な雰囲気のコントのほうが好みかなと思います。ただ、アニメーションって基本的には東京の文化なので、関西の笑いはあんまりウケない傾向にあるんですって。

——そうなんですか？

足立●これは『WORKING!!』に参加したときに大槻敦史監督から聞いた話で、ハッキリとしたデータがあるわけじゃないですけど「たしかにそうかも」と自分でも思ったのでおぼえているんです。彼は第2期から監督を引き継いだんですけど、第1期と比べてのコメディのウケを心配していて。その理由は、彼は京都出身で、コメディのテンポやタイミングが関西のノリになってしまうから、それが不安だと本人は感じていたみたい。僕は大阪出身だからなのか、彼のフィルムは楽しかったですけどね。

——なるほど。そういう意味では『リコリコ』のコメディも関西寄りなのかもしれませんが、見事にハマっていますよね。

足立●ありがとうございます。これは時代の移り変わりもあるような気がします。多少荒っぽかったり意味が通じなくても、そういう異質な空気を受け入れられるだけの土壌ができているのかもしれませんね。

——コメディシーンでとくにこだわった部分はありますか？

足立●セリフのタイミングや間？ リズムですかねえ……。アフレコは絵コンテ撮影で行っているんですけど、あえてちょっと長めの尺に編集した状態で収録しているんです。

——それはつまり、キャストの声を録ったあと、もう一度尺を合わせるための編集作業を行っているということですか？

足立●その通りです。なので、どのタイミングでツッコむか、もしくはボケるかについては声優さんたちのお芝居の間ではなく、基本的にこちらで握っています。声優さんからすればあんまりいい気分はしないやり方かもしれませんけど（笑）、でも今回はそれがやりたかったんですよ。

——そうやって生まれた絶妙なテンポの積み重ねが、『リコリコ』特有のコメディシーンにつながっているんですね。

足立●そうなっていればうれしいですけどね。でも、そういった音のハメ込みや再編集をやらずに面白いフィルムを作るのは今はちょっと無理なんじゃないか

「千束とたきなのバディを軸に描く」と決めたときから主軸の印象が他に移らないようにと考えた

な?と思うくらい、個人的には大切な工程でした。

カットに複数の意味を持たせる

——セリフ回しだけでなく、キャラクターの動きやカット割りなどにも足立監督のこだわりが詰まっている気がします。

足立●作画そのものには関わっていないのでなんとも言えませんが、コンテや演出については意識しました。たとえば、第1話の序盤で、カウンターの奥から千束が「仕事に行こう」と呼びかけると、カウンターに座っていたたきなが「はい」って立ち上がりますよね。でも、千束から「先生のコーヒー飲んでからでいいよ」と告げられるとまた座って、もう一度呼ばれるとまた「はい」って立ち上がる。何気ないシーンですけど、こういう描写ってアニメではあまりやらないと思います。でも、この立ち座りの動作だけで、この時点のたきなが千束に対して年上の優秀なリコリスだとリスペクトしていることが伝わりますし、たきな自身の真面目な性格もわかりますよね。

——この一連の流れをひとつのカメラだけで映しているのも特徴的ですね。ついアングルを変えたくなるところだと思いますが。

足立●あえて定点で映すことで、コメディとしてのちょっとしたおかしさも表現できるかなと思ったんです。なによりリソースを食わずに面白くなるなら、それがいちばんいいですよね。カットを作る際にはふたつ以上の意味を込めないともったいないなと思っちゃうので、どのカットにもできるだけ複数の狙いを持たせるように心がけています。

——コストやリソースを重視する考え方は、アニメーターとして多くの作品に関わってきた足立監督らしい発想ですね。

足立●それはあるかもしれませんね。自分がアニメーターとしてやってきたなかで「このカットって必要か？」と思いながら描いたものもありますから（笑）。キャラクターが椅子に座るっていう何の変哲もないカットでも、座るのがメインキャラクターの美少女であればお尻からのアングルを描くことでセクシーや可愛さがアピールできますけど、これが脇役のおじさんだった場合、ほぼ段取り以外の意味はないですよね。おっさんのお尻を描きたくてこの業界に入るアニメーターもなかなかいないでしょうから（笑）、描き手のモチベーションも上がらないし、見ているほうもつまらないじゃないですか。物語の流れ的に「あってほしい」くらいの弱い根拠で入れるカットであれば、それはもう思いきって省いたほうがいいんじゃないかと、自分は思っちゃうんですよね。もちろん、そうできない場合もあるんですけど、できるだけ無駄なカットを省くというのは意識していました。

——段取り芝居もそうですが、『リコリコ』に関しては設定や世界観の説明もかなり削ぎ落とされていますよね。

足立●尺は限られていますからね。1クール作品で「千束とたきなのバディを軸に描く」ということを決めたときから、主軸の印象が他に移らないようにと考えていました。なので、人によっては気になるところもあるでしょうけど、それは自分たちもわかってやっています（笑）。たとえば、千束たちはどうやって任務の依頼を受け付けているのかとか、本編では全然描いていないですからね。

——あまり気になりませんでしたが、言われてみればたしかにそうですね。

足立●最初は入れようとしていたんですけどね（笑）。千束が神社かどこかに行くと、そこにはSOSを求める特殊な絵馬がぶら下がっているとか、あるいは『地獄少女』で言うところの「地獄通信」のような秘密のWEBサイトがあるとか。何かしらの方法で依頼を受けている描写は、本来ならあって然るべきなんですよね。でも、それを描くくらいなら、できるだけ千束とたきなの描写に時間を割きたいという判断をしたんですよ。第2話のアバンパートではウォールナットからの依頼をメールで受信するカットを一瞬だけ差し込んで、ふんわりと「こんな感じですよ」って想像の余地を作ったりはしているんですけどね。

――でも、その大胆な選択と集中が、今回はかなりきいていたと思います。

足立●それが正解だったのかどうか、実際のところは僕にはわかりません。ただ、今回に限ってはそうすべきかなって思ったんです。つねにギリギリのせめぎ合いの中で取捨選択していた感じがしますね。

バトルの合間のお茶が好き

――『リコリコ』を語るうえで欠かせないのが、千束という稀有《けう》なキャラクターです。これは一種の発明と言ってもいいのではないかと思います。

足立●ありがとうございます。千束が魅力的に映らないとその時点でこの作品はジ・エンドですから、そこは最重要事項として考えに考えました。千束については「こんな女性がいたらいいな」という自分の理想像かも（笑）。明るくポジティブで、他人を否定せず、頭がよく、カッコよく、誰にでも分け隔てなく接し、自然体で、ちょっとだらっとした雰囲気で、すぐに距離を詰めてくる……完全なる妄想ですね（笑）。ただ、ちょっとでも間違うと「ウザい」と思われるので、その塩梅《あんばい》はギリギリを攻めた感じですね。

――スタッフの皆さんに聞くと、ビジュアルや雰囲気はともかくとして、考え方や性格は足立監督そのものだと囁かれています。

足立●それ、よく言われますねぇ（笑）。「理想の女性像＝自分」みたいになってしまって「ナルシスト？」と突っ込まれそうですが（笑）。でも、主人公の行動理念や動機というのはリアルである必要があるので、そのためにはそうせざるを得ないのかもしれないです。自分ならどうする？と考えるのがいちばんリアルな行動や言動を生みますから。

――それでいうと、その対極にあるのが真島という敵キャラクターで、千束と真島の関係性というのも本作の大きな見どころですよね。

足立●真島はいわゆる活動家タイプで、自分の理想を掲げて世界を是正しようとする人ですよね。やっていることはテロだし犯罪ですけど、その本質はロビイストであり政治家なんです。自分からすると、こういう人種がもっとも縁遠いというか、理解し難いんですよ。政治家や活動家の人たちは、そこまでして本当にそれを成し遂げたいのか。理想を求めて道半ばで死んでしまったり、死んだあとで実現したとしても、本人はその世界に暮らすことができないわけで。それでも訴え続けられるというのは、どういうモチベーションなのか。自分にはとうていできないことなので、そこに尊敬の念はありつつも、でも同時に不思議で仕方ないんです。

――一方で千束は、余命が短いということもあり、そういう大義とは無縁ですね。

足立●そうですね。千束は足立と同じく小市民な感覚の持ち主で、そういう活動に限りある人生の時間を費やすのは無駄であるっていう考え方ですね。

――千束と真島は正反対の思想の持ち主でありながらも、趣味の映画の話で盛り上がるなど、共感するシーンも描かれています。主人公と敵ボスが二度にわたってお茶をする作品というのもあまり見かけませんよね。

足立●千束と真島のお茶シーンは、シナリオ上の必然性というよりも「こんなシーンが見たい！」という衝動から生まれた展開で、完全に自分の好みです。お互いに殺し合う関係性なんだけど、戦いの最中に武器を置いてナチュラルに話すというシチュエーションが好きで……ワクワクしません？　主人公と敵ボスの戦いって、アクションをしながらお互いの主張をぶつけ合うことも多いけど、自分はそういう展開よりもバトル中はバトルだけに集中して、お互いの意見を主張するのは別のシーンであってほしい。武器を置いての人間性での会話が聞きたい。どちらがいいとか悪いとかいう話ではなく、自分はそういう展開が好きというだけで、それで千束と真島のバトルにもオフの時間を設けたんです。

――なるほど。真島は劇中の最重要人物のひとりですが、千束のようなバックボーンは描かれませんでしたね。

足立●真島にも吉松にもバックボーンの設定はあるんですけど、それに触れると

勇気を出して「ライトでポップ」に仕上げた作品が若いファンに届いてよかった

彼らの物語になってしまう。それは先ほどの話と同じで、できるだけ千束とたきなの描写に時間を割きたかったし、千束主観の物語でありたかった。それでも真島を魅力的だと感じてくださる方がたくさんいらっしゃったことはうれしかったですし、自分にとっても勉強になりました。

ハッピーエンドは最初から決めていた

――終盤におけるもうひとりのキーパーソンと言えば吉松です。人工心臓を自分の身体に埋め込んでまで千束に自分を殺させようとする行動力には驚きました。

足立● ぶっ飛んでますよね（笑）。アサウラさんのこのプロットを初めて読んだときはめちゃめちゃ驚きましたし、自分にはとても浮かばないアイデアだから、作家だなぁと思いましたよ。しかし、誰が吉松を殺して千束を救っても、千束が自身の延命を喜べない。ここがいちばんの難関でした。『リコリコ』はハッピーエンドであるべきと考えていたので、千束に吉松の死を知らせることはできず、ミカにすべてを背負わせる形になりました。

――千束としては、吉松は今もどこかで生きていると思っているわけですね。

足立● 表向きはそうですね。ただ、頭のいい千束のことですから、もしかしたらそのことにも気づいているのかもしれません。そこは自分にもわからないので、どう受け取ってもらってもいいのかなと思います。

――実際に吉松が生きているという可能性もある……？

足立● 死ぬ瞬間が描写されているわけではないので、可能性としてはゼロではないですが……普通に考えれば厳しいのかなと（笑）。

若いファンに届いたのがうれしい

――こうして話を聞いていると、すべての切り口において千束とたきなの描写を最優先したことが伝わってきます。

足立● 以前、『リコリコラジオ』に出演したとき、構成作家さんから聞いたことなんですけど、お便りを送ってくる方の多くが10代から20代の若者らしいんですね。この作品で初めて深夜アニメに触れた人もいるようですし、その意味で『リコリコ』は初心者向けアニメとしてうまく機能したのかなと思います。コアなアニメファンにとってはちょっと物足りなかったり、あるいは説明不足だったかもしれませんが、今回は勇気を出してこういうラインで作ってよかったのかなと思っています。コアなファンからの指摘を回避しようとするとどんどんと作品が重く、硬くなっていって、結果的に似たり寄ったりになってしまうケースも多いですから。

――そもそも生真面目なガンアクション作品であれば、未成年の少女たちが活躍することはないですからね。

足立● わかんないですけどね。正解の道を探さず「やりたいこと最優先」でいいんじゃないですか？（笑） 最後に真島が生き残っていることも含めて、自分はずっと「これはマンガだよ」と思いながら作っていましたし、それでいいんだと思います。今の深夜アニメ業界というのは、若い視聴者をつかみきれていないですから、こういうライトでポップな作品が深夜アニメの入口としてうまく働いてくれたとしたら、アニメ業界に身を置くひとりとしてはとてもうれしいことだなと思っています。

足立慎吾（あだち しんご）

大阪府出身。
アニメーター、キャラクターデザイナー、アニメーション監督。
代表作は『WORKING!!』
（キャラクターデザイン・総作画監督・作画監督・OP&ED作画監督）、
『ソードアート・オンライン』
（キャラクターデザイン・総作画監督・作画監督補佐・OP&ED作画監督）など。

キャラクターデザイン ••• いみぎむる

Imigimuru

『リコリス・リコイル』で初めてアニメのキャラクターデザインを手がけることになったいみぎむる。
作中で生き生きと動きまわるキャラクターたちのビジュアルはどのようにして生み出されていったのか。
初期のラフ案とともにその過程をたどる。

放送が終わっても落ち着かない日々

―放送が終わって少し経ちますが、今のお気持ちはいかがですか？

いみぎ●まさかここまでの反響をいただけるとは思っていなかったので、うれしい気持ちとホッとした気持ちが半々ですね。巷では「リコリコロス」なんていう言葉も聞きますし、それは僕も同じなんですけど、放送後も版権イラストの作業に追われていたりするので、ちょっとだけ皆さんの流れから取り残されたような寂しさもあります（笑）。

―初のアニメのキャラクターデザインを振り返っての感想を教えてください。

いみぎ●右も左もわからなかったので苦労しましたが、とにかく自分に描けるいちばんいいものを出そうとだけ考えていました。結果として魅力的に映ったのであれば、それはキャラクターに命を吹き込んだキャストさんやアニメーターさんたちのおかげだと思います。

千束はいちばんの難産

―では、具体的なデザインの変遷について聞いていきます。まずは千束から。

いみぎ●企画書をいただいて、最初に叩き台として描いたのが①です。まだDAの制服デザインが完成していなかった

3

4

③のお団子ヘアもお気に入りでしたが、ボツになりました。他のキャラクターでも試してみたんですが、どれも採用されず、最終的に流れ着いたのが姫蒲だったんです（笑）。

ので、とりあえず作ってみた喫茶リコリコの仮衣装を着せています。基本的に千束はたきなとセットで考えていったので、目つきが悪く狂犬っぽいイメージのたきなとは対照的に、包み込むような優しさを持ったお姉さんキャラとして描きました。その後、千束のセリフやシナリオを読んでいくうちに印象がだんだんと変わってきて、もっと活発で元気な②に変化していきました。

――髪型もショートになりましたね。

いみぎ●たきなが黒髪ロングで決定していたので、そことバランスを取った感じです。そこからボブになるまでは、とにかくたくさんの髪型パターンを出しながら感触を探っていきました。最終的に④を提出すると、足立（慎吾）監督から「左下と右下を足してこんな感じに」という合成データが送られてきて、ようやく完成しました。なんだかんだでけっこう時間がかかったキャラクターで、難しかった思い出があります。髪色が白になったのも足立監督からの提案です。

――プロポーションについてはいかがですか？

いみぎ●千束とたきなの、片方はふくよかで、もう片方はスレンダーにしたいというのは最初からありました。迷ったんですけど、千束の活発さが明確になったことで自然と決まっていきました。じつは作業を進めながらこっそり胸を大きくしていったんですが、途中で「ちょっと

大きすぎじゃないですか？」と気づかれちゃいましたね（笑）。

たきなは狂犬からお人形へ

――⑤はたきなの初期案ですね。

いみぎ●最初に企画書を読んだ際は、DAとか旧電波塔とか、SFチックでサイバーパンクっぽい雰囲気を感じたので、たきなの私服にはそういうニュアンスが入っています。

――そのあとの⑥になると、もうわりと完成形に近づいていますね。

いみぎ●そうですね。企画書段階では狂犬っぽさを感じたんですけど、そのあとシナリオを読んでみると、そういうわけでもないのかなと思い直したんです。そ

たきなは服装に無頓着ということもあり、ダサい服を着ていそうというイメージで描いたのが⑩です。ダサい服をすまし顔で着ているっていうギャップがいいですよね。

れで「お人形感」を強めに出しつつ、髪型やメガネの有無などを試してみました。

——⑦の4コママンガはどのような経緯で描いたのですか?

いみぎ●これは最初期に描いたものですね。足立監督から「たきなが千束にじゃんけんで勝てないというシーンがある」と聞いて、それをそのまま絵にしてみたんです。まあ、落描きですね。

キャラクターをつかめたきっかけは……

——⑧もそんな感じですか?

いみぎ●そうですね。たきなは黒髪ロングという設定がフィックスしていたので、ビジュアル的には早めにスッと決まったんです。ただ、詳しいキャラクター性が自分の中でいまいちつかめなかったので、どんな表情や仕草をするのか、どこまで振り幅があるのかをたしかめたくて、いろいろと落描きをしていました。中でも足立監督からは⑧と⑨がイメージに近いという言葉をもらって。とくに⑨については「これこれ! たきなはパンツを見られてもなんとも思わない子なんです」と(笑)。僕も「なるほど、そういうタイプか」と、たきなというキャラクターへの理解が一気に深まりました。そこからはほとんど悩まずにフィニッシュまでいけたと思います。

ロングヘアーのキャラクターに思わずウェーブをかけてしまうのは僕の手癖です。動きが出るし、純粋に綺麗だと思うんですよね。

Staff Interview 02

クルミの目つきは最後の最後で決まった

―続いては喫茶リコリコのメンバー、まずはミズキから。

いみぎ●ミズキは最初、知的で有能なナイスバディのお姉さんとして描きました。当時から「酒癖が悪い」「結婚できない女」という設定があったので、見た目と内面のギャップを最大限に出したいとは思っていましたね。結果的には僕の予想をはるかに超える残念なお姉さんになっていて、驚きました（笑）。

―途中で唇を厚ぼったくしたんですね。

いみぎ●なにか特徴を出したいと思ったんです。他にそういう唇のキャラがいなかったので、使うなら彼女だなと。

―クルミは初期ラフだと印象がかなり違いますね。

いみぎ●最初は「凄腕のハッカーで見た目は幼女」という情報しかありませんでしたから、本当にとりあえずという感じで描きました。その後、足立監督から「ミカと対等に話せるくらい精神的に大人」ということを教えてもらい、今の形に近づいていきました。メガネ姿のラフがあるのは、ミズキではなくクルミをメガネ担当にする案もあったからです。

―クルミは眠たそうな目が特徴ですが、これはどこで加わったんですか？

いみぎ●最後の最後です。たきなの目との差別化という意味合いと、このままだ

黒人で短髪だとちょっとありきたりな気がしたので、長髪にしてみました。サッカー選手や俳優を参考にして描いています。

デコ出しの可否はスタッフさんによる投票で決まりました。僕としてはなんとしてもデコ出しさせたかったので、うれしかったです（笑）。

と単なるロリっ子になってしまうということで、完成直前に変更した気がします。結果的に本編でもちょっとやる気のない感じに描かれていて、それがクルミの魅力にもなっているので、細かい部分の調整って大事だなとあらためて感じました。

―― ミカについては最初からアフリカ系男性という設定があったんですよね。

いみぎ●そうです。一応いくつかのパターンを作ってはいますが、最初から最後までそこまで大きく変わることなく、すんなりと決まりました。

―― 10年前のミカと吉松のイメージが描かれていますね。

いみぎ●これは完全に遊びですね。千束とフキの10年前の設定が必要になったときに、他のキャラクターも描いてみたんです。ミズキのJK時代もこのときに描きました。完全に僕の想像なので、本当にこのビジュアルだったのかは不明です（笑）。

「可愛くしたい」思いが拭えなかった

―― 真島のビジュアルは、とあるドラマの悪役がイメージソースだとか。

いみぎ●そうですね。真島については「イカれたサイコテロリスト」というテーマだったんですけど、最初はなかなかピンと来なかったんですね。じつはここに載っているラフ画の前にも何パターンか

ロングコートを着せたのは、アクションの際にヒラヒラとコートが舞うと、動きが出てカッコいいかなと思ったからです。

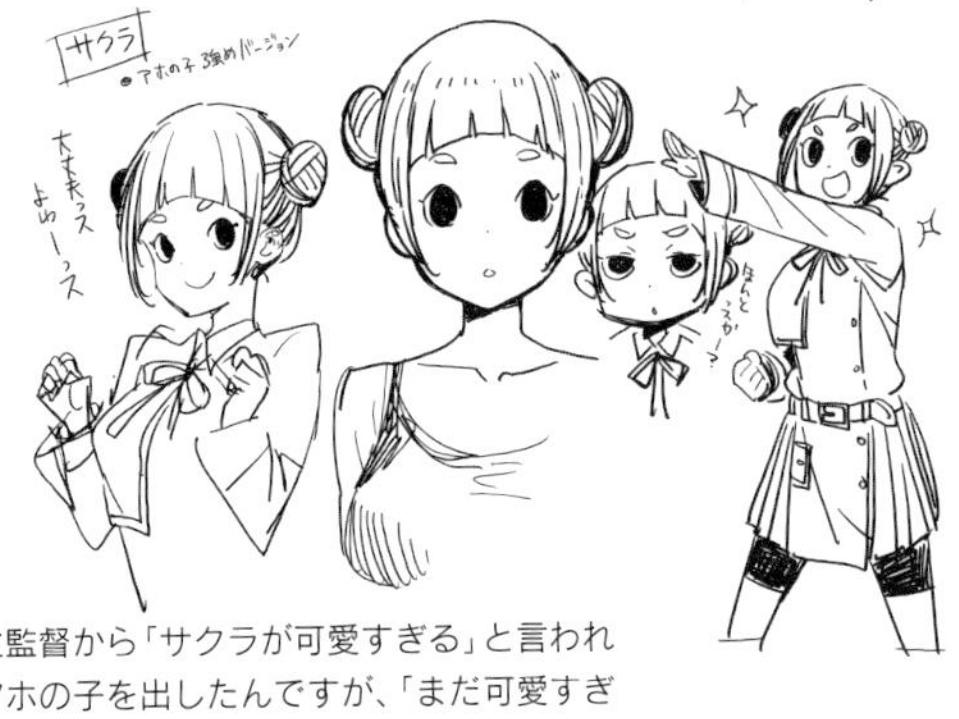

足立監督から「サクラが可愛すぎる」と言われてアホの子を出したんですが、「まだ可愛すぎる」となり、もう刈り上げしかないと（笑）。

描いているんですけど、それは全然違う方向性だったんです。それ以上のビジュアルイメージが湧かずに困っているときに、足立監督から「僕の中ではこのドラマのこの人物のイメージです」と教えてもらい、それでようやく今の真島っぽいビジュアルにたどり着くことができました。

――最後はフキとサクラです。

いみぎ●フキの顔は早々に決まり、髪型に悩みました。視聴者さんから『ターミネーター』シリーズのジョン・コナーに似ていると指摘されて「たしかに」と思ったんですけど、じつは元ネタは別にあるんです。サクラについてはラフを見ていただければわかる通り、二転三転していますね。足立監督からは「美少女にはしないでほしい」と言われていたんですけど、でもどこかで「可愛くしたい」という思いが拭《ぬぐ》えなかったんですよ。結果的に見た目的にもかなり生意気な後輩キャラになりましたけど、僕は好きですね。

いみぎむる

兵庫県出身。マンガ家、イラストレーター。
2008年に『キミに幸アレ!!』でマンガ家デビュー。
他のマンガ作品に『サイトーくんは超能力者らしい』『この美術部には問題がある!』。
小説『負けヒロインが多すぎる!』や
ゲーム『Fate/Grand Order』などの
イラストも手がけている。

Staff Interview 03

ストーリー原案 •••
アサウラ
Asaura

世界観やキャラクター、プロットなど、『リコリス・リコイル（以下、リコリコ）』の根幹をなす土台を作り上げたアサウラ。本編を振り返りながら、足立慎吾監督の参加によって起こったさまざまな化学変化について語ってもらった。

意見がバラバラだった「ヒットの理由」

――放送終了から少し時間が経ちました。大ヒット作となりましたが、現在の心境はいかがですか？

アサウラ●皆さんに楽しんでいただけたことはなによりですし、うれしい気持ちもありますが、正直驚きのほうが強いです。「僕らはいい作品を作っているんだ」という気持ちはありましたけど、まさかここまでの反響をいただけるなんてまったく予想していませんでした。

――ヒットの要因は何だったと考えていますか？

アサウラ●……謎なんです（笑）。大きな反響を呼んでいるという話を聞いて、スタッフが集まってヒットの理由を話し合ったことがあったんですよ。みんな確信を持って持論を語るんですけど、全員の意見が見事にバラバラで（笑）。足立監督を含め、本当の正解をつかんでいる人は誰もいないんじゃないですかね。

――そこでのアサウラさんが考えるヒットの理由は何だったんですか？

アサウラ●中盤以降、さらにブーストがかかっていった理由はよくわからないんですけど、注目されるきっかけになったのは千束のお芝居や声だと思っています。安済（知佳）さんが演じる千束って、明らかに普通のアニメとは一線を画していますよね。もちろん、それを「表現」として見せるためには、安済さん個人の力だけではなく、足立監督をはじめ音響監督の吉田（光平）さんだったり、あのお芝居に絵を合わせていくアニメーターさんなどたくさんの方々の挑戦があったと思います。それが最高の形で視聴者の皆さんに伝わったんじゃないでしょうか。

――千束の生っぽい芝居は、一瞬で作品世界に引き込むフックになりましたね。

アサウラ●そうですね。とくに今の若い世代はVTuberになじみがあるじゃないですか。千束は3Dモデルでもアバターでもありませんが、生々しい感覚はちょっと似ているなと感じるんです。そういう雰囲気の存在がアニメの物語の中にいるのが新鮮で、同時になじみやすさもあったのかなと思います。

――なるほど。若い層の視聴も多かったらしいですから、その主張はわりと本質を突いている気がします。

アサウラ●ありがとうございます。でも、きっと違うんですよ（笑）。9月に出した小説（『リコリス・リコイル Ordinary days』）の反響を見ると「久しぶりにライトノベルを買いました」とか「アサウラさんの本を買うのは『ベン・トー』以来です」というコメントがけっこうあったんです。となると、ファンの年齢層はもっと高めのはずなんですね。なので、結局謎なんです（笑）。

千束とともに 作品全体が変わっていった

―― なるほど（笑）。アサウラさんはストーリー原案として足立監督とともに『リコリコ』の骨格を作り上げました。やりとりの中で、とくに印象に残っている思い出はありますか？

アサウラ● 足立監督が作品に参加した当初、たまたま一緒に食事をする機会があって、そこでの会話はめちゃめちゃおぼえています。足立監督は『リコリコ』が初監督作品、僕もアニメ作品のストーリー原案は初めてで、お互いに「これが最初で最後の体験かもしれないですね」という話をしたんです。そのときに、こういうのは一期一会だからお互いに出し惜しみなどはせず、全力で挑もうと素直に思えたんですよ。ふたりとも全力なのでぶつかることもありましたが、でもそれが結果的にはよかったんだろうと今でも思っています。

―― アサウラさんがイメージしていたのはもう少し殺伐とした世界観で、足立監督の参加によってポップでカジュアルな雰囲気に方向転換していったんですよね。

アサウラ● というより、ハードでしたね。今より振り幅が大きかったというか。日常は女の子たちがわちゃわちゃしているのに、戦闘になったら当然のように人が死んでいく感じです。今の時代、あまりシリアスなドラマは受け入れられにくいだろうということですかね。千束に関してもかなり変化していて、初期はわりと正義感にあふれた感じで、フキに近いキャラクターでした。そこからどんどん明るくなって、ああいうだらっとした雰囲気の千束が出来上がったんです。シナリオはさほど変わらなくても、千束が変わることで作品全体の肌触りがガラリと変わって、僕自身すごく驚きました。カレーが出てくると思って材料を渡したら肉じゃがが出てきたみたいな（笑）。

―― 素材は同じでも調理方法や味付けがまったく違ったんですね。

アサウラ● 歴史小説に近いような気がします。史実に沿っているのにもかかわらず、歴史上の人物って作品によってキャラクター性がまったく違いますよね。そういう感覚でした。

―― 小説で千束を描くうえで、意識していたことはありますか？

アサウラ● 誤解を恐れずに言えば、アニメの千束を小説で完全再現するのは不可能だと思います。安済さんの声が入って初めて完成するキャラクターですし、そもそも小説で書くには非論理的すぎるんですよね。たとえば、第2話で駐車場にとまっている赤いスーパーカーを見て、金網をガシャガシャしながら「スーパーカーじゃん！ すっげーすっげー！」ってお尻を振るカットがありますけど、あれを小説でそのまま書いたとしたら「この作家はふざけてるのか？」って思われるのがオチです（笑）。そうした非言語的な千束の魅力というのは、どうしても小説では再現しにくいんですよね。

―― では「千束&たきな」というバディとしてとらえた際の魅力はどのように見ていますか？

アサウラ● 早い段階で、千束はすでに完成されたキャラクターで、劇中で成長はしないことに決まりました。逆にたきなは成長するのが役割で、最後には千束のピンチを助けることができる相棒にしたいと考えていました。こういうバディを描く場合、一方が引退間際のベテランでもう一方は新人という組み合わせが鉄板ですが、千束とたきなは年齢差もわずかなので、珍しいタイプのバディ感を出せたのかなと思います。

フキの複雑な心中

―― 千束とたきな以外にも、千束とフキ、たきなとエリカなど、さらに掘り下げられそうな人間関係が残っていますね。

アサウラ● そうですね。千束とフキに関して言えば、それだけで1話分ガッツリと描けるだけのエピソードは考えているんですが、尺の都合上、あきらめるしかありませんでした。これは本編でも明らかになっていますが、ふたりはもともと相棒で、フキからすれば千束は自分を置いて出ていった存在で、逆にたきなは自分が追い出した存在なんです。そのふたりが尊敬するミカのもとでコンビを組んでいるわけで、それはもうモヤモヤしますよね。さらに今はサクラという新しい相棒がいるわけで、その心中やいかにっていう感じです。

―― 千束とは悪態をつき合う仲ですが、本気で嫌いなわけではないというのがまた面白いですね。

アサウラ● 幼い頃からコンビを組んでいて、ずっとチャランポランな千束を見てきているので、フキは自分がしっかりするしかなかったんですよね。フキの性格は千束との関係性の中で形成されていきましたが、その千束が突然出ていってしまい、規律を重視する責任感の強いフキが取り残された格好です。

―― そう考えるとフキは千束の被害者というか、苦労人なんですよね。

アサウラ● そうですね。フキは最初期のプロットでは主人公だったこともあり、個人的にも思い入れは強いんですけど、その心境をハッキリと描くだけの余裕はありませんでした。

―― たきなとエリカの関係についてはどうでしょうか？

アサウラ● このふたりについては僕の書いたプロットではほとんど触れていなかったので、足立監督の意向が大きいと思います。じつは当初「千束とたきな以外は美少女にしないでほしい」という足立監督のリクエストがあったのですが、最終的にエリカのキャラクターデザインはかなり可愛いく描かれていますから、終盤で露出が増えたのも、ある程度狙っていたんじゃないかと思いますね。

――エリカの必死な思いと比べると、たきなはかなり塩対応でしたよね。

アサウラ●第11話でたきなとエリカが絡《から》むシーンは千束がかなりピンチなので、たきなとしては心ここにあらずなんですよね。本編終了後にあらためてじっくりと話をしたらどんな雰囲気になるんだろう？というのは僕も気になりますし、書いてみたいという気持ちもあります。

――それ以外のキャラクターもいい味を出していましたが、お気に入りは？

アサウラ●予想外に面白くなったなと感じるのはロボ太です。最初に設定を起こした際はどこまで生き残れるかも定かではなかったので、僕の中では完全にネタキャラとして設定していたんです。それが思いのほかスタッフさんに気に入られ、頭のサイレンが光るギミックまで付け足されて（笑）、たくさんの出番がある愛されキャラになりました。

非殺傷弾が生まれた経緯

――アサウラさんは銃器マニアとしても知られています。千束の非殺傷弾など、『リコリコ』に登場する銃器はどのように設定していきましたか？

成長するのはたきなの役割で
最終的には千束を助けることができる
相棒にしたかった

アサウラ●非殺傷弾は、地上波での放送、そして海外での展開に配慮したアニプレックス側が「主人公が銃で人を殺すのはまずい」と途中で言ってきて。そのときは「ガンアクション作品で今さらそれを言いますか？」と思いましたけど（笑）、いろいろと考えた末、現実世界でも使われているゴム弾をベースに「プラスチック・フランジブル弾」というオリジナル弾を生み出しました。細かい仕様は小説でも書いていますが、この弾は性質上、近距離で当たればバットで殴られるくらいの衝撃を生み出します。ただ、距離が遠くなると途端に衝撃力が減衰し、命中精度も著しく低くなるんです。つまり、この弾で敵を制圧するには近距離で複数当てることが必須になるんですね。もともと『リコリコ』ではC.A.R.システム（銃を両手で持って少し斜めに構える、近接戦闘に向いた射撃手法）を取り入れようとしていたので、そことの相性のよさもあって意外とすんなりと決まりました。

――普通の敵であれば、1発か2発当たると悶絶して倒れています。真島だけが異様な耐久力を持っているんですね。

アサウラ●そこはアニメですから（笑）。第6話でロケットランチャーを食らって生き延びるシーンがありますが、あれは最初のシナリオではなかったハズです。でも、千束と真島の格闘だけで終わらせるのは地味だということで、あのシーンが生まれたんだと思います。まあ、真島が相手なら何をやっても大丈夫だろうっていう安心感ゆえかと（笑）。

――なるほど。たきなやフキたちが使用している装備についてはいかがですか？

アサウラ●リコリスたちはグロックっぽい銃を使っていますが、それもC.A.R.システムとの相性を考えて、サムセーフティ（親指で操作するレバー）がないモデルをチョイスしました。また、第11話で出てきたサブマシンガンは発射時の反動を吸収する内部構造を持ったもので、小柄な女性でも扱いやすく、さらにハンドガンと同じマガジンが使えるというのもポイントですね。

リアル宮古島での大騒動（？）

――本作のテーマや結末についてはどう感じていますか？

アサウラ●DAが政府の後ろ盾を得ているとした時点で、物語としてはどうしてもディストピアものに寄っていくんですよね。ただ、それは現代の日本人の感覚からすれば違和感をおぼえる世界なので、それをあえて敵である真島に言わせることで全体のバランスを保っています。自分たちで作っておきながらなんですが、かなり特殊で不思議な構造です。

――結末は両者痛み分けという形でした。

アサウラ●でも、実質的な勝者は真島ですよね。1000丁の銃が回収できていないということは、社会に不安は残り続けるわけで、その時点で真島の当初の目的はほぼ達成しているんですよ。

――それでいて千束的にはハッピーエンドで終わっているのが面白いですね。

アサウラ●千束はそういった政治的思想には興味がまったくないですから。彼女的には、自分や自分のまわりが幸せならそれでハッピーなわけですからね。

――全13話を通して、もっとも印象深いシーンはどこですか?

アサウラ●最初に衝撃を受けたのは第3話の噴水シーンですが……それだとちょっと当たり前すぎますよね。それ以外で挙げるとすれば、第13話の宮古島で千束とたきなが再会したあと、カフェでお茶をしているシーンがあるじゃないですか。千束が「なぜここがわかったん?」とたきなに手の平を差し出して話をうながすカットがあるんですけど、その手首の動きがめっちゃ好きなんです。

――細かいですね。

アサウラ●あのカフェは実際に宮古島にあり、僕も現地を訪れているので強く印象に残っているのかもしれません。じつは最終話の放送は、関係者数名で集まって宮古島で見たんですよ。ホテルの一室に集合して見ようとしたんですけど、宮古島ではリアルタイムでは放送していないことが判明して、タブレットをテレビにつなげて見ようということになり、みんなで協力してなんとか放送までにテレビの背面にあるHDMI端子にプラグを挿すことに成功したんです。第12話の千束とフキがUSBメモリを挿すために必死に頑張るシーンそのものでした(笑)。

千束と真島が映画好きな理由

――小説『リコリス・リコイル Ordinary days』も本編の反響を受けてベストセラーになりましたね。

アサウラ●発売前から重版がかかるとか「どういうこと?」と思いましたが、おかげさまでなかなかできない体験をさせていただきました。小説を書くにあたっては、アニメの設定を補完するだけという位置付けにはしたくなかったんです。なので、アニメ本編の追加エピソードという感覚で、わりとバラエティ豊かで攻めたお話を書かせていただきました。

――たきなの恋愛話やゾンビものなど、本当に幅広いですよね。『リコリコ』という作品の懐の深さを感じました。

アサウラ●ありがとうございます。この先『リコリコ』がどう展開していくはわかりませんが、仮に僕以外の人がプロットやシナリオを作る際、「ここまでやっても大丈夫ですよ」というポテンシャルを示しておきたかったんです。夢オチとはいえ、ゾンビもののストーリーまで書きましたから、もう異世界転生しても不思議じゃないです(笑)。

――千束の映画に対するこだわりなど、本編とリンクするネタも盛りだくさんでした。

アサウラ●千束が映画好きなのには理由があるんです。真島の初期設定のひとつに、元映画監督というアイデアがあったんです。カルト映画を撮りながら現実の街を破壊して「ヒャッハー!!」と笑っているイメージで(笑)。千束は、そんな真島と映画の話ができるようにと、それで映画好きという設定になりました。

――千束と真島の映画談義シーンはそこから生まれたんですね。

アサウラ●そうです。他にも千束がたきなに大量のDVDを貸すシーンがあるじゃないですか。あれは僕と足立監督とのあいだで実際にあったエピソードです。足立監督が「ガンアクションはあまり詳しくない」とおっしゃったので、参考になればと、僕からけっこうな数のDVDやブルーレイを渡したんです。実際にどれだけ見てくださったかどうかは聞いていませんが、映画にまつわるシーンを見るたびに思い出します。

――アサウラさんにとって、『リコリコ』はどんな作品になりましたか?

アサウラ●いちばんの収穫は足立監督と一緒にお仕事ができたことですね。小説だったら面白いけどアニメで描くには向かなかったり、その逆だったり。さらに時代の流れを感じる力も素晴らしく、その考え方や技術というのは隅々まで本当に勉強になりました。おかげさまで幅広い層に作品が届き、結果的に多くのリアクションをいただけたこともうれしいです。どちらも今後の作品作りに役立つ気がしますし、本当に幸せな体験をさせていただいたなと感謝しています。

アサウラ

北海道出身。小説家。
『黄色い花の紅』で第5回スーパーダッシュ小説新人賞・大賞を受賞し、2006年に作家デビュー。
主な著作に『ベン・トー』『小説シドニアの騎士 きっとありふれた恋』など。
近年は『Phantom in the Twilight』や『revisions リヴィジョンズ』などのアニメ脚本も手がける。

副監督 ••• 丸山裕介
Maruyama Yusuke

Staff Interview 04

足立慎吾監督を全面的にサポートし、要所のエピソードでは自らも演出を手がけるなど、陰日向に『リコリス・リコイル（以下、リコリコ）』を支えるべく奔走した丸山副監督。「すべてが学びだった」と語る足立監督との仕事を振り返る。

副監督＝監督の相談相手？

――丸山さんは『リコリコ』では「副監督」としてクレジットされていますが、具体的にはどのような形で本作に関わったのでしょうか？

丸山●それが……めちゃめちゃ多岐にわたるので、なかなか言葉では説明しづらいんですよ。監督のチェック作業を肩代わりする、いわゆる普通の副監督のようなことももちろんやりましたが、それよりも「足立監督の相談相手」のような感覚が強いですね。

――相談相手ですか？

丸山●足立監督は『リコリコ』が初めての監督作品だったので、それを補助するためには現場のことを知っている演出家が必要だったんです。とくに僕は『リコリコ』の制作班とは昔からいろいろな作品でご一緒していますから、ある程度内情もわかっているだろうということもあり、足立監督と仕事をするのは初めてだったんですが、声をかけていただきました。

――なるほど。実際に足立監督からはどんな相談をされたんですか？

丸山●それはもう、作業全般ですね。足立監督自身も長年アニメーターとしてさまざまな作品に参加されてきて、演出経験もお持ちですが「TVシリーズの監督としての立ち回りはわからないことも多いから」ということで、編集や音響作業からアフレコまで、とにかく気になったことは「こういうとき、他の現場ではどうしてるの？」と相談されるんです。

――丸山さんはいろいろな現場に参加していたので、引き出しが多かったんですね。

丸山●僕自身、監督経験はないんですけどね。ただ、多くの監督さんとご一緒してきたので「○○の現場ではこうしていました」とか「○○監督はこうしていました」や「ここではこういうやり方もできますよ」など、自分の知りうる範囲で足立監督に話しました。情報が足りないと思えば他の方にも聞いていたと思いますが、それらを踏まえたうえで最終的に足立監督が決定するという流れで、それが最初から最後までずっと続いていました。

――では、制作中は四六時中、足立監督と一緒に行動していた感じですか？

丸山●そうです。自分が絵コンテや演出を担当した回ではそちらに集中することもありましたけど、それ以外はずっと足立監督と一緒でした。

――それはまた、ずいぶんと特殊な役回りですね。

丸山●でも、めちゃくちゃタメになったと思っています。僕が作品の脚本段階から最後まで関わったのは『リコリコ』が初めてだったんですけど、こういう参加の仕方をさせてもらったことは絶対に忘れないと思いますね。

「ディープ足立ラーニング」の日々

―― TVシリーズは大ヒット作となりましたが、どんな心境ですか?

丸山● ヒットしたこと自体はもちろんうれしいんですけど、まさかここまで売れるとは思っていなかったというのが正直な気持ちです(笑)。面白くないものを作っているつもりは毛頭ありませんでしたけど、それでもやっぱり驚きましたね。おそらく『リコリコ』って、企画書を見ただけでは他の数多《あまた》の企画の中に埋もれてもおかしくない作品だと思うんですよ。美少女もガンアクションもバディものも、すでにやり尽くされているジャンルですし、それらとの明確な違いって、一見するととくに感じないじゃないですか。でも、出てきたものはこれまでの作品とはまったく違うものになっていて、そこが本当に驚きました。

―― 放送前の取材では、足立監督も不安で仕方がない様子でした。

丸山● それは間違いなく本心だと思います。制作中も「たぶん、俺はこの作品が終わったら業界を干されるから」ってつぶやいていましたから(笑)。同時期に放送される他のオリジナル作品の評判とかもすごく気にかけていましたし。僕も内心は不安でしたが、足立さんの手前、つねに笑顔で「きっと大丈夫ですよ」と応えるようにしていました。

―― 足立監督はよく「スタッフに悲しい思いだけはさせたくない」と話していました。

丸山● それは僕も聞いていました。「たとえ『リコリコ』がヒットしなかったとしても、みんなのキャリアアップにつながってくれれば、それだけでいい」とおっしゃっていましたね。でも、うれしいことに僕を含めたスタッフの多くが『リコリコ』をきっかけに新しいお仕事の話をたくさんいただくようになったんです。そういう話を聞くたびに「よかった」とすごく喜んでくれるんですよ。それもこれも、足立監督が事あるごとにスタッフの名前を出してくれたからこそだと思います。インタビューで「映像面にはほとんど関わっていない」とおっしゃっていましたけど、そんなわけはないんですよ(笑)。

―― え? 実際には関わっているんですか?

丸山● 途中からはかなりまかせていただけるようになりましたけど、最初は相当リテイクをもらいました。とくに本編作業に入る前、設定画ができたくらいのタイミングで、色を塗ったり撮影処理を加えたりしてサンプル映像を作ったんです。それを元にしてフィルムの完成イメージを探っていったんですけど、固まるまでに3~4カ月は費やしました。

―― それは足立監督のこだわりが主な原因ですか?

丸山● そうですね。ただ、今回は少し難しい事情があって、『リコリコ』の制作陣は一部のアニメーターさんを除いて、これまで足立監督とお仕事をしたことがほとんどなかったんです。なので、足立監督としては僕らの技術力もわからないですし、どこまで要求していいものか、かなり迷ったと思います。さらにそれとは別に、深夜アニメとして映像の合格ラインをどこに設定するかという問題もありますし、それらを同時に探っていった感じなんです。僕らはそのあいだ、とにかく足立監督の考え方や優先順位、好みなど、あらゆることをチームで共有しながら理解を深めることに注力していました。まるで「ディープ足立ラーニング」みたいでしたね(笑)。

―― なるほど。その努力のかいもあり、だんだんとまかせてもらえる部分が多くなっていったんですね。

丸山● そうですね。本当に尻上がりにつかんでいったので、今の僕らで第1話を作ったら、きっと全然違うものになるんじゃないかと思います。とはいえ、もし、足立さんが本気で合格点を目指そうとしていたならば、今も出来上がっていなかったとも思います(笑)。

―― 足立さん自身が超一流のアニメーターですからね。

丸山● そうなんですよ。『リコリコ』に参加してくださったアニメーターさんの中で、足立さんよりもうまい人っているか

第1話からの会話を聞いていれば
楠木と千束の関係は
母親と反抗期の娘そのものと読み解ける

なぁ……というレベルですから。映像面のクオリティに関してはある程度割り切ったうえで、今回は監督業に専念してくださったんだと思っています。

「間」にはとことんこだわった

—— 足立監督は「コメディの間《ま》」にこだわったと言っていましたが、丸山さんから見ても、こだわりは感じましたか?

丸山●その通りだったと思います。アフレコ後、ダビングの前に2回目の編集作業をやるんですけど、間へのこだわりは本当に半端じゃないなと感じました。たとえば、第9話、喫茶リコリコのお座敷でたきなが千束をデートに誘うシーン。ふたりで向かい合って、千束が「何ごっこ?」と言うと、たきなが「え?」と返し、さらに千束が「え?」と返すんです。ここは2秒足らずの短いシーンなんですけど、この「え?」のタイミングを巡って、じつは信じられないくらいにリテイクを重ねています。「あと6コマ詰めて」、「やっぱり12コマ延ばして」など、いちばん面白く聞こえるタイミングを突き詰めているんです。基本的にコメディシーンはすべてこんな感じで、とにかく時間をかけていますね。

—— そこは各話演出の裁量よりも足立監督の意向が優先なんですね。

丸山●間に関してはシリーズを通して監督の感覚が最優先で、みんなでそこに向けて作っていった感じですね。ただ、足立監督も自分の判断のみで決めているわけではなく、現場に笑い声が起きればOKになることが多かったです。それはアフレコでも同じで、現場で起きる笑い声はかなり重視していたと思います。

第9話で感じたたしかな手応え

—— 丸山さん自身が副監督の立場でとくにこだわった部分はありますか?

丸山●ひとことで言えば「映像のクオリティアップ」ということになります。色味だったり撮影処理だったり、どうすれば足立監督の求める画面の雰囲気が出せるのかはずっと考えていました。個人的には第7話以降は色味が増えてリッチになり、そこから終盤にかけて仕上がってきた感覚があります。

—— 足立監督が求めるフィルム感というのは、言葉にするとどんなイメージですか?

丸山●明るさや発色のよさ、とくに暖色へのこだわりがとても強いなと思います。足立監督から「画面を暗くしたり、寒色系を押し出すのはあまり好みではない」というお話があって、モブキャラでさえ赤い服を着ていたりするんです。なので、画面のすみずみまで全体的に発色をよくするようには意識しました。それがよく表れているのが第11話、旧電波塔で千束と真島が暗闇で戦うシーンです。通常であれば、青系の色で暗闇を表現することが多いんですが、このシーンでは緑系の色で暗闇を作っているんです。緑も寒色系ではありますけど、青よりは暖かい印象になるんですよね。色彩に関しては他のカットでもいろいろなチャレンジをしたので、とても印象深いです。

—— 他に個人的に印象深いエピソードやシーンはありますか?

丸山●………うーん、すみません。すべてのカットに思い入れがあって、なかなか選べないんですよね。

—— では、自身の演出回で、もっとも手応えを感じたエピソードを教えてください。

丸山●それはやっぱり第9話ですね。先ほども少しお話しした「ディープ足立ラーニング」の効果がようやく出てきまして、自分なりにかなりうまくコントロールできたなと思っています。とくに回想シーンは思い入れが強くて、ようやく色味と画面で勝負できたという手応えを感じた瞬間でした。

—— Bパートの冒頭から流れる長い回想シーンですね。

丸山●そうです。一般的な回想シーンだと画面の縁をボカしたり彩度を抜いたりして表現することが多いんですけど、ここは色彩設計の佐々木梓さんと相談しながら、ちょっと特殊な色味と処理で作り込んでいきました。このあたりは足立監督に相談せずに進めていったんですけど、僕の中では「足立監督は喜んでくれるだろう」という確信があったんです。ただ、ミカと吉松の過去シーンはちょっとピンクの色味が強くなって、あとで佐々木さんと「やりすぎたね」と話しましたけど（笑）。第3話で演出を担当した際はまだ手探り状態だったものが、ここにきてかなり明確になったんです。

千束と楠木の「母娘関係」

――他に第9話でお気に入りのシーンはありますか？

丸山●映像とは関係ないですが、楠木と千束の会話シーンが大好きです。自分としては、これ以上ないくらい楠木のキャラクターを見せることができたなと。この時点で楠木が千束にデジカメを返すメリットは何もないんですよ。これは残り寿命が少なくなった千束への餞別で、彼女なりの思いやりなんですよね。

――たしかに劇中を通じて楠木がいちばん優しく見えるシーンかもしれません。

丸山●第3話でも千束の戦いぶりを眺めて「それ以外は生意気なクソガキだ」と言いながらフッと笑うじゃないですか。もっと遡ると、第1話での千束とたきなの会話では、たきなが「優秀なリコリスだとうかがっています」と言うと、千束は「楠木さんがそう言ってた？」と目をキラキラ輝かせるんですよね。つまり、このふたりの関係性は、母親と反抗期の娘そのものなんです。あまり深掘りはされていませんが、一連の会話を追えばちゃんと読み解くことができる、そういうさじ加減も含めて気に入っています。あとはやはりラストシーンでしょうか。公園で千束とたきなが別れ、EDテーマのイントロが流れ、たきなが千束のほうへ振り返るんですけど、このときの千束には後光のような光を入れています。視聴者に「もしかするとこれが今生の別れになるんじゃないか？」とミスリードさせるための小技ですが、わりと気に入っています。ちなみにこのカットのたきなの鼻はうっすらと赤くなっていて、それまでたきなが涙を堪《こら》えていたこともわかるんです。これは総作画監督の山本由美子さんがアドリブで入れたもので、全編を通してたきなの鼻が赤いのはここだけです。

『リコリコ』はちょっとだけ次世代型

――千束やたきな以外にお気に入りのキャラクターはいますか？

丸山●姫蒲です。ファンにはよく知られているネタですが、彼女のスマートフォンの保留音がワーグナーの「婚礼の合唱」なんですよね。これは音響効果の上野励さんがアドリブで入れてくれて、現場ウケも最高でした。僕も思わず「姫蒲さんって結婚願望があるの？」と気になっちゃって（笑）。姫蒲を演じていらっしゃる大谷理美さんの声もすごく素敵で、もっとセリフが聞きたかったですし、もう少しプライベートな部分も描かれてほしかったなと思いました。

――『リコリコ』を通じて足立監督と仕事をしたことで、丸山さんご自身はどんな部分が学びになったと感じますか？

丸山●足立さんは僕がこれまでご一緒したことのある監督さんの誰とも似ていないので、すべてが学びだったと言っても過言ではないですね。自分自身が長くアニメの演出業をやってきたことで、いつの間にか頭が固くなっていたことに気づかされました。視聴者に見てもらいやすいビジュアルだったり、掛け合いのテンポ感だったりはもちろんですが、意味のない段取り芝居をどんどん削っていくなど、僕がこれまでにあまり意識したことのない角度から物事を考えている方なので、ハッとさせられることが多かったです。

――いい意味で刺激になったんですね。

丸山●そうですね。よく「『リコリコ』は体感時間が短い」というコメントを見かけるんです。普段は1.5倍速でアニメを視聴するような人たちが『リコリコ』の1.5倍速はキツい」とか（笑）。そういう視聴者層にも飽きられないような演出や映像技法というのは、これからのアニメ業界の課題でもあると思うんですけど、『リコリコ』はその答えに近いところまでいけたのではないかと感じます。少なくともこれまでのアニメとは一線を画すような、「ちょっとだけ次世代型」の作品だったんじゃないかと思うんです。こういったノウハウは次の仕事ですぐにでも活かせると思いますし、僕としても貴重な経験になりました。

――機会があれば、再び足立監督と組んでみたいですか？

丸山●それはもちろんです。制作当時はキツいと感じることもありましたけど、最近になってようやく足立監督の本質と言いますか、人となりがわかってきた気がするので、次はもっとうまくできるのかなと思いますね。

丸山裕介（まるやま ゆうすけ）

2011年に『SKET DANCE〈スケットダンス〉』で
演出家としてデビュー。
演出として参加した主な作品に
『Fate／stay night［Unlimited Blade Works］』、
『幼女戦記』、『PERSONA5 the Animation』などがある。

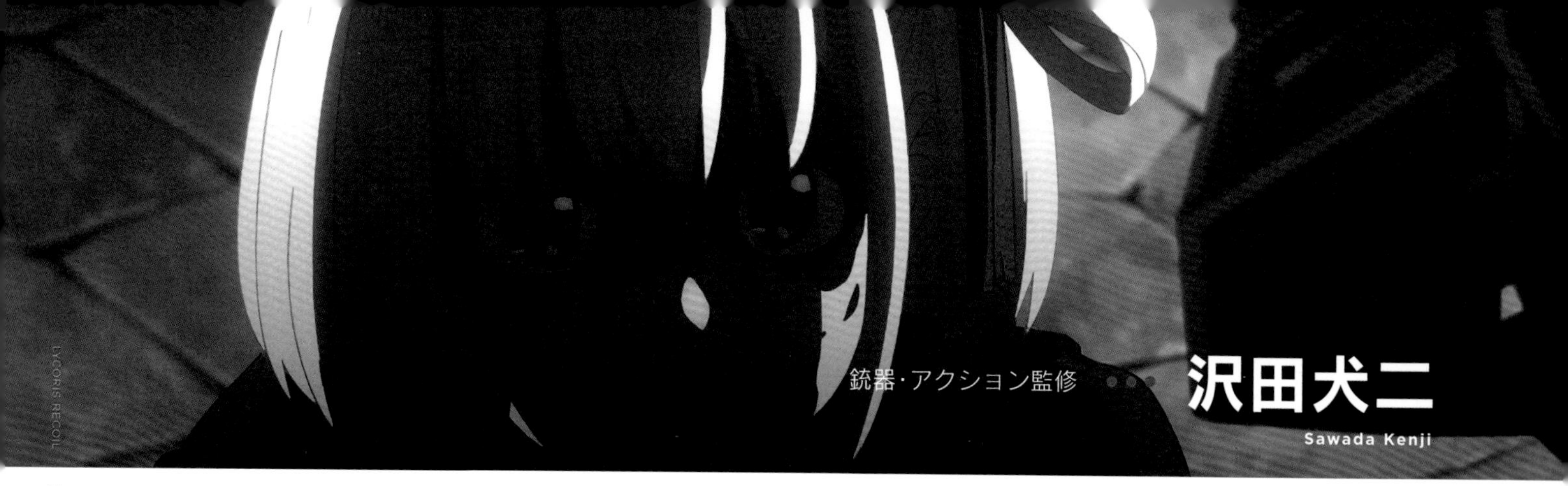

銃器・アクション監修

沢田犬二

Sawada Kenji

ガンアクションものとしてのリアリティを追求すべく、主に作画上での銃火器の取り扱いや、ガンそのものの描写を監修した沢田犬二。少女たちの物語の中にガンアクションをどう取り入れたのか、その苦労について語ってもらった。

絵コンテの演技に説得力を持たせる

——銃器の監修を担当していますが、そういったジャンルが得意ということなのでしょうか?

沢田●じつはそういうわけではなくて、ガンアクション作画の経験はなかったんです。ただ、個人的にそういう類のモノが好きで知識があるということで、現場での会議中に急遽担当することが決まりました。前の作品で同じプロデューサーの方とお仕事をさせていただいていて、その流れで『リコリス・リコイル』の原画をやってほしいとお話をいただいたんです。銃の知識があったので、その途中からアクション監修もやることになりました。

——サバイバルゲームや実銃射撃の経験はありますか?

沢田●サバゲーは遠い昔にちょっと……という程度で、実銃の射撃経験はありません。巷《ちまた》には「海外のシューティングレンジで射撃体験」なんていうプランもありますが、この作品の制作が始まった頃は新型コロナウイルスによる行動制限がありました。そのため、自分の経験はないのですが、元自衛官の知り合いに銃の反動についてリサーチしたりして、実際の射撃の感覚については可能な限り自分の中の解像度を上げていきました。

——千束のガンアクションは実際に存在する「C.A.R.(カー)システム」という射撃テクニックを参考にしているようですが、他にもハリウッド映画などで影響を受けた作品はありますか?

沢田●『ジョン・ウィック』の名前がよく挙がるんですが、あれを参考にしたというよりも、僕が最初にC.A.R.システムを知ったのはゲーム原作のCG映画『バイオハザード:ヴェンデッタ』なんですよ。僕がガンアクションの影響を受けたのはゲームからで、『メタルギア・ソリッド』と『バイオハザード』をプレイしてから銃に興味を持つようになったんです。その影響を受けすぎたので、今回は似てしまわないようにそこから遠ざかる努力をしたくらいで(笑)、やっぱり好きな作品を参考にしたくなっちゃうんですよね。

『リコリス・リコイル』のアクションシーンは基本的に絵コンテに演技の指示が書いてあるので、それに対して説得力を持たせるための肉付けをしていく作業をしました。だから映画などを参考にしたのではなく、むしろYouTubeなどで実際の銃の射撃動画を素材としてたくさん見て、その動作や反動の表現などを自分なりに解釈していくことが多かったですね。

ファンタジーのようにはしたくない

——銃器が身近にない日本人にとって、ガンアクションに説得力を持たせるというのは難しい表現ではないかと思うのですが。

沢田●そうですね。たとえば、C.A.R.システムというのは銃の反動を的確に抑えて撃つ技術ですが、それをリアルに作画すると画面に迫力がなくなってしまう。でも、映像としての迫力、ある程度のアニメ的なケレン味は確保したい。なので、リアリティよりはアニメのキャラクターである千束やたきながガンアクションをしている、という部分に重きを置いていました。このバランス感覚が難しいのですが、地味にはならないようにしつつも、ファンタジーのようにはしたくない……まあ、弾を避けている時点でファンタジーなんですけど(笑)。十数メートルを飛んだりするような「これはないだろう!」というものにはしないということで、ある種の制限はかけていました。ただ、千束だけは別格の強さにしたいという意図があったので、ああいうバランスになっているんです。

——千束のアクションは接近戦が特徴的ですね。

沢田●これは足立(慎吾)監督もお話しされていますが、距離のある撃ち合いというのは画面が地味になってしまうんです。単調になるというのかな。それで接近戦になっていくわけですが、千束の場合は別格ということもあって、やや派手な動きにはしています。それと昨今の作画の流行でもあるのですが「スピード感があ

真島たちとのバトルシーン｜第6話

ジンとのバトルシーン｜第5話

バンの不審者を倒すシーン｜第1話

りすぎて何をやっているかわからない」というレベルにはしないように注意しました。せっかくこだわって肉付けしているので、キャラクターが何をしているのかが視聴者にわかるように心がけました。だから動きが見えることで、視聴者の皆様にリアルだと感じていただけたのかもしれないですね。

マズルフラッシュを派手にしてリアリティと迫力を増す

――リアリティを持たせるために工夫した点は他にありますか?

沢田●これは実写の世界でも同じなのですが、とにかくマズルフラッシュ(発射炎)を派手にしたということです。反動を抑えて素早く撃つと、日本ではどうしてもエアソフトガンに見えてしまうのですが、最大の違いは銃口から火花が出ることですよね。実銃だとあれほどのマズルフラッシュは起きないのですが、そこは多少派手にすることでリアリティと迫力を増す効果が期待できる。リアリティで言うと、そもそも華奢《きゃしゃ》な女の子があんな風にバンバン銃を撃てないと思うのですが、それを言い出すとキリがないので、銃本体の重みを表現するのはあきらめました。そういうリアリティを追求することが足立監督の演出の邪魔になるのではないかとも考えましたし、ある種の段取りになってしまってはこの作品にとっては逆効果ですよね。あくまでもこれは千束とたきなの物語ですから、ガンアクションというのは要素のひとつであって主題ではない。そのバランスにはかなり気を使って作業しました。正直に告白すると僕はそこまで銃の知識があるわけではなかったので、毎日、夜寝る前に1時間、銃の勉強をする時間を設けていたんです。毎日YouTubeの関連動画を見たり、ネットで情報を調べたり……かなり大変でした。劇中に登場する銃はマニアックなものを参考にしているので、その作動や機能の特徴を知るのにも苦労しました。

――アクション監修で苦労した点はありますか?

沢田●担当アニメーターさんに銃の基本的な知識があるかないかで、作業内容が大きく変わるんです。たとえば、ショットガンのポンプアクションがわからないとか。ショットガンは撃つと排莢と次弾装填のためにフォアエンド(先台《さきだい》)を前後に動かすのですが、それを知らないと描きようがないですよね。道具としての機能を把握していないと描けないし、それを踏まえたうえで芝居に応用するわけですから、一般人にはかなり高いレベルの要求です。だから全部直すか、ほとんど直さないかという両極端でした。僕の中の理想としては「ガンアクションのアニメだ」といって見始めた人が、最終的に「千束とたきながカワイイ」と言ってくれれば、それで大成功なんですよ。

――仮に、ご自身がDAとなった場合、どんな銃を選びますか?

沢田●グロック18Cです。フルオート好きなんです。あと単純にカッコいいから。僕に扱えるかどうかではなく、カッコいいかどうかで選びました(笑)。SOCOMはデカすぎるので。あとリコリスのカバンも欲しいですね。

【アクションシーン解説】

【第1話】バンの不審者を倒すシーン

車のドアから千束が顔をのぞかせるところからは僕が担当しました。まだ第1話なので手探り状態で、設定に忠実に描いているという感じでしょうか。「うおー」って撃ってくる敵のモブキャラが地味に気に入っているんです。

【第5話】ジンとのバトルシーン

第5話のアクションシーンは7割くらい自分で描きました。僕がたきなを描いたのは第5話がいちばん多かったと思います。絵コンテを描いた鹿間(貴裕)さんが3Dを使える人なので、演出も3次元的になっている。でも、実際は3D使用不可だったので、どうしようかと思いましたね。二次元素材でやるならこうだろう、という工夫をして足立監督と相談しました。ここでの千束はおそらく本気で

ショットガンの表現とカバンのエアバック ｜ 第11話

幼少期の千束の訓練シーン ｜ 第9話

千束のホワチャ〜！ ｜ 第8話

戦っていると思うので、かなり力を入れて描きました。自分の中ではいちばんやりきったと思えるのも、反省点が多いなと思うのもこの第5話なんですよ。そういう意味でも印象深いエピソードですね。

【第6話】真島たちとのバトルシーン

クルマに乗っている真島が撃たれて転がり落ちるところは、描いていて面白かったですね。真島が血を吹きかけるシーンと千束を殴るシーンも僕が担当ですが、後にも先にも女の子をこんな風に殴るシーンを描くことはないだろうと思いました。このシーンでは真島は目が見えないにもかかわらず、千束の顔を明確に狙っているという描写もあるんです。千束の弱点と同時に、真島の能力のチラ見せでもあります。真島の部下が倒されていく順番は真ん中のヤツをちょっと目立たせすぎた感もありますが、全員が止まった絵で、撃たれてから動き出すというのにはしたくなかったので修正したシーンですね。第5話までで千束の強さを表現できているので、この第6話以降は銃のリアリティ描写を少し落とし気味にしています。というのも、銃のリアルさをわかっているという描写は物語の進行の邪魔になってしまうし、視聴者も飽きてしまうと思うんです。そのため、リアルさを感じる段取りは省略して、キャラクターに演技をさせるような監修を行いました。

【第8話】千束のホワチャ〜！

このシーンの敵が中華系だったのでブルース・リーネタを入れてみました。思いつきでやりましたが、とても気に入っているシーンです。

【第9話】幼少期の千束の訓練シーン

敵の中心に突っ込んで撃つという攻撃方法ですが、円陣の中心に入り込むことで敵の射線の向こうには味方がいるわけじゃないですか。同士討ちを懸念して一瞬ためらったところを撃ち倒すというのが、僕の解釈だったんです。このときの千束はまだ子供なので、反動を使って銃の向きを変えるというやり方も取り入れています。

【第11話】ショットガンの表現とカバンのエアバック

こんな足場の悪いところであの体格の女の子がショットガンを撃つのは実際には無理ですよね。でも、絵コンテでは軽々と動き回っているという演出だったので、重量表現はあきらめてアクションに寄せています。千束が使うショットガンは構造がかなり特殊で、弾丸を装填するチューブマガジンが2本あるんです（通常は1本）。それを切り替えることで弾の種類を変えられるのが特徴なので、階段のドアをブチ抜くところでそれを使っています。風のうわさで足立監督かアサウラさんが弾の入れ替えをやりたいと言っていたと聞いたので、セリフの尺のあいだ、止まっているのも面白くないので入れてみたという感じです。絵コンテにはないので僕のわがままになってしまいましたけど、気づいた人もいたとツイッターで知って驚きました。

リコリスのカバンにはエアバッグが仕込まれていますが、これを初めて使ったのが第11話なんですよ。サクラが自動掃除ロボットの爆発を防ぐときに数コマ映っているんですけど、気づかなかった人が多いらしくて。その直前の引きの絵でロボットが集まってくるんですけど、そこでカバンを背中から前に回しているんですよ。その次のカットで爆発する数コマ前に展開している。さすがにこれは気づいてもらえなかったですね（笑）。

沢田犬二（さわだ けんじ）

アニメーター。主な参加作品に
『可愛いだけじゃない式守さん』（メインアニメーター）、
『エロマンガ先生』（メインアニメーター／プロップデザイン）、
『Fate/Grand Order -絶対魔獣戦線バビロニア-』（原画）
などがある。

COVER ILLUSTRATION
原画 ＝ いみぎむる
仕上げ、フィニッシュワーク ＝ 佐々木 梓
背景 ＝ 池田真依子（草薙）

リコリス・リコイル ヒロインアーカイブ 千束＆たきな
2023年3月5日 初版発行

ライティング ＝ 岡本大介
田中尚道
富田英樹

装丁 ＝ 大城慎也［atd Inc.］

本文デザイン ＝ 真々田 稔［rocka graphica］

撮影 ＝ 松本祐亮

ヘアメイク ＝ 上田 忍（安済知佳）
福島加奈子（若山詩音）

編集 ＝ 山本貴志
串田 誠

編集協力 ＝ 岡部充宏

協力 ＝ エイベックス・ピクチャーズ
劇団ひまわり
オフィス リスタート
大沢事務所
懸樋プロダクション
アイムエンタープライズ

A-1 Pictures
アニプレックス

Special Thanks ＝ 足立慎吾
アサウラ
いみぎむる
丸山裕介
沢田犬二

（順不同、敬称略）

LYCORIS RECOIL
HEROINE ARCHIVE
CHISATO & TAKINA

発行人 ＝ 野内雅宏

編集人 ＝ 串田 誠

発行所 ＝ 株式会社一迅社
〒160-0022 東京都新宿区新宿 3-1-13 京王新宿追分ビル5F
03-5312-7439（編集部） 03-5312-7421（販売部）

発売元：株式会社講談社（講談社・一迅社）

印刷・製本 ＝ 大日本印刷株式会社

Printed in Japan
ISBN978-4-7580-1795-4